跨境电子商务
创新型人才培养系列教材

U0692096

跨境
电商物流

王砾 / 主编　李贤明 罗岚彬 李勇 / 副主编

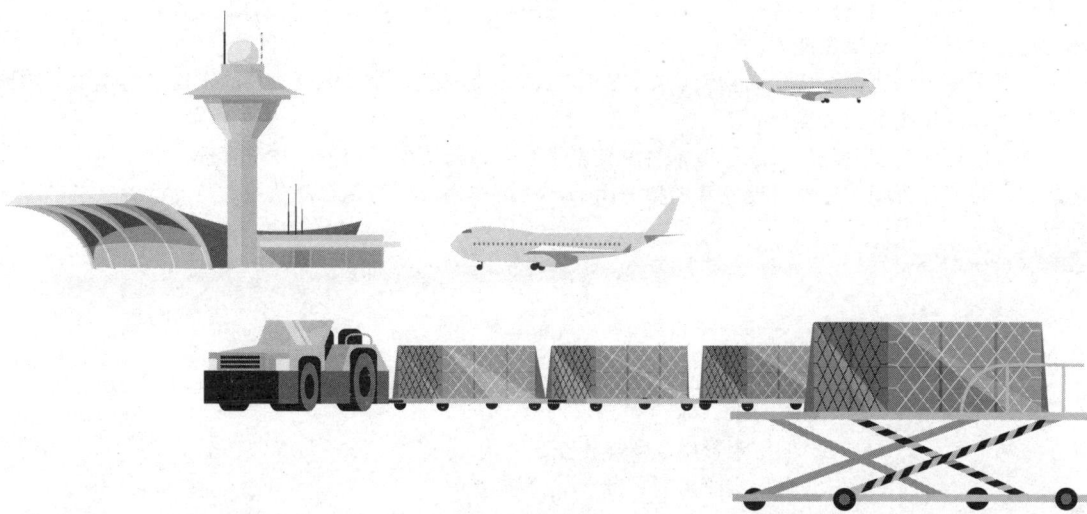

CROSS-BORDER
Electronic Commerce

人民邮电出版社
北　京

图书在版编目（CIP）数据

跨境电商物流：视频指导版 / 王砾主编. -- 北京：
人民邮电出版社，2024.3
跨境电子商务创新型人才培养系列教材
ISBN 978-7-115-62317-1

Ⅰ．①跨… Ⅱ．①王… Ⅲ．①电子商务－物流管理－
高等学校－教材 Ⅳ．①F713.365.1

中国国家版本馆CIP数据核字（2023）第135771号

内 容 提 要

本书针对职业教育规律与跨境电商物流专员等相关岗位的职业成长规律，对岗位典型工作任务进行梳理和提炼，采用理论与实践相结合的方式，利用项目实训、课后提升，助力读者提升跨境电商物流的理论水平和实践操作能力。

本书主要内容包括跨境电商物流认知、跨境电商物流模式、跨境电商货物的发运、跨境电商物流运输方式、跨境电商关务操作。

本书既可作为职业院校、应用型本科院校电子商务、跨境电子商务、物流管理、国际商务等专业的教材，也可作为相关专业技能竞赛的参考用书，还可作为广大跨境电商从业人员的业务参考书或培训用书。

◆ 主　　编　王　砾
　　副主编　李贤明　罗岚彬　李　勇
　　责任编辑　侯潇雨
　　责任印制　王　郁　彭志环

◆ 人民邮电出版社出版发行　　北京市丰台区成寿寺路 11 号
　　邮编　100164　电子邮件　315@ptpress.com.cn
　　网址　https://www.ptpress.com.cn
　　北京联兴盛业印刷股份有限公司印刷

◆ 开本：787×1092　1/16
　　印张：12.5　　　　　　　　　　　2024 年 3 月第 1 版
　　字数：305 千字　　　　　　　　2024 年 3 月北京第 1 次印刷

定价：59.80 元

读者服务热线：(010)81055256　印装质量热线：(010)81055316
反盗版热线：(010)81055315
广告经营许可证：京东市监广登字 20170147 号

FOREWORD

近年来，跨境电商交易规模的持续增长为全球经济的发展带来了重大机遇，既构建了新的贸易模式，也创造了新的就业岗位。跨境电商的迅猛发展不仅极大地改变了货物的营销和买卖方式，为企业和消费者提供了更多选择，而且减少了货物进入境外市场的准入障碍并降低了成本，为众多中小微企业参与全球经济带来了重大机遇。跨境电商作为"一带一路"倡议的重要支撑，国家高度重视其发展。各级政府先后出台了很多鼓励政策，成立了跨境电子商务综合试验区，以促进和引导我国跨境电商快速、健康发展。从 2012 年 2 月开始，海关总署会同国务院相关部委开展跨境贸易电子商务服务试点工作，建立了依托企业与口岸管理相关部门的业务协同与数据共享机制，跨境贸易通关、结汇及退税等的效率有了很大提高。跨境电商的快速发展需要一个生态体系的支撑，随着全球消费者对收货时效的要求越来越高，跨境电商物流已经成为跨境电商发展的瓶颈。跨境电商物流相关岗位人员素质的提升对提升跨境电商境外客户体验、拓展境外市场、提高卖家利润率具有重要作用。

本书结构清晰，内容简明扼要，强调对职业素质和职业技能的培养；从跨境电商物流基础知识到实战应用，力求理论联系实际，具有非常强的实用性和可操作性，突出了职业教育新商科教学的"课、岗、赛、训"融合开发教材的理念。

本书编写特色

1. 素质教育贯穿教材始终

本书以习近平新时代中国特色社会主义思想为指导，坚持正确的政治方向、舆论导向和价值取向，落实立德树人的根本任务。对于每个项目，本书不仅设置了知识目标、能力目标，还设置了素质目标，以实现对新商科人才进行社会主义核心价值观、职业道德、法律意识与专业素质全方位综合培养的人才培养目标。

2. "课、岗、赛、训"融合开发

本书设计了"大赛园地"，内容对接国家职业技能大赛、全国新商科技能大赛以及 1+X 证书相关知识点。"自学自测""项目实训"中大量采用大赛考核真题，以赛促教、以赛促学，体现了职业教育新商科教学的"课、岗、赛、训"融合开发教材的理念。

3. 双元制教育，校企联合开发活页式教材

本书采用"校企合作"的方式，由院校一线教师、技能大赛优秀指导教师、1+X 证书培训师、跨境电商物流行业一线从业人员及企业专家等共同组成编写团队编写活页式教材，以期使

跨境电商物流人才培养精准对接行业企业，搭建"课""岗"连接的桥梁。

4．强化应用，任务导向的项目化教学

本书对接跨境电商物流岗位需求，尝试了在创新创业思维引导下的项目化教学，以整个跨境电商物流业务流程为主线，以实际商业场景中的工作任务为导向，将任务驱动与拓展实训相结合进行项目设计，开发了"项目实训""素质拓展与业务思考"等栏目，帮助读者掌握跨境电商物流的基本操作能力，并引导读者通过跨境电商物流探索一般的商业规律，形成良好的团队合作意识、竞争意识与创新意识。

5．注重思维训练，资源丰富

本书采用图解教学的形式，图文并茂，让读者能更直观、更清晰地掌握跨境电商物流的应用知识和操作流程，从而全面提升学习效果。同时，为使读者更好地使用本书，我们还配套了丰富的教学资源，包括 PPT、自学自测的参考答案、教案、课程标准等。

本书编写组织

本书由四川商务职业学院王砾副教授任主编，李贤明、罗岚彬、李勇任副主编。四川商务职业学院王砾负责编写项目一，并与四川中欧国际物流有限公司周兵共同负责编写项目五，四川商务职业学院罗岚彬负责编写项目二，广东省外语艺术职业学院李勇负责编写项目三，四川商务职业学院李贤明负责编写项目四。在编写过程中，编者借鉴了国内外众多专家学者的学术观点，参阅了大量资料，并得到了四川鑫旗国际货运代理有限公司董雅莉总经理的专业指导，在此谨表示衷心的感谢。同时，本书还得到了四川商务职业学院各级领导、同人的大力支持，在此表示诚挚的感谢！

尽管编者在编写过程中力求准确、完善，但由于跨境电商物流发展日新月异，相关政策正在试验期，新模式和新技术层出不穷，因此本书的内容难免存在一些疏漏，恳请广大读者批评指正。

编　者

2023 年 10 月

CONTENTS

目　录

项目一

跨境电商物流认知

教学目标 ↓

知识目标

1. 理解跨境电商物流的含义。
2. 掌握跨境电商物流的分类及特点。
3. 了解跨境电商物流相关的增值服务。
4. 了解跨境电商物流相关的法律法规。
5. 了解跨境电商物流行业的发展趋势。
6. 了解跨境电商物流企业的分类。
7. 了解跨境电商物流人员应满足的要求。

能力目标

1. 能够根据具体商业情景明确跨境电商物流的业务内容。
2. 能够选择适合自己的跨境电商物流岗位。

素质目标

1. 具备良好的职业素养和身体素质。
2. 能够树立创新意识、创新精神。
3. 能够和团队成员协商，共同完成实训任务。
4. 具备一定的跨境电商物流政策应对能力。
5. 具备诚实、守信的价值观和求真务实的工作态度。

思维导图 ↓

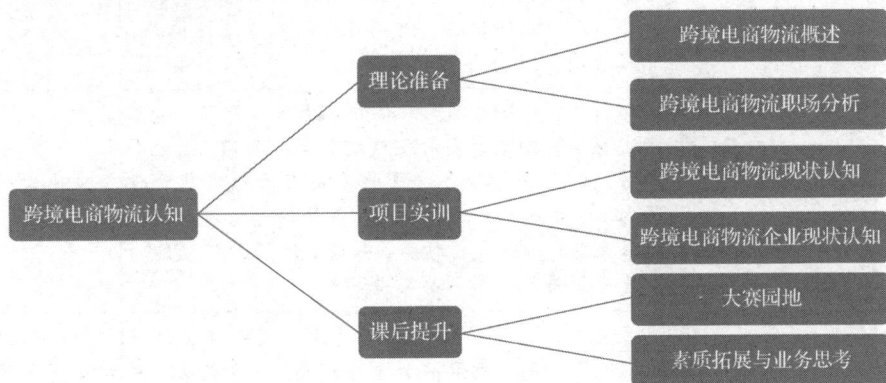

理论准备

一、跨境电商物流概述

近些年，中国跨境电商规模保持两位数增速发展，内容营销、直播经济的兴起，让中国跨境电商呈现如日方升之势，对中国外贸发展贡献显著。特别是 2020 年，中国外贸在严峻挑战下实现 V 形反转，这与跨境电商的发展不无关系。海关数据显示，中国跨境电商规模 5 年内增长近 10 倍，2020 年中国跨境电商进出口规模达 1.69 万亿元，同比增长 31.1%。各地以跨境电子商务综合试验区为抓手，建设线下产业园，积极吸引龙头企业入区，带动周边集聚上下游配套企业。2021 年，各跨境电子商务综合试验区已建设 330 多个产业园，带动就业超 300 万人。

1. 跨境电商概述

跨境电商是跨境电子商务的简称，是指分属不同关境的交易主体，通过电子商务平台达成交易、进行支付结算，并通过跨境物流送达商品、完成交易的一种国际商业活动。

海关总署 2018 年第 194 号公告规定："跨境电子商务企业、消费者（订购人）通过跨境电子商务交易平台实现零售进出口商品交易，并根据海关要求传输相关交易电子数据的，按照本公告接受海关监管。"目前，根据跨境电商模式的不同，平台提供支付结算、跨境电商物流送达、金融贷款的服务内容均有不同。

（1）跨境电商的分类

跨境电商可以按商业模式、平台服务类型、平台运营方式进行分类，如表 1-1 所示。

表 1-1　　　　　　　　　　跨境电商分类

分类标准	类别	含义	代表企业
商业模式	企业对企业（Business to Business，B2B）	跨境电商 B2B 是指分属不同关境的企业与企业之间，通过跨境电商平台达成交易、进行支付结算，并通过跨境物流送达商品、完成交易的一种国际商业活动	敦煌网、中国制造、阿里巴巴国际站
	企业对个人（Business to Consumer，B2C）	跨境电商 B2C 是指分属不同关境的企业直接面向消费者个人在线销售商品和服务，通过跨境电商平台达成交易、进行支付结算，并通过跨境物流送达商品、完成交易的一种国际商业活动	全球速卖通、DX、兰亭集势、米兰网、大龙网
	个人对个人（Consumer to Consumer，C2C）	跨境电商 C2C 是指分属不同关境的个人卖方通过第三方交易平台向个人买方在线销售商品和服务，由个人卖方通过第三方交易平台发布商品和服务售卖信息等内容，个人买方进行筛选，最终通过跨境电商平台达成交易、进行支付结算，并通过跨境物流送达商品、完成交易的一种国际商业活动	全球速卖通、亚马逊、eBay
平台服务类型	信息服务平台	信息服务平台主要为境内外会员商家提供传递供应商或采购商等商家的商品和服务信息，以促成双方完成交易	阿里巴巴国际站、环球资源网、中国制造网

续表

分类标准	类别	含义	代表企业
平台服务类型	在线交易平台	在线交易平台提供企业、商品、服务等多方面的信息，用户可以通过该平台在线上完成搜索、咨询、对比、下单、支付、物流、评价等全购物链环节。在线交易平台模式正逐渐成为跨境电商的主流模式	敦煌网、全球速卖通、DX、米兰网、大龙网
平台运营方式	第三方开放平台	第三方开放平台通过搭建线上商城，整合物流、支付、运营等服务资源，吸引商家入驻，为其提供跨境电商交易服务。同时，第三方开放平台以收取商家佣金及增值服务佣金作为主要盈利模式	全球速卖通、敦煌网、环球资源网、阿里巴巴国际站
	自营型平台	自营型平台在线上搭建平台，并整合供应商资源，以较低的进价采购商品，然后以较高的售价出售商品。自营型平台主要以赚取商品差价作为主要盈利模式	兰亭集势、米兰网、大龙网

在中国跨境电商市场中，跨境电商 B2B 多年来一直是主导的商业模式，其市场交易规模占总交易规模的 90% 以上，产品类目以服装类产品、3C 类产品为主。而跨境电商 B2C 正逐渐发展，其市场交易规模在中国跨境电商市场交易规模中的占比不断提高，在未来预计还会迎来大幅度增长。根据政府及第三方数据，目前中国跨境电商以出口交易为主。随着中国跨境电商市场的快速发展，消费者跨境消费习惯的逐渐养成，以及跨境电商企业在产品品类、质量和服务等方面的提升和完善，中国跨境电商市场的竞争力会大幅度提升，进出口交易比例也会逐渐趋于平衡。以进口为例，境内消费者购买境外产品主要有 3 种途径，分别是代购、海淘、跨境电商。

在政策方面，海关总署创新开展跨境电商 B2B 出口试点，增设跨境电商 B2B 直接出口（9710）、跨境电商出口海外仓（9810）贸易方式，现已在北京等 22 个直属海关开展试点，将跨境电商监管创新成果从 B2C 领域推广到 B2B 领域，并配套便利通关措施，试点企业可适用一次登记、一点对接、优先查验、允许转关、便利退货等通关便利化措施。支持政策的密集出台也为跨境电商的飞速发展营造了良好环境。跨境电商将在政策和环境的鼓励下继续蓬勃发展，为中国外贸转型升级注入新的活力。

跨境电商进出口方式的分类如表 1-2 所示。

表 1-2　　　　　　　　　跨境电商进出口方式的分类

大类		小类	贸易方式	俗称	
跨境电商进口	零售进口	直购进口	9610 进口	集货进口	BC 进口
		网购保税进口	1210 进口	备货进口	BBC 进口
			1239 进口		
跨境电商出口	零售出口	一般出口	9610 出口	集货出口	BC 出口
		特殊区域出口	1210 出口	备货出口	BBC 出口
			1239 出口		
	B2B 出口	直接出口	9710 出口	B2B 直接出口	
		出口海外仓	9810 出口	出口海外仓	

（2）跨境电商的优势

与传统国际贸易相比，跨境电商具有以下优势。

① 信息优势。消费者通过互联网能够看到来自不同国家（地区）、不同厂家的同一种商品的价格、质量等的对比，从而快速地从众多同类商品中选出最适合自己的商品。同时，商家通过跨境电商可以充分地利用拍照、拍视频等手段，对商品的内部结构、功能及服务内容进行全方位的展示，有助于消费者全面认识该商品。对于企业来说，企业内部网络技术的运用能够实现全球管理，企业在世界各地的员工都可以相互交流、沟通。目前，许多大型的国际贸易企业通过将企业内部网与互联网进行无缝对接，加快了信息流动，能够为生产和决策及时地提供信息。

② 成本优势。第一，跨境电商并不需要太多的实物基础设施，如办公用房、销售店铺等，这在一定程度上减少了对此类基础设施的投资成本。第二，企业内部网和互联网在电子商务中的应用使"无纸化贸易"成为现实，这就降低了文件处理、沟通等方面的成本。第三，电子商务相对于传统国际贸易来说，减少了大量的中间环节，买卖双方可以通过网络直接进行商务活动，这样就降低了交易成本和管理成本。第四，供应商可以随时随地根据市场需求制订生产和采购某商品的计划，并且可以随时进行调整，在减少库存的同时降低了仓储和运营成本。

③ 效率优势。在传统国际贸易中，从制订计划、谈判、签约到支付结算等，企业都必须通过人工进行操作，容易受到时间和地域上的限制。跨境电商可以最大限度地减少人工参与，降低差错率，提高办理业务的灵活性，从而提高了企业运营效率。同时，在跨境电商时代，不同关境对跨境电商的数据进行对接，大大缩短了单证的传输时间，并且减少了反复录入数据可能导致的各种错误，从而提高了交易效率。

④ 满意度优势。在跨境电商时代，消费者可以利用业余时间浏览网上的各种旗舰店，买到不同关境、不同品牌的各种商品，实现"一站式购物"，而且不会受到时间的限制。这就相当于为消费者提供了全天候的购物服务，能够为消费者提供便利，同时满足了消费者的消费需求。消费者在跨境电商平台上购物时，还可以通过与网络机器人对话来解决一些常见的问题，这大大提高了消费者的满意度。

2. 跨境电商物流的含义

跨境电商生态中主要有买家、卖家、跨境电商平台运营商、跨境电商物流服务商、支付服务商、政府公共服务平台及相关服务提供商等角色。在整个跨境电商业务流程中，跨境电商物流是跨境电商发展的有力支撑，是跨境电商的核心环节。

跨境电商物流是指跨境电商平台销售的物品从供应地到不同国家（地区）范围接收地的实体流动过程，包括国际运输、包装、配送、信息处理等环节。其实，跨境电商与跨境电商物流之间是相辅相成的关系，跨境电商物流要随着卖家需求的变化与时俱进，才能在市场上站稳脚跟。跨境电商与跨境电商物流的关系如下。

（1）相互促进的关系

跨境电商要求跨境电商物流进行多元化的渠道整合，提供全球化的高效服务，并且对跨境电商物流作业的系统性和智能性提出了标准化的要求。因此，高效的跨境电商物流体系不仅为跨境电商带来了更低的物流成本和更好的物流体验，还促进了跨境电商的发展。

（2）相互依存的关系

产品是王道，物流是链条，跨境电商物流是跨境电商运作过程中的重要保障，整个跨境电商活动都需要通过物流来完成。不同的交易方式会产生不同的物流模式。在跨境电商企业的成本中，采购成本、人工成本、物流成本占据了很大的比例，其中物流成本所占比例为 20%～25%。跨境电商与跨境电商物流不仅是相互促进的关系，而且是相互依存的关系。

3. 跨境电商物流的分类

跨境电商物流的分类标准有很多，常见的分类有以下几种。

（1）按照商品在关境之间的流向分类

按照商品在关境之间的流向，跨境电商物流可以分为跨境电商进口物流和跨境电商出口物流。无论是跨境电商进口物流还是跨境电商出口物流，主要涉及物流企业、"中国国际贸易单一窗口"和海关等主体间的信息交换过程。"中国国际贸易单一窗口"是指面向跨境电商提供通关申报服务、信息服务和查询服务的平台。参与跨境电商贸易和运输的各方需通过"中国国际贸易单一窗口"向海关等部门提交标准化的信息报文进行通关业务申报。

（2）按照跨境电商物流的运作模式分类

具体的跨境电商物流的运作模式如表 1-3 所示。

表 1-3　　　　　　　　　　跨境电商物流的运作模式

物流运作模式	简介	代表企业
邮政包裹	最早从事跨境电商物流，覆盖范围广	中国邮政、万国邮政联盟
国际快递	是跨境电商物流中普遍采用的一种模式，快递公司自建物流体系，遍布世界各地	UPS、FedEx、DHL、TNT
专线物流	针对特定国家（地区）提出的跨境专用物流线路，包括航空专线、港口专线、铁路专线及大陆桥专线	中欧班列、俄速通
境内快递国际业务	境内快递公司利用国际快递网络，提供全国各地始发、通达世界各地的物流服务	中通国际、顺丰国际

跨境电商物流的运作模式还有"单一"式跨境电商物流、"两段中转"式跨境电商物流和"两段收件"式跨境电商物流，分别如图 1-1、图 1-2、图 1-3 所示。

图 1-1　"单一"式跨境电商物流

图 1-2　"两段中转"式跨境电商物流

图 1-3　"两段收件"式跨境电商物流

（3）其他分类

根据跨境电商业务链条，跨境电商物流可以分为境内物流段和境外物流段；根据商品的交易模式，跨境电商物流可以分为 B2B 跨境电商物流和 B2C 跨境电商物流；根据商品流的关税区域，跨境电商物流可以分为不同国家（地区）之间的跨境电商物流和不同经济区域之间的跨境电商物流。

4．跨境电商物流的特点

跨境电商物流具有以下特点。

（1）周期长，成本高

在跨境电商物流活动中，四大主要国际快递公司虽然最快可在 3 天内完成跨境电商物流的前端入境，但入境后的境内物流配送业务一般需要一周甚至半个月才能将货物送到消费者手中。以单件重量在 2 千克以内的包裹为例，俄罗斯境内物流配送时间为 6～13 天，芬兰境内物流配送时间为 8～10 天；单件重量在 30 千克以内的国际专递，俄罗斯主要城市物流配送时间为 6～10 天，偏远地区物流配送时间更长，为 15～30 天。此外，跨境电商物流还存在一个比较严重的问题，就是物流信息难以被全程追踪，不能保证货物按时且安全无损地送到消费者手中。目前，只有美国、英国、澳大利亚等电商物流发达的国家（地区）才能提供物流信息查询服务。这主要是因为大部分国家（地区）的物流系统信息化水平不高，难以与其他国家（地区）的物流企业建立物流信息共享网络。在这种情况下，当物流的某个环节出现问题时，就会发生延时送达的情况，导致物流周期大大增加。

物流成本主要由资金成本、人力成本和时间成本构成。跨境电商的消费者遍布全球。跨境电商企业在跨境电商物流中所投入的人力、物力和所用的时间也比一般贸易多。又由于跨境电商涉及境内配货运送、跨境通关、境外配送交付等环节，而且在运输过程中还涉及跨境检查，这些都导致了跨境运输流程复杂，从而造成物流成本增加。

（2）流程复杂

物流受限于本身的功能要素、系统等，与外界的沟通已经很复杂，跨境电商物流还要在此基础上受不同国家（地区）的地域差异等因素的影响，所以难度和复杂性更高。

跨境电商物流有着比较复杂的业务链条，不仅涉及运输、仓储、配送等环节，而且涉及通关、货代等一系列外贸综合服务。一个完整的跨境电商物流流程需要经历境内配货、境内运输、目的地运输和目的地配送等环节，周期长、流程复杂。

相比境内快递物流，跨境电商物流流程复杂程度大大提升，其复杂性体现在以下方面。

① 操作及分拨环节多，包裹遗失和破损概率大。

② 涉及清关环节，清关环节烦琐且易受政策影响，对从业人员的税务业务、外语沟通能力要求较高。

③ 多个流程环节被外包给物流商，无法做到完全自主可控。

④ 流程环节数量较多，信息化难度较高。

跨境电商正向物流复杂度高，逆向物流难度更高，跨境电商退货处理烦琐、困难，较差的退货体验导致目前跨境电商退货率较低。因此，物流是目前跨境电商发展的重要痛点之一。

（3）跨境电商物流作业标准化程度高，所有物流作业必须有现代化信息系统支持

要使跨境电商物流畅通起来，统一的标准是非常重要的。如果没有统一的标准，跨境电商物流水平是难以提升的。跨境电商物流强调作业流程的标准化，包括物流订单处理模板、

物流渠道的管理标准等，从而使复杂的物流作业流程变成简单的、可量化的、可考核的物流作业流程，并实现对物流仓储管理过程中的库存积压、产品延迟到货、物流配送不及时等的有效风险控制。

跨境电商物流一旦融入现代化信息系统，效率将大大提高。在物流信息传递技术方面，欧洲各国（地区）不仅实现了企业内部的标准化，而且实现了企业之间及欧洲统一市场的标准化，这就使欧洲各国（地区）之间的交流比与亚洲、非洲等国家（地区）之间的交流更简单、更有效。此外，国际化的跨境电商物流信息系统和各国（地区）海关的公共信息系统联网，使企业能及时掌握各个港口、机场和联运线路、场站的实际状况，为供应或销售物流决策提供支持。跨境电商物流是最早发展"电子数据交换"（Electronic Data Interchange，EDI）的领域，以 EDI 为基础的跨境电商物流将会对物流的国际化产生重大影响。

（4）物流软环境存在差异，容易受政治文化的影响

各国（地区）物流环境存在差异，尤其是物流软环境。虽然当今世界经济全球化及一体化促使各国（地区）对外贸易日益频繁，但跨境电商时代的对外贸易是动态发展的，物流环境的差异迫使跨境电商物流系统在几个拥有不同的法律、人文、风俗、语言、科技、设施的环境下运行，这无疑会大大增加物流系统的复杂性。

首先，语言隔阂对跨境电商物流的发展造成了巨大的困扰。其次，通关、税收等法律法规的不同，也在很大程度上制约了跨境电商物流的顺利开展。最后，国家（地区）间的文化差异也会在一定层面上影响消费者的信任度和消费热情，进而妨碍跨境电商物流的发展。

（5）存在汇率风险

自 2008 年以来，各国（地区）的汇率波动问题一直存在。跨境电商交易至少会涉及两个国家（地区）间的货币兑换，所以存在一定的汇率风险。世界上任何一个国家（地区）的经济出现问题，都会引起全球汇率发生巨大变化。汇率波动对中国跨境电商的发展有着直接的影响，并连带着影响跨境电商物流的发展。

5. 跨境电商物流相关的增值服务

跨境电商物流涉及环节较多，除了提供传统的境内外仓储、运输、配送及通关等服务，以及进行订单管理、库存管理、配送管理及运输管理之外，还需提供物流优化解决方案、退换货处理、海外仓等增值服务。跨境电商物流服务商能够提供的增值服务有以下 4 种。

（1）提供境外咨询及合规性建议

很多商家对跨境电商物流输送货物的相关规定并不是特别了解，错误、不合规的操作导致亚马逊、Wish 等跨境电商平台上因货物被退而引发的账号关闭事件层出不穷。为此，一些跨境电商物流服务商专门成立了合规部门，为商家提供包括《出口美国注意事项》、FDA 认证等合规性建议。

（2）扣关货物处理

商家货物被扣关主要有以下原因：一是无法联系到进口商清关交税；二是货物缺乏某些信息，如货物型号和货物描述，不能完成申报；三是缺乏合规性申明，如全面型号认证；四是货物的描述和申报不清晰；五是货物缺乏进口资质。专业的跨境电商物流服务商提供的协助清关服务可以有效地帮助跨境电商消费者避开这些问题。

（3）换标处理

在跨境电商业务中，商家经常遇到账号被关闭、商品无法上架、客户退货等问题。造成

这些问题的原因有：运输过程中商品包装损坏，不能作为新品登记入仓；平台审核不合格或无效；商品被告侵权。其实这些商品大多数都是可以经过一定处理并重新销售的，然而多数商家在境内无法处理这些商品，这就导致海外仓积压的滞销商品越来越多，造成了很大的损失。一些跨境电商物流服务商提供换标处理服务，将这些商品重新打包，让商品重新获得价值，这在一定程度上减少了损失。

（4）海外仓库存索赔处理

近年来，一些平台由于仓储和运作能力未达到现有的业务发展水平等而导致货物损失。商家只要未违规，就可以发起索赔，但很多商家因为不了解相关规则而损失了可以得到的赔偿。跨境电商物流服务商可为商家提供索赔服务，让商家快速拿到赔偿金。

6. 跨境电商物流相关的法律法规

企业或个人开展跨境电商物流业务时应该遵循相关法律法规，跨境电商物流相关的法律法规主要涉及国际物流相关法律法规和跨境电商相关法律法规两个部分，具体如表 1-4 所示。

表 1-4　　　　　　　　　　跨境电商物流相关的法律法规

运输方式	国际物流相关法律法规	跨境电商相关法律法规
水路运输	《中华人民共和国海商法》 《中华人民共和国国际海运条例实施细则》 《统一提单的若干法律规则的国际公约》 《联合国海上货物运输公约》	《中华人民共和国海关法》 《中华人民共和国电子商务法》 《关于跨境电子商务零售进出口商品有关监管事宜的公告》（海关总署公告 2018 年第 194 号） 《关于开展跨境电子商务企业对企业出口监管试点的公告》（海关总署公告 2020 年第 75 号） 《关于开展"两步申报"改革试点的公告》（海关总署公告 2019 年第 127 号）
航空运输	《中华人民共和国民用航空法》 《中国民用航空货物国际运输规则》 《华沙公约》	
陆路运输	《国际公路货物运输合同公约》 《国际公路运输公约》 《国际铁路货物联运协定》 《国际铁路货物运输公约》	
国际多式联运	《联合国国际货物多式联运公约》 《联合运输单证统一规则》	

7. 跨境电商物流行业的发展趋势

跨境电商物流行业的发展趋势如下。

（1）整个行业向规范化的全球中心仓生态发展

目前，海外仓主要以大卖家、"大统仓"为主，以"大件仓"为辅，特殊环境下，跨境库存告急，运输成本暴增。高成本一直是出口卖家的最大痛点，同时夹杂着时效性、合规性、安全性等问题，未来的跨境电商物流行业将向规范化的全球中心仓生态发展。步入专业化轨道是跨境电商物流行业专业化发展的必然趋势。

（2）从提供单一的运输服务转向提供多元化服务

随着跨境电商物流需求的增多，大多数跨境电商物流企业从提供单一的运输服务开始转向提供多元化服务。在跨境电商物流这一链条上，跨境电商物流企业除了能够提供头程清关、仓储、配送等服务，还能提供诸多衍生和替代服务，如海外仓贴标换标、一件代发等。未来的跨境电商物流企业真正提供给商家的不仅仅是流于表面的、粗放式的基础运输服务，还会提供越来越精细的增值服务。

（3）行业竞争加剧

高速增长的跨境电商行业带动了跨境电商物流行业市场需求的迅速增加，且在未来相当长的一段时间都会为跨境电商物流行业的发展提供助力。在跨境电商的盛行趋势下，越来越多的企业开始涉足跨境电商物流行业。其中，传统的物流企业、跨境电商平台、境内电商平台，甚至一些跨境电商卖家和与跨境电商无关的企业，都开始拓展跨境电商物流业务。在未来的跨境电商物流行业，中小企业将面临淘汰危机，巨头集聚效应将更加明显，竞争将更加激烈，竞争压力将越来越大。

（4）物流网络延伸至三线至五线城市

在农村消费升级和新零售的大背景下，跨境电商平台未来将逐步下沉至三线至五线城市，与之相配套的物流网络也将延伸至三线至五线城市。

（5）新技术、新政策赋能，提高行业效率

目前，越来越多的互联网信息技术应用于物流行业。随着人工智能、大数据、云计算、射频识别等技术的加速普及，跨境电商物流行业的效率有望进一步提高。2022年1月1日生效的《区域全面经济伙伴关系协定》（Regional Comprehensive Economic Partnership，RCEP）简化了海关程序，提高了清关效率，缩短了跨境电商物流时效。RCEP采取预裁定、抵达前处理、信息技术运用等优化海关程序的高效管理手段，简化通关手续。这涉及跨境电商物流的多个环节，能降低甚至消除邮政小包被征收关税的风险、降低境外物流仓储建设成本等，港口航运、跨境电商等企业将直接受益。例如，当进口缔约方取得清关所需信息后，应当在48小时内放行货物；对于易腐货物，如海鲜、水果和蔬菜等生鲜货物，进口缔约方在收到清关信息后6小时内应当放行；允许空运货物加快通关等。RCEP在跨境电商物流方面的规定，有望帮助中国出口商品提高在目的国（地区）的通关效率，从而大幅提高跨境电商物流效率、缩短跨境电商物流时效，提升消费者购物体验。

二、跨境电商物流职场分析

为了更好地为跨境电商提供服务，规范管理跨境电商行业，促进跨境电商发展，中国对所有参与跨境电商的经营主体进行了分类。跨境电商经营主体是指开展跨境电商业务的企业。参与跨境电商业务的企业，应当依据海关报关单位注册登记管理相关规定，向所在地海关办理注册登记；境外跨境电商企业应委托跨境电商企业境内代理人按照类型申请材料要求及程序，向该代理人所在地海关办理注册登记。

目前，中国将参与跨境电商业务的企业共分为5种类型，分别为跨境电商交易平台企业、跨境电商企业、跨境电商物流企业、跨境电商支付企业、跨境电商企业境内代理人。参与跨境电商业务的企业类型如表1-5所示。

表1-5　　　　参与跨境电商业务的企业类型

序号	类型全称	行业简称	术语说明
1	跨境电商交易平台企业	交易平台	在跨境电商活动中为交易双方或多方提供交易撮合及相关服务的第三方电商交易平台
2	跨境电商企业	电商	跨境电商交易平台上开展交易及有关服务活动的经营者，包括自然人、法人和其他组织

续表

序号	类型全称	行业简称	术语说明
3	跨境电商物流企业	物流企业	在跨境电商交易过程中提供物流配送服务的企业
4	跨境电商支付企业	支付企业	在跨境电商交易过程中提供支付服务的企业
5	跨境电商企业境内代理人	代理人	开展跨境电商业务的境外注册企业所委托的境内代理企业，以及为跨境电商企业或跨境电商物流企业提供信息备案或申报服务的代理企业

　　跨境电商企业、跨境电商物流企业等参与跨境电商业务的企业，应当向所在地海关办理信息登记；如需办理报关业务，应当向所在地海关办理注册登记。参与跨境电商业务并在海关注册登记的企业，纳入海关信用管理，海关根据信用等级实施差异化的通关管理措施。

1. 跨境电商物流企业

　　跨境电商物流企业参与跨境电商业务且需要办理报关业务，应向海关提交申请材料并办理注册登记手续。参与跨境电商业务的物流企业还应获得由国家邮政管理部门颁发的快递业务经营许可证。其分支机构向国家邮政管理部门备案并列入"经营快递业务的分支机构名录"的，可以办理物流企业注册登记。在直购进口模式下，物流企业应为邮政企业或者已向海关办理代理报关登记手续的进出境快件运营人。

　　（1）跨境电商物流企业分类

　　跨境电商物流企业包括跨境电商平台类物流企业和非跨境电商平台类物流企业。跨境电商平台类物流企业为跨境电商 B2B 或 B2C 平台自建物流企业，是为平台上的商家提供运输、仓储、装卸搬运、包装、配送等服务的企业。非跨境电商平台类物流企业包含第三方物流企业、第四方物流企业等，具体如表 1-6 所示。

表 1-6　　　　　　　　　　　跨境电商物流企业分类

分类	跨境电商平台类物流企业	非跨境电商平台类物流企业	
		第三方物流企业	第四方物流企业
含义	为缩短自身平台商品的配送时效，监控商品运输路径，提升客户物流体验，平台自建物流的企业	专门开展跨境货物运输、仓储服务、快递配送等业务的专业性物流企业	提供跨境货物运输服务、仓储管理服务、快递配送服务的企业
代表企业	亚马逊物流（Fulfillment By Amazon，FBA） 全球速卖通无忧物流	国际段：中外运、DHL、UPS、FedEx 等 境内段：中国邮政、顺丰速运、"三通一达"（即申通快递、中通快递、圆通速递、韵达速递）	出口易、俄速通等

　　在跨境电商物流业务中，运输和配送业务主要依靠第三方物流企业和第四方物流企业开展。参与跨境电商业务的物流企业或其境内代理人可在"中国国际贸易单一窗口"门户网站办理注册登记，进行清单的录入、修改、申报、查询等操作；也可以在"中国国际贸易单一窗口"的微信公众号、微信小程序、"掌上单一窗口"手机 App 等移动端进行操作。

（2）跨境电商物流企业资质申请及备案

资质申请是指开展进出口业务的企业依照有关法律、行政法规和规章的要求，在规定的期限、地点，采用规定的形式，向商务部、海关等部门提交所需的申请单证，填写相关信息的过程。

跨境电商物流企业可以通过"中国国际贸易单一窗口"或"互联网+海关"一体化网上办事平台中的"企业管理和稽查"子系统，一次性提交满足口岸监管部门要求的资质备案信息，各管理部门按照确定的规则进行审核，并将审核结果通过"中国国际贸易单一窗口"进行反馈，跨境电商物流企业据此完成注册及海关企业通用资质的备案工作。跨境电商物流企业通过"中国国际贸易单一窗口"进行的相关操作如下。

① 注册。

第一步：打开"中国国际贸易单一窗口"（以下简称"单一窗口"）主页，如图1-4所示。

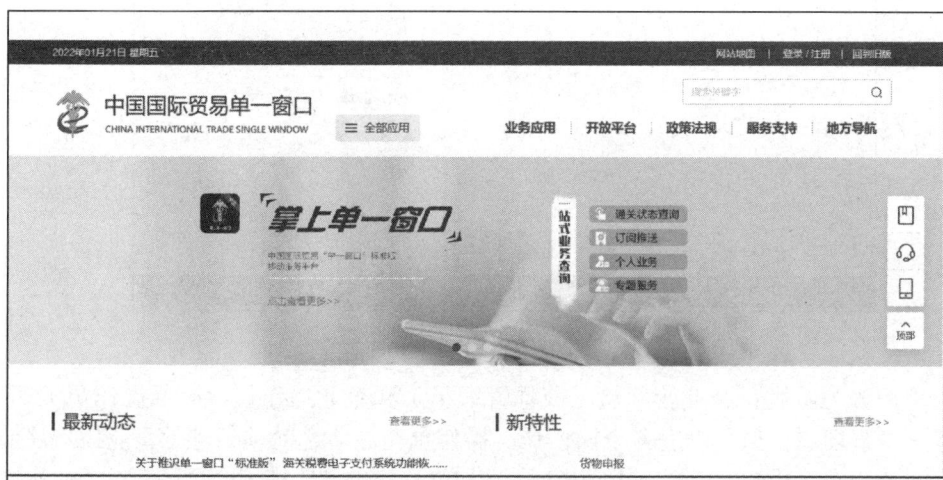

图1-4　"单一窗口"主页

第二步：单击右上角的"登录/注册"按钮，进入"单一窗口"标准版快速登录界面，如图1-5所示。

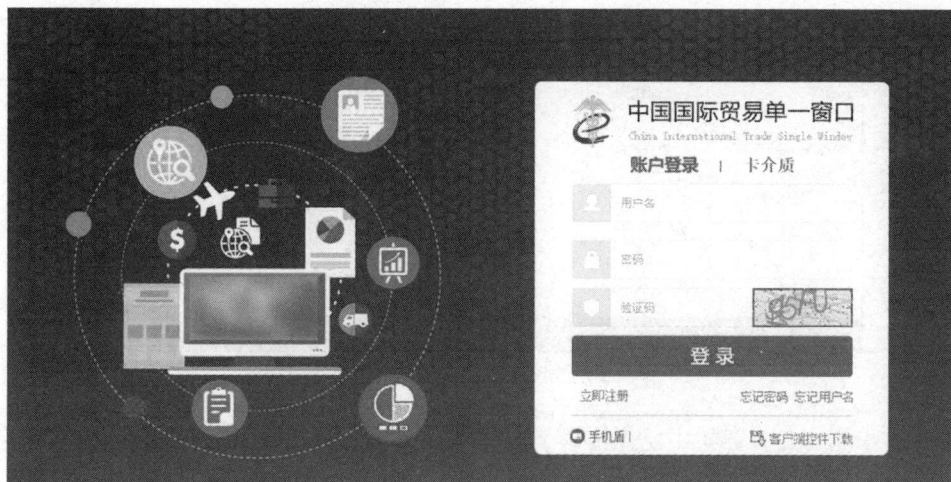

图1-5　"单一窗口"标准版快速登录界面

如首次使用"单一窗口"标准版，需要单击界面中的"立即注册"按钮进行注册操作。所有参与跨境电商业务的企业和个人都必须进行注册。打开"注册方式选择"界面，如图1-6所示，如果是企业，则选择"企业用户注册"选项；如果是个人，则选择"个人用户注册"选项。跨境电商物流企业在注册时应选择"企业用户注册"选项。

图1-6　注册方式选择

企业用户分为两类：企业管理员（简称管理员）和企业操作员（简称操作员）。一家企业只能有一个管理员，但可以有多个操作员。操作员在注册之前须先进行企业用户注册，企业用户注册分为有卡用户（指拥有中国电子口岸IC卡或IKEY等卡介质的用户）注册和无卡用户注册，如图1-7所示。

图1-7　企业用户注册方式

如果是有卡用户且计算机中已连接读卡器或拥有IKEY等，将IC卡插入与计算机连接好的读卡器中，或插入IKEY，单击"有卡用户"选项下的"注册"按钮，即可进行快速注册。如果暂无读卡器或IKEY，可单击界面中"无卡用户"选项下的"注册"按钮，以手工录入的方式进行注册。无卡用户注册分为企业基本信息填写、管理员账号信息填写两部分。填写企业基本信息时，对于企业中文名称、法人（负责人）姓名等左侧带星号的选项，需要完整填写，如图 1-8 所示。

图 1-8　企业基本信息

第三步：企业基本信息填写完毕后，单击下方的"下一步"按钮，进入管理员账号信息填写界面，按照系统提示填写管理员账号、操作员账号等企业基本信息，所有信息填写完毕后，即可成功注册，如图 1-9 所示。

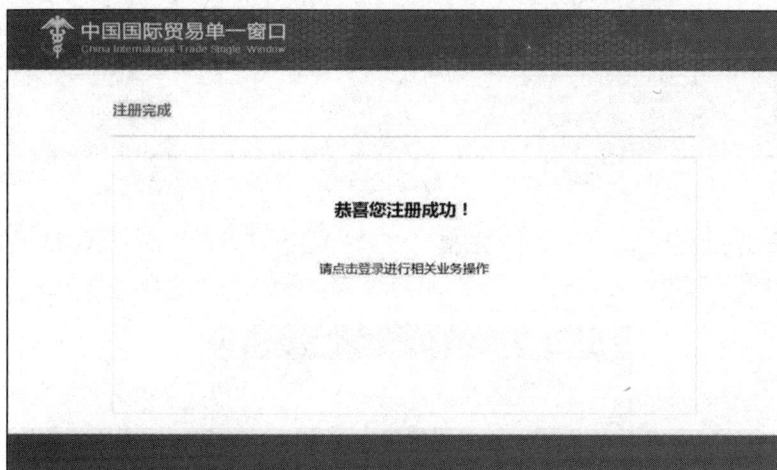

图 1-9　成功注册

② 资质申请及备案。

备案包括跨境电商经营主体备案和跨境电商商品备案。备案信息遵循一地备案、全国共享管理的原则。

在"单一窗口"网站进行资质申请及备案的流程如下。

第一步：打开"单一窗口"标准版快速登录界面，输入已成功注册的用户名、密码与验证码，并单击"登录"按钮，登录成功后，单击"企业资质"按钮，如图1-10所示。

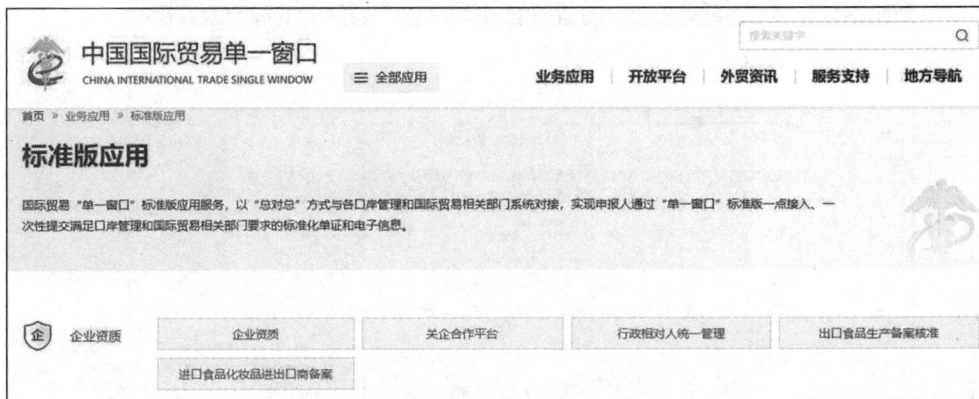

图1-10 单击"企业资质"按钮

第二步：进入企业资质申请系统后，单击左侧菜单中"新海关企业资质"下的"企业注册登记"下的"注册登记申请"选项，进入"注册登记申请"界面，如图1-11所示。企业也可以通过电子营业执照微信小程序进行身份验证进入该界面。

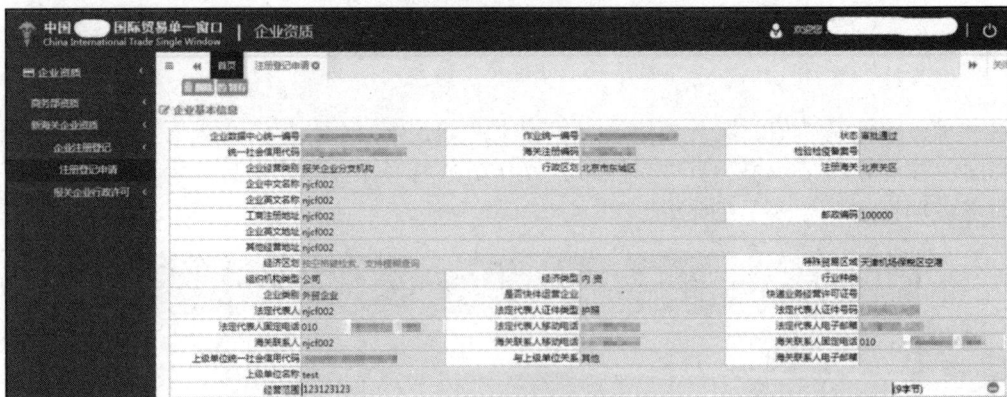

图1-11 "注册登记申请"界面

第三步：按照系统要求填写相关详细信息，特别注意"行政区划"选项的填写应具体到区，具体设置如图1-12所示，"注册海关"选项会据此选择企业所在地海关。

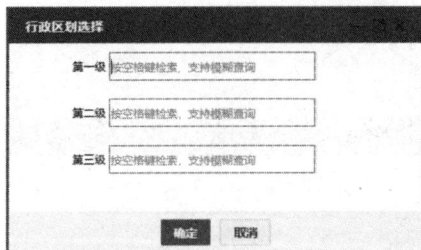

图1-12 "行政区划选择"对话框

第四步：按系统要求填写注册海关，企业中文名称、企业英文名称、工商注册地址、企业英文地址、其他经营地址，法定代表人及其固定电话、移动电话、电子邮箱，海关业务联系人及其固定电话、移动电话、电子邮箱等相关信息，信息填写完成并核对无误后，单击"保存企业基本信息，下一步"按钮，如图1-13所示。

图1-13　"企业基本信息"填报界面

第五步：根据系统提示，填写投资人员信息，单击"下一步"按钮，如图1-14所示。

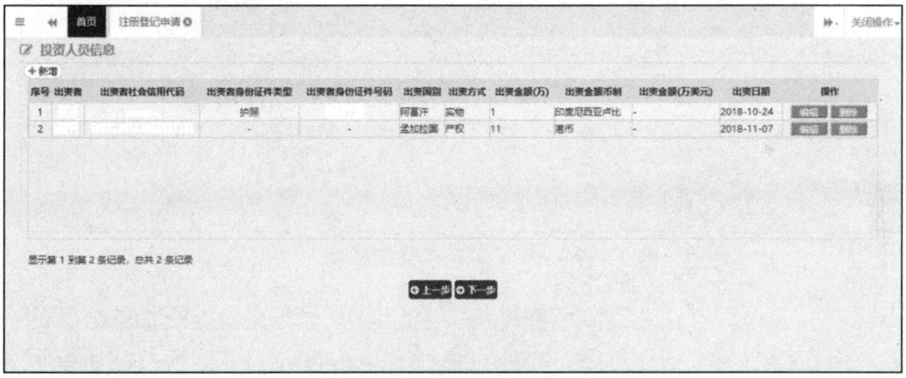

图1-14　"投资人员信息"填报界面

第六步：根据系统提示，填写报关人员信息，填写完成后单击"保存"按钮，如图1-15所示。

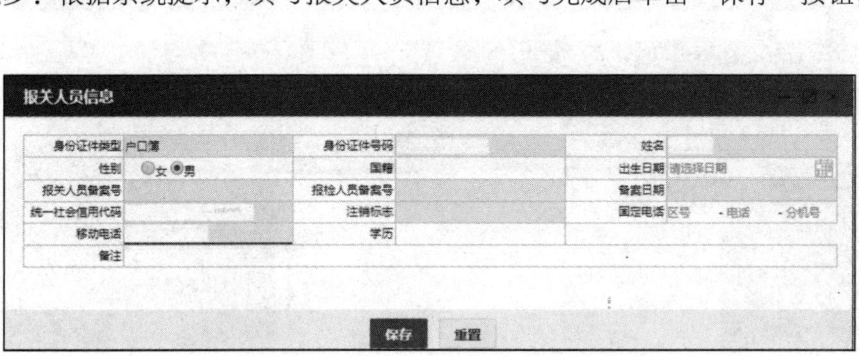

图1-15　"报关人员信息"填报界面

第七步：单击"企业信息打印"按钮，打印报关企业情况登记表，并加盖公章；如有报关人员备案，单击"报关人员信息打印"按钮；打印完成后单击"申报"按钮，如图 1-16 所示。

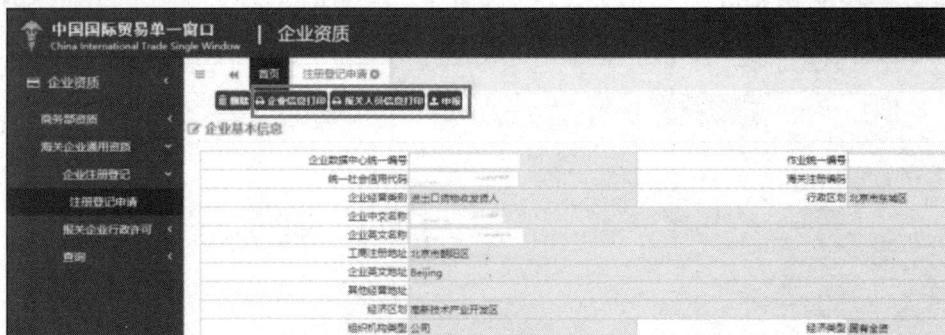

图 1-16　信息填报界面

状态显示"申报成功"即可，如图 1-17 所示。

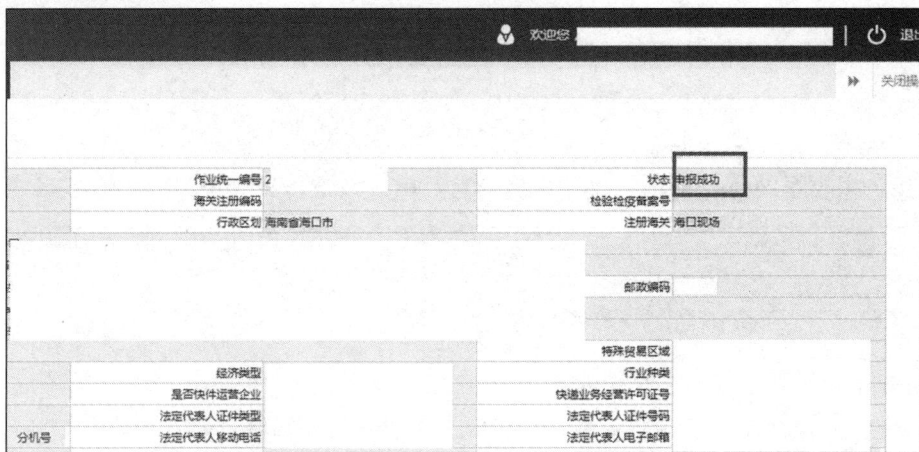

图 1-17　状态显示"申报成功"

第八步：申报成功后，企业需到所在地海关企业政务服务窗口提交加盖公章的报关企业情况登记表。所在地海关审核通过后，企业可通过"单一窗口"或到海关注册登记窗口现场打印海关企业通用资质备案回执，如图 1-18 所示。

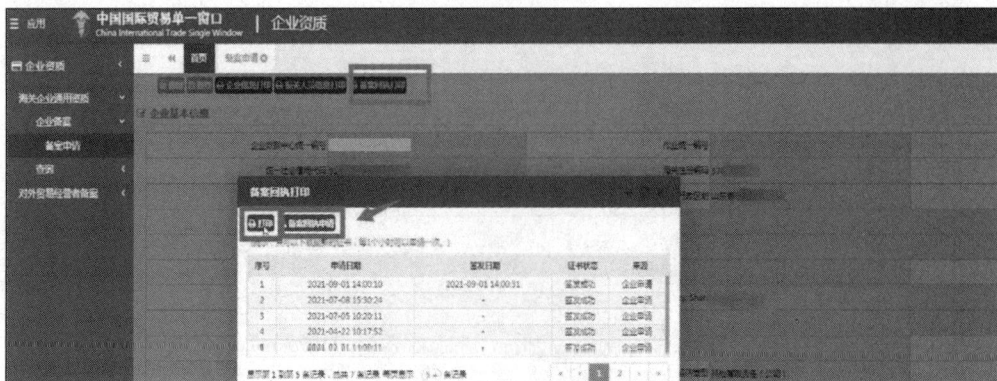

图 1-18　"备案回执打印"界面

③ 办理中国电子口岸 IC 卡。

企业凭营业执照、海关企业通用资质备案回执及法人身份证到中国电子口岸门户网站办理中国电子口岸 IC 卡（法人卡、操作员卡）。中国电子口岸 IC 卡是企业通过备案申请取得的存储其信息的智能卡。中国电子口岸 IC 卡是企业在网上的身份证和印章，其内部存有企业的密钥和证书，可供企业进行身份认证及数字签名，是企业办理网上业务时明确法律责任、保护企业合法权益的重要工具。企业必须妥善保存和管理中国电子口岸 IC 卡。办理中国电子口岸 IC 卡的操作过程如下所示。

第一步：企业可使用在"单一窗口"注册的企业用户名及密码登录中国电子口岸门户网站，如图 1-19 所示。

图 1-19 中国电子口岸门户网站登录界面

第二步：按照系统提示，详细填写法人、操作员相关信息，并按要求上传企业工商执照、经办人身份证正反面图片、加盖公章的备案信息表等相关资料，在线申请办理中国电子口岸 IC 卡，如图 1-20 所示。

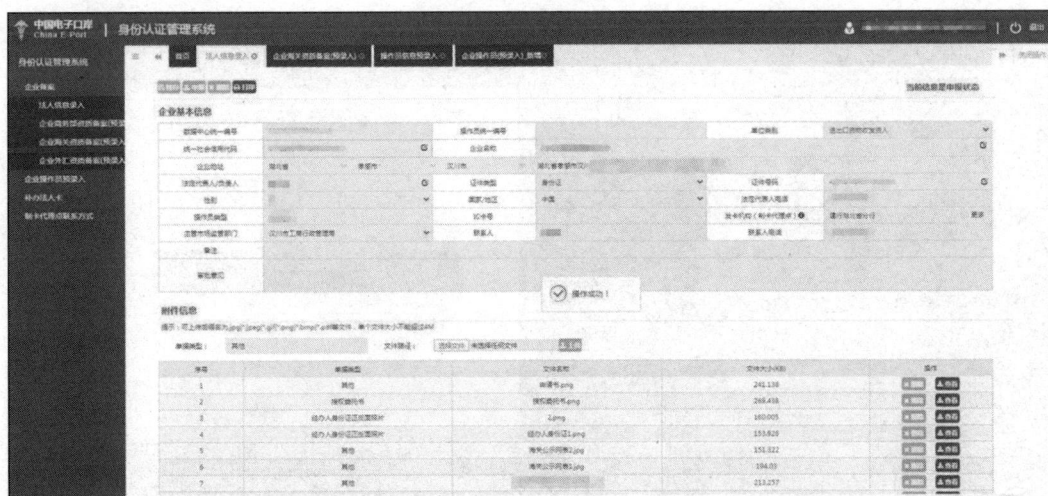

图 1-20 申办电子口岸 IC 卡界面

第三步：中国电子口岸审核并发放中国电子口岸 IC 卡。目前，中国电子口岸与一些银行联合推出了电子口岸客户端"共享盾"，具有中国电子口岸 IC 卡/USB Key、银行新型通用盾的所有功能。"共享盾"系统说明如图 1-21 所示。

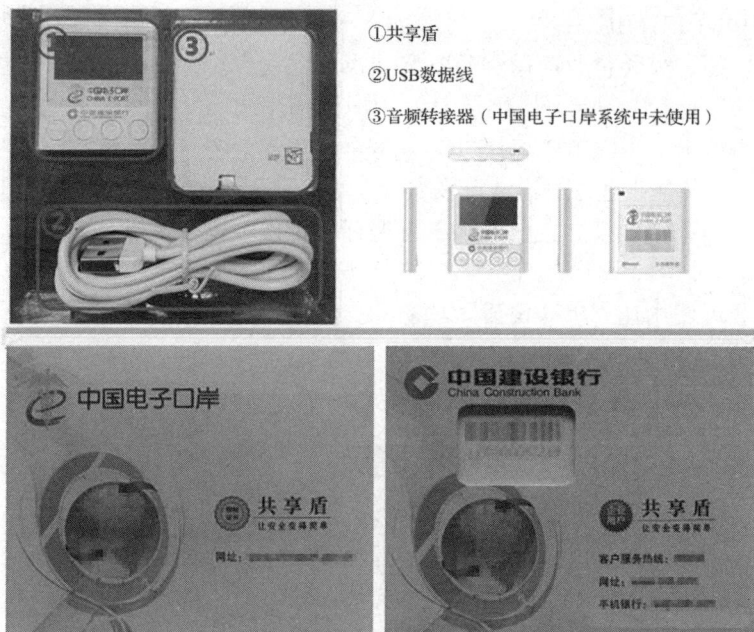

①共享盾
②USB数据线
③音频转接器（中国电子口岸系统中未使用）

图 1-21 "共享盾"系统说明

企业可通过"现场领取"或"邮寄"方式领取中国电子口岸 IC 卡。

④ 变更企业信息。

跨境电商物流企业开展业务前，需要通过申请注册登记变更的方式向海关申请跨境贸易电子商务企业备案，具体操作过程如下所示。

第一步：打开"单一窗口"标准版快速登录界面，单击"卡介质"选项，打开卡介质登录界面，如图 1-22 所示。

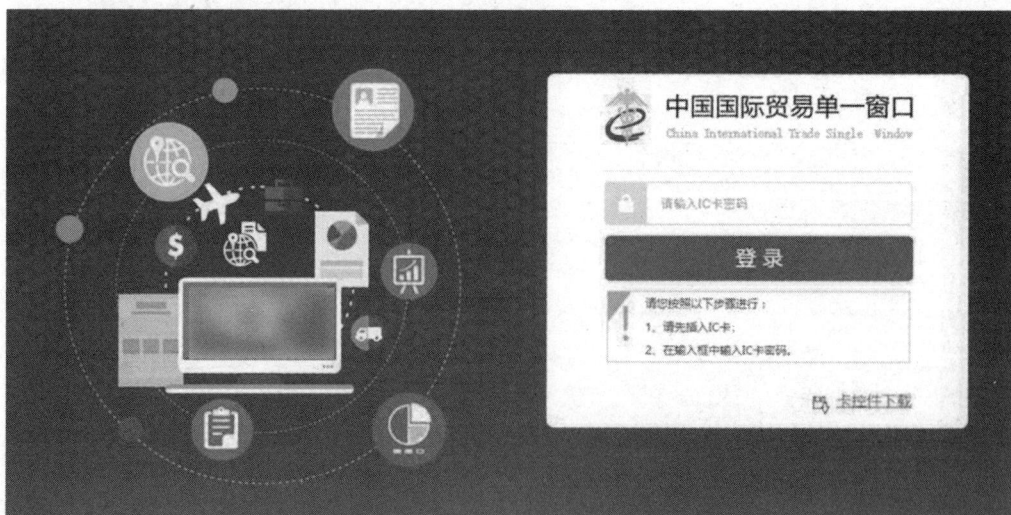

图 1-22 "单一窗口"卡介质登录界面

第二步：插入中国电子口岸 IC 卡后输入 IC 卡密码，单击左侧"企业备案"下的"备案信息变更申请"选项，如图 1-23 所示。

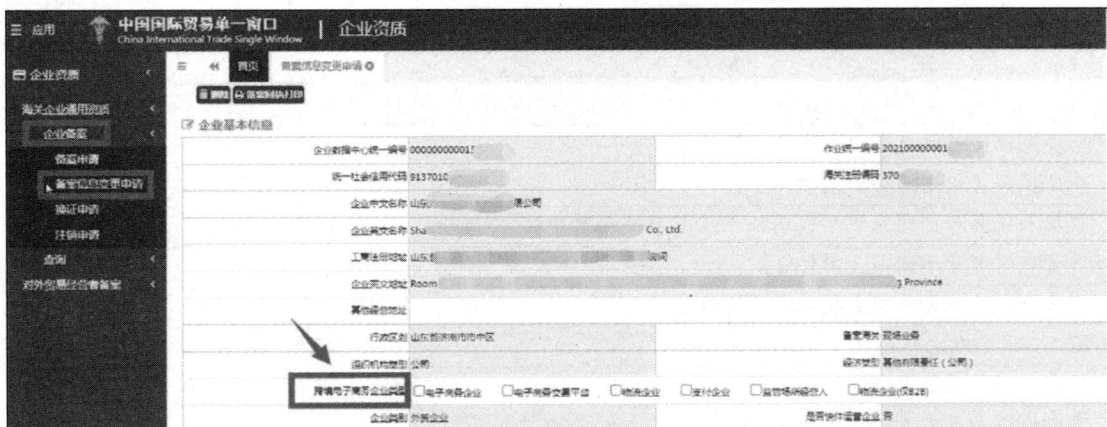

图 1-23 "备案信息变更申请"界面

在提交变更申请时，应在"跨境电子商务企业类型"栏中勾选相应选项。如果是境内跨境电商企业，可勾选"电子商务交易平台""电子商务企业""物流企业""支付企业""监管场所经营人"等复选框。境内跨境电商企业与境外跨境电商企业在备案时所需材料不同，其备案所需材料如表 1-7 所示。

表 1-7 境内跨境电商企业备案所需材料表

所需材料	电子商务平台	电子商务企业	物流企业	支付企业	监管场所经营人
跨境电商经营主体备案信息表（附件1）	√	√	√	√	√
营业执照（正本原件和复印件）	√	√	√	√	√
中华人民共和国组织机构代码证（正本原件和复印件）	√	√	√	√	√
质量诚信经营承诺书（附件2）	√	√	√	√	√
消费者自用承诺声明主要要求（附件3）	√	√	√	√	√
ICP备案号或电信增值业务许可证	√	√			
进出口商品质量保证	√	√	√		
不合格商品召回承诺	√	√	√		
自理或代理报检备案登记证明					√
快件经营许可证或仓储协议			√		√
快件运营资格证或者道路运输证			√		
金融许可证或支付业务许可证（支付业务范围应当包括"互联网支付"）				√	
海关监管场所的平面图以及储存设施、安全条件等说明资料					√

境外跨境电商企业只能勾选"电子商务企业""电子商务交易平台"选项，其备案所需材料如表 1-8 所示。

表 1-8 境外跨境电商企业备案所需材料表

所需材料	电子商务交易平台	电子商务企业
跨境电商经营主体备案信息表（附件 1）	√	√
营业执照（正本原件和复印件）	√	√
中华人民共和国组织机构代码证（正本原件和复印件）	√	√
质量诚信经营承诺书（附件 2）	√	√
消费者自用承诺声明主要要求（附件 3）	√	√
ICP 备案号或电信增值业务许可证	√	√
进出口商品质量保证	√	√
不合格商品召回承诺	√	√
与境内企业签订的协议（此境内企业已在当地备案）	√	√
境内企业的营业执照（正本原件和复印件）	√	√

同时开展跨境电商零售和 B2B 业务的物流企业应勾选"物流企业"，仅开展 B2B 业务的物流企业应勾选"物流企业（仅 B2B）"。

所有跨境电商企业都必须在"单一窗口"完成注册、海关企业通用资质备案及办理中国电子口岸 IC 卡等准备工作以后，才能开展相关业务。

⑤ 开设海关网购保税进口专用电子账册。从事跨境电商进口业务时，根据实际监管需要，跨境电商物流企业、跨境电商企业或其境内代理人，必须开设海关网购保税进口专用电子账册。

⑥ 税款担保。在海关备案的跨境电商平台企业、跨境电商物流企业或其代理申报企业，作为税款的代收代缴义务人，必须依法向海关提交足额有效的税款担保。

（3）海关对经营企业的分类管理

为进一步完善失信约束制度，构建诚信建设长效机制，中国海关对经营企业实施分类管理。

① 中国海关企业信用等级。

借鉴国际海关的"经认证的经营者"（AEO）制度，结合企业信用管理的实际需要，并根据《海关注册登记和备案企业信用管理办法》，中国海关根据企业信用状况将企业分为 3 级，分别是高级认证企业、注册登记和备案企业、失信企业，如图 1-24 所示，高级认证企业是中国海关 AEO。高级认证企业的认证标准分为通用标准和单项标准，高级认证企业的通用标准包括内部控制、财务状况、守法规范及贸易安全等内容，高级认证企业的单项标准是海关针对不同企业类型和经营范围制定的认证标准。

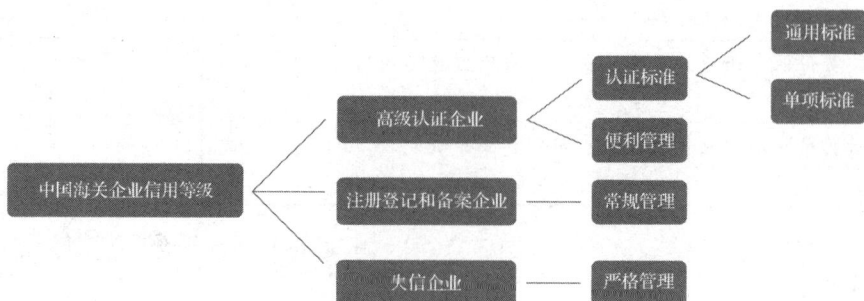

图 1-24 中国海关企业信用等级

中国海关根据社会信用体系建设有关要求，与国家有关部门实施守信联合激励和失信联合惩戒制度，推进信息互换、监管互认、执法互助，对不同企业分别实施相应的管理措施：对高级认证企业实施便利的管理措施，对注册登记和备案企业实施常规的管理措施，对失信企业实施严格的管理措施。中国海关积极推动 AEO 国际互认，目前已与 8 个经济体的 35 个国家（地区）的海关实现了互认。中国海关与其他国家（地区）的海关开展互认的企业主要是高级认证企业，相互给予这类企业包括便捷通关在内的相关优惠便利措施。海关对不同信用等级的企业的管理原则和管理措施如表 1-9 所示。

表 1-9　　　　　　　　　海关对不同信用等级企业的管理原则和管理措施

企业信用等级	管理原则	管理措施
高级认证企业	便利管理	1. 进出口货物平均查验率低于实施常规管理措施企业平均查验率的 20%，法律、行政法规或者海关总署有特殊规定的除外； 2. 出口货物原产地调查平均抽查比例在企业平均抽查比例的 20% 以下，法律、行政法规或者海关总署有特殊规定的除外； 3. 优先办理进出口货物通关手续及相关业务手续； 4. 允许向其他国家（地区）出口农产品、食品等的企业优先进行注册； 5. 允许企业向海关申请免除税款担保； 6. 减少对企业稽查、核查的频次； 7. 允许企业在出口货物运抵海关监管区域之前向海关申报； 8. 海关为企业设立协调员； 9. 允许 AEO 互认国家或者地区海关对企业实施通关便利措施； 10. 允许国家有关部门对企业实施守信联合激励制度； 11. 允许企业因不可抗力中断的国际贸易在恢复后优先通关； 12. 海关总署规定的其他管理措施
注册登记和备案企业	常规管理	实施海关总署规定的常规管理措施
失信企业	严格管理	1. 进出口货物平均查验率在 80% 以上； 2. 经营加工贸易业务的企业应全额提供担保； 3. 提高对企业稽查、核查的频次； 4. 海关总署规定的其他管理措施

备注：办理同一海关业务涉及的企业信用等级不一致，导致适用的管理措施相抵触时，海关按照较低信用等级企业适用的管理措施实施管理

对于存在"违反进出口食品安全管理规定、进出口化妆品监督管理规定或者走私固体废物被依法追究刑事责任的"以及"非法进口固体废物被海关行政处罚金额超过 250 万元的"情形的失信企业，海关依照法律、行政法规等有关规定实施失信联合惩戒制度，将其列入严重失信主体名单。同时，失信企业已被列入严重失信主体名单的，海关将通报相关部门。

海关也建立了企业信用修复机制，帮助企业强化诚信守法意识，提高诚信经营水平。失信企业连续两年未发生相关失信情形的，可提交企业信用修复申请，海关审核通过后，依法对企业予以信用修复。

② 高级认证企业的申请。

注册登记和备案企业可申请成为高级认证企业，其可以在线上办理，也可以在各直属海关业务现场进行办理。申请成为高级认证企业的线上办理流程如下。

第一步：填写认证申请。登录"单一窗口"，单击"企业资质"按钮，选择"关企合作平台"下的"企业认证管理"选项，再单击"认证申请"选项，详细填写企业相关信息，如图 1-25 所示。

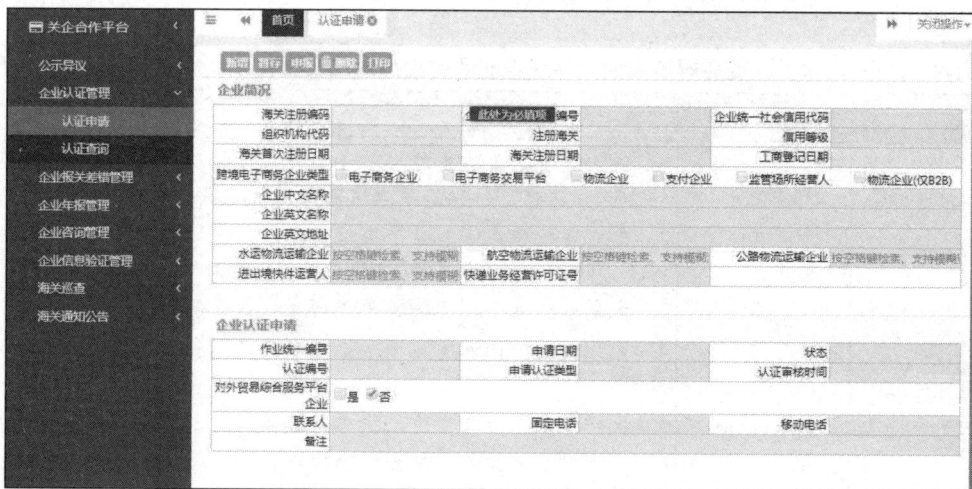

图 1-25 "认证申请"界面

填写完企业相关信息后单击"申报"按钮，进行认证申请提交。

第二步：高级认证申请。认证申请成功提交后，在"关企合作平台"栏中会出现"企业信用等级管理"选项，单击其中的"高级认证申请"选项，根据系统要求提交相关资料，即可完成高级认证申请。

第三步：海关审核。海关网上审核，企业可通过单击"企业信用等级管理"下的"申请查询"选项进行查询，如图 1-26 所示。

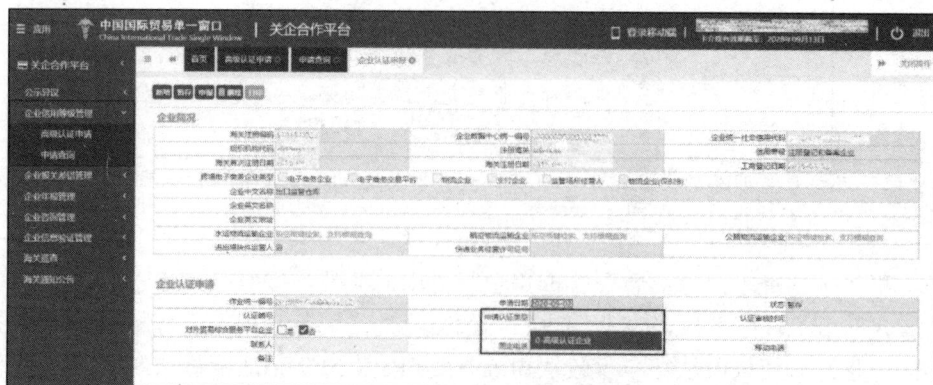

图 1-26 高级认证申请查询界面

第四步：认证作业。海关依据高级认证企业相应的通用标准和单项标准，对企业提交的申请和有关资料进行审查，并赴企业进行实地认证。对于符合高级认证企业标准的企业，海关制发高级认证企业证书。高级认证标志和高级认证企业证书如图 1-27 所示。

图 1-27　高级认证标志和高级认证企业证书

企业也可以到所在地各直属海关业务现场办理，现场提交加盖公章的高级认证企业申请书原件进行申请。高级认证企业申请书如表 1-10 所示。

表 1-10　　　　　　　　　　　　　　　高级认证企业申请书

企业名称			
统一社会信用代码			
业务类型	□进出口货物收发货人 □报关企业 □外贸综合服务企业 □进出境快件运营人 □水运物流运输企业 □公路物流运输企业 □航空物流运输企业 □跨境电子商务平台企业 □其他海关注册登记和备案企业		
联系人		座机电话	
		移动电话	

_____海关：
　　根据《中华人民共和国海关注册登记和备案企业信用管理办法》（海关总署令第 251 号）有关规定，本单位按照《海关高级认证企业标准》进行自我评估，认为符合标准，现向你关提出申请。
　　本单位知悉并同意遵守《中华人民共和国海关注册登记和备案企业信用管理办法》（海关总署令第 251 号）及海关相关规定，已经做好接受海关认证的准备，保证所提交的材料真实、齐全、有效，并存有相关文件、资料备查。

申请单位（盖章）

年　月　日

海关对高级认证企业每 5 年复核一次。企业信用状况发生异常的，海关可以不定期开展复核。

2. 跨境电商物流人员应满足的要求

跨境电商物流人员应满足的要求主要分为以下几种。

（1）具有良好的思想政治素质和职业道德

从业人员思想政治素质的高低决定整个行业的发展速度和进步程度。对跨境电商物流人员来说，思想政治素质具有十分重要的意义，关乎队伍的稳定、人心的凝聚、步调的统一。跨境电商物流人员必须牢固树立"国家利益至上、消费者利益至上"的行业共同价值观，要把"讲责任、讲诚信、讲效率、讲奉献"，潜心做事、低调做人，宽容开放、勇于创新，甘于奉献、自强不息、报效国家、回报社会等作为自己的行为规范；在日益复杂的工作中提升是非辨别能力，摆脱低俗趣味，抵制各种诱惑和私心杂念，把高度的事业心和责任感、顽强的工作作风、严格的组织纪律和集体主义观念融入日常工作，从思想上、行动上与党和国家的政策方针保持一致，不断适应新形势的要求，妥善完成本职工作。

此外，跨境电商物流人员还应具备科学的世界观、人生观和价值观，具有良好的文化修养，以及爱岗敬业、热爱劳动、遵纪守法、诚实守信、自律谦让的品质。

（2）具备扎实的跨境电商物流专业素质

跨境电商物流是一门非常专业的学科，跨境电商物流人员不仅要熟悉跨境电商物流环节中运输、仓储、包装等相关的行业知识，同时要懂得利用仓储配送设施设备进一步优化流程，合理控制跨境电商物流成本，以帮助企业进一步降低损耗，提高经济效益。跨境电商物流具有路线长、范围广、高度集中等特点，相关企业面临的安全风险较大。一旦发生事故，会影响到企业的各个方面，造成一系列问题，给企业带来不可估量的损失。因此，跨境电商物流人员必须掌握一定的关务操作、车辆管理、火灾防范、安全保卫等方面的知识。

跨境电商物流是涉及多个国家（地区）之间的贸易行为，跨境电商物流人员必须具备一定的国际法律法规知识，了解各个国家（地区）的相关规定，并在实际中灵活运用。

（3）具有良好的团队精神

现代物流的物理特性表现为一种网状的结构，在这个网状的结构中存在多条线，每条线上又存在多个作业点，任何一个作业点出现问题且没有得到及时妥善的解决，就有可能造成整个网状结构的瘫痪。因此，跨境电商物流人员应具备良好的团队合作精神，在作业过程中不仅要做好本职工作，同时要积极与电访、营销、专卖及财务等部门配合，使上下游协调一致。跨境电商物流人员如果没有这种团队协作精神和沟通能力，就不可能将所有线上的作业点有机地结合在一起，也就无法实现物流行业目标系统化和业务操作无缝化的目的，更不可能有效完成繁杂程度较高的物流工作。

（4）具有较强的组织管理和协调能力

物流的关键在于系统化方案设计、系统化资源整合和系统化组织管理，包括客户资源、信息资源和能力资源的整合及管理。在目前跨境电商物流行业没有形成统一标准的情况下，跨境电商物流人员更需要具备较强的组织管理能力，在整合客户资源的前提下有效地贯彻企业的经营理念，充分利用设备、技术和人力等企业内部资源来满足外部客户的需求。

跨境电商物流人员在工作过程中，需要与上下游环节协调合作，运用不同的工具进行各种信息的传递和反馈。跨境电商物流人员不但要具有相当丰富的知识，同时应具备相当强的沟通、协调能力。

（5）具有较高的信息技术应用水平

在现代物流中，信息起着非常关键的作用，商品的流动要准确、快速地满足消费者需求离不开信息的准确、快速流动，资金及时回笼也离不开相关信息的及时反馈。信息在物流系统中快速、准确和及时流动，可使企业迅速对市场做出反应，从而实现商流、信息流、资金流的良性循环。现代物流是一系列繁杂且精密的活动，企业要计划、组织、控制和协调这一活动，就离不开信息技术的支持。现代物流企业核心竞争力的强弱在很大程度上取决于信息技术的开发和应用程度。物流过程同时是一个信息流动的过程，目前，信息技术已受到物流部门的广泛重视，并被广泛应用到订单处理、仓库管理、货物跟踪等各个环节。一名合格的跨境电商物流人员必须熟悉信息技术在物流行业中的应用状况，能够综合使用这一技术提高劳动效率，并且能够在使用的过程中提出具有建设性、可操作性的建议。

（6）具备异常突发事故的处理能力

能够较好地执行作业指令和完成常规作业，只能说明跨境电商物流人员具备基本的业务操作能力，而是否具备异常突发事故的处理能力是衡量跨境电商物流人员综合素质高低的重要指标之一。在市场瞬息万变的情况下，市场对物流服务的需求呈现出一定的波动性，物流企业作为供需双方的服务提供者，对信息的采集相对滞后，同时物流作业环节多、程序繁杂、缺乏行业标准，异常突发事故时有发生。要在可利用资源有限的情况下，既能保证常规作业的完成，又能从容应对异常突发事故和突如其来的附加任务，跨境电商物流人员就需要具备较强的异常突发事故的处理能力，随时进行应急作业的意识，以及对资源进行合理分配和充分使用的能力。

3. 跨境电商物流人才结构

跨境电商物流人才除了要具有较强的专业能力，还必须具有国际化理念、国际化视野和跨文化交流能力。

（1）跨境电商物流人才类型

跨境电商物流人才大体可以分为两大类，一类是通用型跨境电商物流人才，另一类是专业型跨境电商物流人才。通用型跨境电商物流人才与行业无关，而专业型跨境电商物流人才则与行业紧密相关，对跨境电商物流行业有非常深刻的了解。跨境电商物流人才类型如表1-11所示。

表 1-11　　　　　　　　　　跨境电商物流人才类型

人才类型		能力要求
通用型跨境电商物流人才	高级物流管理人员	知识面广，具有较强的战略判断和把握能力，能敏锐地发现市场的变化，能对跨境电商物流的各个环节进行宏观调控；对跨境电商物流企业的管理有着深刻的认识和理解；能有效管理和运作提供完整跨境电商物流服务的企业，能够适应各种类型的跨境电商物流企业
	物流服务营销人员	对跨境电商物流企业内部的业务比较熟悉，对客户所在行业也有深入的了解，同时了解专业的跨境电商物流知识，具备销售方面的技能和技巧，能够通过建立正确的心态和信心，以合适的方式为企业争取更多的客户
	物流方案设计人员	对客户所在行业具备深层次的了解，如行业的供应链状况、生产周期、生产特点等，能根据客户的需求进行方案的整体设计，为客户量身定制合适的解决方案；具备较强的组织管理能力，在整合客户资源的前提下能有效地贯彻企业的经营管理理念，充分利用设备、技术和人力等企业内部资源满足外部客户的需求

人才类型		能力要求
通用型跨境电商物流人才	关务操作人员	熟悉进出口报关业务流程及相应国家（地区）的相关规定，了解进出口规范申报、外汇管理、税收征缴等知识，能使用相关设施、设备办理海关申报、查验、征税、审价、放行等手续，具备进出口单证制作与审核能力
	物流操作管理人员	对物流知识有一定了解，熟悉自己所在物流环节的运营，能使本环节的物流工作进行得更有效、更合理，主要对具体的物流作业（如货物的入库、上架、分拣、堆垛、包装、出库、配送等）进行管理
	物流操作工人	具备标准化流程下的操作能力、吃苦耐劳精神和企业文化意识，能够按照标准化流程完成每个操作过程，具有一定的操作经验和技能
专业型跨境电商物流人才		与行业紧密相关，对所处的行业有非常深刻的了解

（2）职位晋升阶梯

跨境电商物流职位晋升阶梯如图1-28所示。

图1-28 跨境电商物流职位晋升阶梯

4. 跨境电商物流专员岗位分析

设置合理的跨境电商物流专员岗位将直接决定订单产品能顺畅到达客户手中，从而提升客户体验，拓展境外市场，树立良好品牌形象，降低物流风险，提高利润率，取得较好的经营效果。跨境电商物流专员不仅要熟悉办公软件，有一定外语基础，还要熟悉本公司的产品、业务、主营跨境电商平台规则、跨境电商业务流程、国际物流主要方式等。

（1）跨境电商物流专员岗位能力结构

跨境电商物流专员岗位能力结构如表1-12所示。

表 1-12　　　　　　　　　　跨境电商物流专员岗位能力结构

具体能力	内容	具体要求
通用能力	外语应用	具有较强的文字和口头表达能力，以及在国际经贸活动中综合应用外语的能力
	计算机	熟悉办公软件、网络技术、网页设计、网站建设维护和网络安全技术的基本知识，有较强的计算机应用能力
专业能力	国际贸易	具有国际贸易业务实践能力，涵盖国际生产运作、谈判、跟单、报关、报检、结算、运输、保险、外汇管理等整个国际贸易流程，以及国际经济、国际投资、跨境经营等多个国际贸易业务领域
	现代物流	掌握运输、仓储、配送、流通加工、包装、装卸搬运及物流信息系统等的基本理论和基本知识，熟悉物流供应链的基本知识
	电子商务	掌握网络营销、电子商务的基本理论和基本知识；熟悉亚马逊、阿里巴巴国际站等网站及网店的运营，具备在线售后服务能力、网站综合推广能力；了解与电子商务有关的法律、法规

续表

具体能力	内容	具体要求
素质能力		具有爱岗敬业、热爱劳动、遵纪守法、诚实守信、自律谦让的品质，较强的社会适应能力和社交能力，较强的组织协调能力和团结协作能力，以及较强的自学能力、独立工作能力和创新能力

（2）跨境电商物流专员主要职业资格证书

为了更好地从事跨境电商物流工作，跨境电商物流专员应该取得相关职业资格证书，具体如表 1-13 所示。

表 1-13　　　　　　　跨境电商物流专员主要职业资格证书

序号	证书名称	颁证单位	等级	备注
1	普通话水平测试等级证书	教育部教育考试院、国家语言文字工作委员会	乙等	必考
2	全国计算机等级考试证书	教育部教育考试院	二级	必考
3	全国大学英语四、六级考试合格成绩单	教育部教育考试院	四级	必考
4	国际货运代理行业从业人员岗位专业证书（CIFA 证书）	中国国际货运代理协会	初级	行业证书
5	关务水平评价（初级）证书	中国报关协会		
6	1+X 物流管理职业技能等级证书	北京中物联物流采购培训中心	中级	任选 1～2 类考
7	1+X 跨境电子商务多平台运营职业技能等级证书	厦门优优汇联信息科技股份有限公司	中级	
8	1+X 跨境电商 B2B 数据运营职业技能等级证书	阿里巴巴（中国）教育科技有限公司	中级	
9	1+X 跨境电商 B2C 数据运营职业技能等级证书	阿里巴巴（中国）网络技术有限公司	中级	
10	1+X 民航货物运输职业技能等级证书	北京翔宇教育咨询有限公司	中级	

（3）跨境电商物流专员岗位工作任务

跨境电商物流采用的运输方式不同，跨境电商物流岗位就有不同的工作任务，具体如表 1-14 所示。

表 1-14　　　　　　　跨境电商物流专员岗位工作任务

跨境电商海运任务	跨境电商空运任务	跨境电商专线物流任务
海运航线及船期表查询 海运运费计算 海运单证填制与流转 海运进出口通关	航班时刻表查询 机型及装载限制认知 空运运费计算 空运单证填制与流转 空运进出口通关	专线物流线路选择 专线物流运费计算 专线物流单证填制与流转 专线物流进出口通关

5. 跨境电商物流专员任务描述

跨境电商物流专员任务描述如表 1-15 所示。

表 1-15   跨境电商物流专员任务描述

序号	任务名称	任务描述
1	设计跨境电商物流方案	依托跨境电商 B2C 和 B2B 店铺，根据产品市场、物流时效、价格等因素选择合适的跨境电商物流方式；制定 B2C 平台适用的跨境电商物流方案，制定 B2B 平台适用的跨境电商物流方案；根据店铺产品销售情况和物流情况设计跨境电商物流方案
2	制作跨境电商物流运费模板	根据不同跨境电商 B2C 和 B2B 店铺制作物流运费模板
3	国际物流货物包装与装箱	根据店铺货物体积、重量、收货地等情况选择包装材料，熟练使用配套包装设备，完成货物打包与装箱
4	跨境电商 B2C 物流发货	完成线上发货：全球速卖通线上发货、eBay 线上发货、亚马逊线上发货、Wish 线上发货。完成线下发货：邮政小包发货、UPS 发货、FedEx 发货、DHL 发货、TNT 发货、菜鸟物流发货、顺丰发货、"三通一达"发货
5	跨境电商 B2B 物流发货	一般通过一达通平台发货：熟悉一达通平台价值、业务模式和内容，熟悉一达通平台业务的操作步骤，熟悉并能使用一达通物流服务。线下发货：了解船期、船线、拼柜的费用如何分配，拼箱发货，整箱发货，空运发货
6	辨识海外仓选品规则和平台规则	熟悉海外仓选品规则；熟悉海外仓商品前台展示规则，熟悉海外仓商品服务规范，熟悉海外仓商品奖励资源；熟悉各跨境电商平台规则
7	核算海外仓税费	核算头程费用，核算税金，核算当地派送费用，核算仓储管理服务费
8	设计与运用海外仓商品运费模板	申请海外仓权限，设计海外仓商品运费模板
9	操作 FBA	熟悉 FBA 卖家后台操作，发货到 FBA，发货到亚马逊仓库
10	自主报关或寻找代理企业报关	向海关发送订单、支付单、物流单信息，根据货物清单汇总填制报关单或申请清单，准备单据并向海关申报，海关审核并验放
11	使用跨境电商平台配套综合服务完成通关	使用一达通平台或其他平台完成通关
12	跨境电商物流岗位创新与创业	设计跨境电商 B2C 平台的创新型物流解决方案；设计创新型海外仓构建及运营综合服务方案；秉持管理者心态，发扬创新创业精神

6. 跨境电商物流管理高级人才应具备的知识和技能

跨境电商物流管理高级人才既懂得从战略的角度规划企业长远的发展，又有一线部门实际工作经验。跨境电商物流管理高级人才需要重点掌握以下 4 个方面的专业知识和技能。

（1）管理知识

物流管理的核心在于宏观上的资源整合与微观上的精益运作。跨境电商物流管理高级人才要熟悉该行业的基本流程，掌握物流中心的规划与布局、货物的运输与配送、采购管理与库存控制、物流机械设备的基本运作原理、物流企业的运营管理等管理知识。

（2）信息技术

由于现代企业的物流运营对信息系统的要求相当高，跨境电商物流管理高级人才除了需要熟练地掌握计算机使用技能和办公自动化工具，还必须对信息系统有深刻的理解，能够在企业信息化浪潮中正确判断企业的物流需要，站在专业的角度为企业的物流变革指明方向。

（3）财务知识

物流之所以被称作"第三利润源"，是因为它能通过节约成本的方式提高企业经济效益。跨境电商物流管理高级人才担任的是企业的中高层岗位，只有精通财务知识，才能在工作中正确进行"物流诊断"，从而控制物流成本。

（4）外语能力

跨境电商物流管理高级人才只有不断学习世界上最新的物流管理技术和计算机、财务、外贸、人力资源等方面的知识，才能保证企业的物流工作始终充满活力，并达到不断节约成本的目的。而在这一过程中，良好的外语能力是关键支撑。因此，良好的外语能力是跨境电商物流管理高级人才的必备技能。

自学自测 ↓

一、单选题

1. 目前，中国跨境电商类型中交易规模占比最高的是（　　　）。
   A. B2B　　　　　　B. B2C　　　　　　C. C2C　　　　　　D. B2G

2. 在整个跨境电商业务流程中，（　　　）是跨境电商发展的有力支撑，是跨境电商的核心环节。
   A. 跨境电商企业　　　　　　　　　B. 跨境电商平台
   C. 政府公共服务平台　　　　　　　D. 跨境电商物流

3. 跨境电商货物由电商企业境外物流配送中心→国际快递公司→国际物流中转中心→国际快递公司→收件国（地区），该种跨境电商物流的运作模式属于（　　　）。
   A. "单一"式跨境电商物流
   B. "单一收件"式跨境电商物流
   C. "两段中转"式跨境电商物流
   D. "两段收件"式跨境电商物流

4. 下列属于中国跨境电商试点城市的是（　　　）。
   A. 牡丹江　　　　B. 南昌　　　　C. 上海　　　　D. 北京

5. 跨境电商进口不包括（　　　）。
   A. 1210进口　　　B. 1239进口　　　C. 9610进口　　　D. 9810进口

6. 跨境电商企业备案所需材料不包含（　　　）。
   A. 跨境电商经营主体备案信息表　　　B. 营业执照（正本原件和复印件）
   C. 销售合同　　　　　　　　　　　　D. 质量诚信经营承诺书

7. 下列无法进行跨境电商企业备案的网站是（　　　）。
   A. 中国国际贸易单一窗口　　　　　B. 中国电子口岸
   C. 互联网+海关　　　　　　　　　　D. 中国制造网

8. 跨境电商物流不可以提供的增值服务是（　　　）。
   A. 提供境外咨询　　　　　　　　　B. 境外货物营销
   C. 海外仓库存索赔处理　　　　　　D. 退货换标处理

9. 海关对不同信用等级的企业分别实施相应的管理措施，对高级认证企业实施（　　）。

    A. 便利的管理措施　　　　　　　　B. 常规的管理措施

    C. 一般的管理措施　　　　　　　　D. 严格的管理措施

10. 海关对不同信用等级的企业分别实施相应的管理措施，对注册登记和备案企业实施（　　）。

    A. 便利的管理措施　　　　　　　　B. 常规的管理措施

    C. 一般的管理措施　　　　　　　　D. 严格的管理措施

11. 海关对不同信用等级的企业分别实施相应的管理措施，对失信企业实施（　　）。

    A. 便利的管理措施　　　　　　　　B. 常规的管理措施

    C. 一般的管理措施　　　　　　　　D. 严格的管理措施

12. 高级认证企业的标准中包括内部控制、财务状况、守法规范及贸易安全等内容的是（　　）。

    A. 通用标准　　B. 复合标准　　C. 多项标准　　D. 单项标准

13. 高级认证企业的标准中，海关针对不同企业类型和经营范围制定的认证标准是（　　）。

    A. 通用标准　　B. 复合标准　　C. 多项标准　　D. 单项标准

二、多选题

1. 跨境电商物流的特点有（　　）。

    A. 周期长，成本高

    B. 流程复杂

    C. 跨境电商物流作业标准化程度高，所有物流作业必须有现代化信息系统支持

    D. 物流软环境存在差异，容易受政治文化的影响

2. 跨境电商物流按照商品在关境之间的流向分类，可以分为（　　）。

    A. 境内物流段　　　　　　　　B. 境外物流段

    C. 跨境电商进口物流　　　　　　D. 跨境电商出口物流

3. 跨境电商物流行业的发展趋势是（　　）。

    A. 从提供单一服务转向提供多元化服务

    B. 整个行业向规范化的全球中心仓生态发展

    C. 新技术、新政策赋能，提高行业效率

    D. 行业竞争加剧

4. 参与跨境电商业务的企业类型有（　　）。

    A. 跨境电商企业

    B. 跨境电商支付企业

    C. 跨境电商企业境内代理人

    D. 跨境电商物流企业

5. 与传统国际贸易相比，跨境电商的优势有（　　）。

    A. 跨境电商通过企业内部网与互联网进行无缝对接，加快了信息流动，具有信息优势

    B. 跨境电商中间商少，实物基础设施少，文件处理、沟通等方面的成本低，具有成本优势

C. 跨境电商缩短了单证的传输时间，并减少了反复录入数据可能导致的错误，具有效率优势

D. 跨境电商能为消费者提供全天候的购物服务，具有满意度优势

6. 跨境电商物流人员应满足的要求包括（　　）。

A. 具有良好的思想政治素质和职业道德

B. 具备扎实的跨境电商物流专业素质

C. 具有较强的组织管理和协调能力

D. 具有较高的信息技术应用水平

7. 对于存在（　　）情形的失信企业，海关依照法律、行政法规等有关规定实施联合惩戒，将其列入严重失信主体名单。

A. 非法进口固体废物被海关行政处罚金额超过 100 万元的

B. 非法进口固体废物被海关行政处罚金额超过 250 万元的

C. 走私固体废物被依法追究刑事责任的

D. 违反进出口食品安全管理规定、进出口化妆品监督管理规定的

8. 海关根据企业信用状况将企业分为（　　）。

A. 高级认证企业　　　　　　　　B. 注册登记和备案企业

C. 一般认证企业　　　　　　　　D. 失信企业

9. 高级认证企业的认证标准分为（　　）。

A. 复合标准　　B. 通用标准　　C. 多项标准　　D. 单项标准

10. 下列属于高级认证企业适用的管理措施的是（　　）。

A. 允许企业向海关申请免除税款担保

B. 允许企业在出口货物运抵海关监管区域之前向海关申报

C. 海关为企业设立协调员

D. 允许企业因不可抗力中断的国际贸易在恢复后优先通关

三、判断题

1. 跨境电商经营主体备案需要跨境电商企业自己注册，不能委托其他机构代理。（　　）

2. 跨境电商同一经营主体在备案地以外检验检疫机构辖区从事跨境电商业务的，需要再次备案。（　　）

3. 跨境电商备案只针对跨境电商经营主体，首次开展跨境电商业务的经营主体需要先取得经营权，并完成相关文件填写及备案工作。（　　）

4. 参与跨境电商业务的物流企业还应获得国家邮政管理部门颁发的快递业务经营许可证。其分支机构向国家邮政管理部门备案并列入"经营快递业务的分支机构名录"的，可以办理物流企业注册登记。（　　）

5. 海关建立了企业信用修复机制，帮助企业强化诚信守法意识，提升诚信经营水平。（　　）

6. 失信企业连续两年未发生相关失信情形的，可提交企业信用修复申请，海关审核通过后，依法对企业予以信用修复。（　　）

7. 高级认证企业是中国海关 AEO，中国海关与其他国家（地区）海关开展互认的企业主要是高级认证企业，相互给予这类企业包括便捷通关在内的相关优惠便利措施。（　　）

8. 中国海关根据社会信用体系建设有关要求，与国家有关部门实施守信联合激励和失信联合惩戒制度，推进信息互换、监管互认、执法互助。中国海关积极推动 AEO 国际互认，目前已与 8 个经济体的 35 个国家（地区）的海关实现了互认。　　　　（　　）

四、名词解释

1. 跨境电商

2. 跨境电商物流

五、简答题

1. 跨境电商物流行业的发展趋势有哪些？

2. 跨境电商物流岗位有哪些？

项目实训

本次实训为跨境电商物流认知实训，要求学生按照实训步骤，以小组合作的形式完成实训内容。学生通过对跨境电商物流的基本内容进行认知学习，熟知跨境电商的发展历程，能够分析跨境电商物流的发展现状与趋势，明确跨境电商物流工作岗位的基本情况，并结合自己的兴趣爱好，找到适合自己的学习路径，规划自己未来的跨境电商物流职业之路。

任务一　跨境电商物流现状认知　↓

1．阅读跨境电商文献及资料，填写读书笔记

选择并仔细阅读下列你感兴趣的文章或资料 2～3 篇，填写读书笔记并与组员进行分享，每组选择两篇优秀的读书笔记在班级进行分享。读书笔记如表 1-16 所示。

表 1-16　　　　　　　　　　　读书笔记

文章名称		阅读时间		字数	
来源		关键词			
内容概要					
重点内容摘抄					
心得					

（1）《2020 年跨境电商物流行业研究报告》。

（2）《2021 中国跨境电商物流行业蓝皮书》。

（3）中国电子口岸主页的"政策导读"或者"单一窗口"中近几年关于跨境电商物流的文章。

（4）微信公众号"外跨境""关务小二"上的文章。

请思考以下问题。

（1）跨境电商物流与你所学的专业有哪些关系？

（2）你在生活中接触的跨境电商物流活动有哪些？你觉得所学的内容对今后的生活和工作有什么影响？近段时间跨境电商物流招聘最多的是哪些岗位？这些岗位有哪些能力要求？

2. 利用网上文献及资料完成任务（二选一）

（1）了解自己家乡所在城市近几年的跨境电商物流现状及未来规划，并制作 PPT 进行分享。

（2）了解"一带一路""中欧班列"建设现状及未来规划，并制作 PPT 进行分享。

3. 跨境电商物流的认知

以实训小组为单位，在网上搜索关于中国跨境电商物流发展的主要事件，并完成表 1-17 的填写。

表 1-17　　　　　　　　　　　中国跨境电商物流发展的主要事件

年份	主要事件
2015 年	
2016 年	
2017 年	
2018 年	
2019 年	
2020 年	
2021 年	
2022 年	

任务二　跨境电商物流企业现状认知　↓

各小组利用手机、计算机等在网上进行搜索，尽可能多地收集跨境电商物流企业及相关的职位信息并展开讨论，每位同学再结合自己的实际情况，规划自己将来的职业成长道路。

1. 跨境电商物流企业认知

了解全球主要跨境电商物流企业，填入表 1-18 中。

表 1-18　　　　　　　　　　　全球主要跨境电商物流企业

地区	企业名称	所属国家（地区）	特点
亚洲			

续表

地区	企业名称	所属国家（地区）	特点
欧洲			
南美洲			
北美洲			
非洲			
大洋洲			

2. 查找招聘信息

各小组上网浏览"1688""58 同城""前程无忧""智联招聘"等招聘网站，查找并记录近期有关跨境电商物流的招聘信息，完成表 1-19 的填写。

表 1-19　　　　　　　　　　　　　跨境电商物流招聘信息表

序号	招聘单位	岗位名称	工作地点	招聘人数	任职要求	岗位职责
1						
2						
3						
4						
5						
6						
7						
8						
9						
10						

请思考以下问题。

（1）跨境电商物流岗位有哪些？

（2）近段时间跨境电商物流行业招聘最多的岗位是哪些？这些岗位有哪些能力要求？

3. 选择招聘岗位

根据表 1-19 中的信息，选择至少 3 个自己感兴趣的岗位并说明理由，填入表 1-20 中。

表 1-20　　　　　　　　　　　招聘岗位信息表

序号	招聘单位	岗位名称	选择理由	任职差距	解决方案
1					
2					
3					
4					
5					

请思考以下问题。

（1）自己在跨境电商物流行业有哪些优势？

（2）自己在跨境电商物流行业有哪些劣势？

4．跨境电商物流职场规划

跨境电商物流职场规划

四川中欧国际物流有限公司是一家专门从事跨境电商物流业务的物流公司，其业务范围主要涵盖跨境电商物流、国际货运代理服务及保税仓运营。跨境电商专业毕业的李莎同学应聘到该企业，从事跨境电商物流相关工作。工作一段后，她深深喜欢上这份职业，希望将来能够成为高级跨境电商物流人才。同时，她也深感自己的知识储备不足，对怎么规划以后的职业生涯感到困惑。针对以上情况，请各小组讨论一个李莎要达成的职场目标和亟待解决的问题，并填写表 1-21。

表 1-21　　　　　　　　　　　跨境电商物流职场规划

项目		主要内容	相关业务指标
要解决的问题（What）	期待成果		
	现状		
问题可能出在哪里（Where）			
可能的原因（Why）			
可能的解决方案（How）			

项目评价 ↓

项目评价表

序号	项目内容		项目要求	项目评价			
				学生自评		教师评价	
				达标	未达标	达标	未达标
1	技能	跨境电商物流的含义	能够复述跨境电商物流的含义				
2		跨境电商物流特点及相关增值服务	能够根据具体商业情景明确跨境电商物流的特点及相关增值服务				

序号	项目内容		项目要求	项目评价			
				学生自评		教师评价	
				达标	未达标	达标	未达标
3	技能	跨境电商物流行业的发展趋势	能够分析跨境电商物流行业的发展趋势				
4		跨境电商物流企业分析	能够收集跨境电商物流企业岗位需求并为自己选择合适的跨境电商物流岗位				
5		跨境电商物流岗位分析	能够进行跨境电商物流职场规划				
6	素质	创新意识	能够根据资料分析问题并提出个人观点				
7		合作意识	能够和团队成员协商，共同完成实训任务				
8		求真务实	能够认识自己的优势及劣势				
9		商道意识	能够根据资料分析问题并提出有商道意识的观点				

课后提升

一、大赛园地

全国跨境电子商务技能竞赛能检验学生掌握跨境电商店铺运营能力、营销策划能力、数据分析能力、跨境交付能力；促进跨境电商相关专业建设与教学改革；提升院校跨境电商相关专业的教学质量，激发学生学习跨境电商的热情，为跨境电商行业培养高素质的技能型人才。竞赛要求学生以平台搜索规则与商品排名原理为基础设计内容，在模拟操作流程的基础上，训练操作技巧，并借助系统内置的闭环考核系统，对学生的推广效果进行反馈，培养快速适应平台特点的技能型应用人才。

竞赛由跨境电商进出口实务和跨境电商推广两个模块构成，参赛选手通过在线模拟系统在 4 小时内完成两个模块的操作。跨境电商推广模块满分为 100 分，完成时间为 120 分钟。跨境电商进出口实务模块满分为 100 分，完成时间为 120 分钟。参赛队的竞赛总分=跨境电商推广模块得分×50%+跨境电商进出口实务模块得分×50%。

涉及跨境电商物流的主要是跨境电商进出口实务模块，在此模块中，竞赛要求选手通过竞赛系统，在规定时间内，根据系统给定的产品信息、业务背景以及订单信息，完成跨境电商进出口业务开展前的系列备案任务，以及业务开展过程中跨境一般出口、跨境特殊监管区域出口、跨境直购进口、跨境网购保税进口四种业务模式的通关、结汇、退税、物流等环节的流程操作及单据填写。选手各项任务得分相加构成该模块总得分。选手每项任务得分是根据该项任务的完成情况，由步骤得分和单据得分构成的。其中，任务已完成的选手该项任务得分=步骤得分×30%+单据得分×70%，任务未完成的选手该项任务得分=（步骤得分×30%+单据得分×70%）×60%。跨境电商进出口实务模块评分标准如表 1-22 所示。

表 1-22　　　　　　　　　　跨境电商进出口实务模块评分标准

序号	流程	任务	分值	评分标准
1	业务开展、前期备案	进出口权限备案、商检企业备案	20	1. 根据任务要求，完成任务步骤 2. 根据任务要求，正确填写单据
2	跨境一般出口	跨境一般出口通关、一般出口物流	10	1. 根据跨境一般出口通关流程，完成各个环节 2. 根据跨境一般出口各个环节的单据需求，正确填写相关单据，根据填写准确度给分
3	跨境特殊监管区域出口	入区出口报关、出区出境报关、银行结汇、收汇核销等	30	1. 根据跨境特殊监管区域出口通关流程，完成各个环节 2. 根据跨境特殊监管区域出口各个环节的单据需求，正确填写相关单据，根据填写准确度给分
4	跨境直购进口	跨境直购进口通关、跨境直购进口缴税	10	1. 根据跨境直购进口通关流程，完成各个环节 2. 根据跨境直购进口各个环节的单据需求，正确填写相关单据，根据填写准确度给分
5	跨境网购保税进口	进境入区通关、进口通关、外汇付款、进口缴税等	30	1. 根据跨境网购保税进口通关流程，完成各个环节 2. 根据跨境网购保税进口各个环节的单据需求，正确填写相关单据，根据填写准确度给分
合计分值			100	

二、素质拓展与业务思考

1. 素质拓展

请通过中国电子口岸、"单一窗口"及海关总署等官方渠道，阅读最近几年关于海关企业信用管理办法的相关文章，详细了解我国在落实社会信用体系建设方面的要求，在提升海关企业信用管理的法治化、规范化水平方面做了哪些工作，以及新的信用管理办法有哪些亮点。

2. 业务思考

2021 年，全球跨境电商成为各国（地区）企业开展国际贸易的首选和外贸创新发展的排头兵，但跨境电商物流运费在 2021 年春季突破历史新高，受国际形势影响，跨境电商物流在空运的运力及境外的派送压力上都有明显的增加，这在一定程度上导致了跨境电商平台在境外的配送时效变长。据了解，从我国出发的货物海运抵达美国西海岸港口约 23 天，抵达美国东海岸港口约 40 天，到欧洲需要 30～37 天，相比往年，延误 7 天左右，铁路运输抵达欧洲站需要 28～35 天，相比往年，延误 10 天左右；专线（空运）在 2021 年下半年去往欧美地区基本在 15～20 天妥投；通过邮政发往境外大多在 20～35 天妥投，相比往年，延误 5～10 天。

大批量产品一般会采用海运或者铁路运输，在运能上，海运货柜、铁路运输货柜都出现了极度短缺的情况。在海运方面，船只离开亚洲港口的速度很慢，抵达美国港口时也会延误，船舶和集装箱的运力受到限制，货主会通过相互竞争以获得舱位和集装箱。由于运力不足，货主之间的竞争迫使运费上涨。洛杉矶和长滩的船舶等待时间平均在一周以上，而奥克兰的情况更加严峻，船舶等待时间为两周，这也是推动运费上涨的一个因素。从 2020 年 4 月开始，亚马逊仓储操作劳动力短缺，为实现用有限的人员进行高效的运作，亚马逊不断更新送仓政策，在 2020 年 3 月和 7 月限制新品的发货数量为 200 个，在 2021 年 4 月又限制库存总量，其目的都很明显，就是迫使卖家把更多的精力放在销量更好、更稳定，有良好销售数据的商品上面，将销售情况不确定的新品放在次要位置，同时尽快把滞销品的库存清掉。以上这些策略都会使跨境电商卖家发货数量受限，入仓时效更短，从而进一步增加对快船的需求，也就形成了快船一舱难求的局面，也间接推动了普船的运费上涨。此外，大部分的航线取消或改期，停泊或延误时间过长，错过了计划换轮时间，导致了大船晚到、甩柜，无法准时开船甚至停航等情况。因此，整体物流成本也上涨较多。从盐田到洛杉矶的 40 英尺（1 英尺 ≈ 0.3048 米）集装箱的运费此前一直在 5000 美元左右，而在 4 月中旬直接飙升至 6000 美元，到了 5 月底直接飙升到 7000 美元。这个价格还不包括船务公司的一些杂费和舱位集装箱的保险费。这严重制约了跨境电商的发展。

2021 年 6 月，盐田港颁布了不接集装箱入闸的通知，加上亚马逊库容量被限制、集装箱限制排仓等因素，跨境电商行业动荡不断、形势严峻，跨境电商卖家纷纷对行业产生怀疑。若你是一名专业的跨境电商物流人员，你怎么看待这一形式？你对跨境电商卖家有什么好的建议？

项目二

跨境电商物流模式

教学目标 ↓

知识目标

1. 认识跨境电商物流模式。
2. 理解相关国际贸易术语。
3. 掌握跨境电商进出口物流模式及其特点。
4. 了解海外仓的概念及应用。

能力目标

1. 能够针对不同的跨境电商平台选择合适的跨境电商物流模式。
2. 能够熟练使用国际贸易术语。
3. 能够根据不同情景进行海外仓选品。

素质目标

1. 培养创新思维和创业精神。
2. 培养良好职业操守和职业道德。
3. 树立家国情怀，坚定道路自信。
4. 培养互助协作的团队意识。

思维导图 ↓

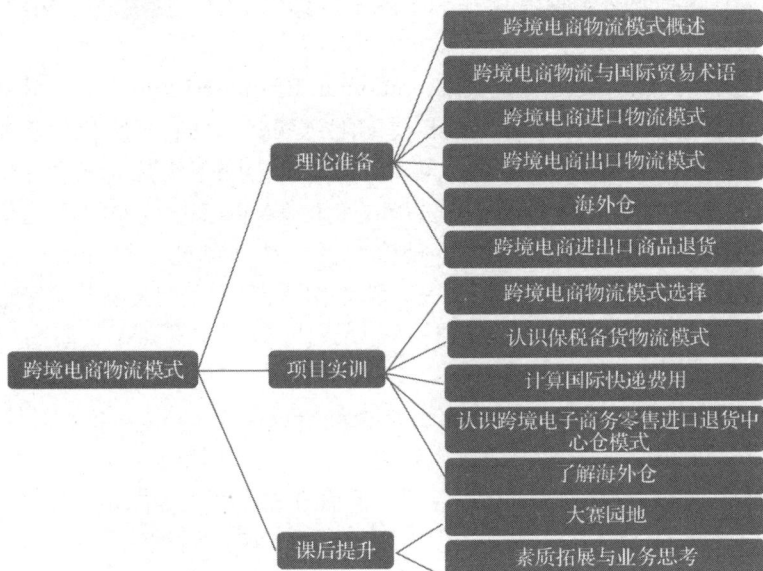

理论准备

一、跨境电商物流模式概述

跨境电商物流的发展与跨境电商的发展是相互影响的，跨境电商的快速发展能促进跨境电商物流发展速度的增长。跨境电商的发展是物流、信息流和资金流的协调发展，跨境电商物流作为重要的一个环节，其发展状况影响整个跨境电商的发展。

1. 跨境电商物流模式的分类

跨境电商物流主要由境内物流、国际物流和目的地境内物流三大环节组成，各个环节需要做到衔接紧密、有效协同，才能形成完整的跨境电商物流网络。其特点是不确定因素较多、成本较高、必需的环节较复杂等，所以跨境电商卖家对跨境电商物流的需求更加复杂且多元化，这就派生出多种跨境电商物流模式。

（1）传统物流模式

传统物流模式为人们广泛使用，并且早于跨境电商出现，主要包括国际邮政包裹、国际商业快递、国际专线物流 3 种模式。

① 国际邮政包裹。以万国邮政联盟系统为基础的商品进口与出口模式即国际邮政包裹，其主要的交付形式是独立的包裹，以国际邮政小包为主，包括中国邮政小包、英国皇家邮政小包、德国邮政小包、瑞士邮政小包、荷兰邮政小包等，通过几乎覆盖全球的各国（地区）邮政网络系统投递。有关数据显示，在中国跨境电商中，国际邮政包裹承担了约 **70%** 的进出口包裹量，其中中国邮政承担了一半左右。

国际邮政小包适用于客单价低、商品附加值低、货值低、体积小、重量轻且对时效性要求不高的商品，优点是价格低、通关效率高，在检验检疫方面有优先权。其缺点有三：一是时效长，送达欧美国家（地区）一般为 10～30 天，送达巴西、智利等南美洲国家（地区）一般为 35～60 天，如果遇到旺季，时间还会延长，如运往巴西和俄罗斯的包裹常会出现 90 天以上未妥投的现象；二是信息可视化程度低，尤其是非挂号的国际邮政小包，不会提供全程可视化信息；三是国际邮政小包如果丢失，一般不能获得赔偿，且运往一些国家（地区）的丢包率比较高。

② 国际商业快递。国际商业快递（International Business Express）一般通过自有或租赁的机队、航空中转站及陆运车队等组建自己的配送网络，拥有现代化信息管理系统，具有运输速度快、丢包率低、服务完善及信息实时追溯能力强等优势。在全球范围内提供国际商业快递服务的服务商主要有 FedEx（联邦快递）、TNT、UPS、DHL。它们依靠自身独立的全球物流网络系统为境外用户提供本地化服务，从而创造了良好的电商物流配送体验。但该模式也存在一些问题，一是费用高；二是由于国际商业快递以航空运输为主，所以对货物性质及包装要求非常严格，一般只适用于对时效要求苛刻、货值高、重量在 20kg 左右的商品配送。

③ 国际专线物流。国际专线物流（International Special Line Logistics）指国际物流企业或跨境电商企业开通国际货运专线，把货物从始发国（地区）直接运送至目的国（地区）的物流模式。国际专线物流的路线、环节、周期、运输方式等都较为固定，主要有五种运输方式：第一种是航空国际专线物流，如阿里巴巴面向 B2B 卖家的对俄专线物流中俄通；第二种

是港口国际专线物流，如亚欧专线、中俄专线等；第三种是多式联运国际专线物流，如中铁国际多式联运等；第四种是铁路国际专线物流，如中欧班列、"渝新欧"等；第五种是大陆桥国际专线物流，如深圳捷递国际物流、满洲里俄陆通等。

国际专线物流优势：一是可以通过规模优势降低成本，提升价格竞争力；二是与国际邮政包裹相比，运输速度更快，丢包率更低；三是通关效率高、清关能力强。国际专线物流劣势：一是以货量为支撑，如果达不到一定货量，会面临亏本风险；二是在地域上存在局限性，境内覆盖范围有限；三是境外线路不可控因素多，配送时间无法保障；四是采用大批量集中运输模式，单个消费者的退换货需求难以满足。目前，常用的国际专线物流有美国专线、欧洲专线、澳大利亚专线、俄罗斯专线等，此外还有物流企业推出了中东专线、南美专线等。

（2）新兴物流模式

新兴物流模式主要包括海外仓、第三方跨境物流和物流联盟3种。

① 海外仓。海外仓（Overseas Warehouse）指在境外建立仓库，在贸易目的地为客户提供仓储、包装、分拣及派送等一站式服务的物流模式。出口卖家采用海陆空等运输形式，提前把货物运输到海外仓，当客户下单后，卖家立即将商品从海外仓发货并送达客户。海外仓是跨境电商物流发展的一个突破，有助于出口卖家拓展境外市场，降低跨境物流成本，缩短物流时间，方便客户退换货，缩短订单周期，提升客户体验；缺点是投资成本和运营维护成本较高，对前期的销售预测准确性要求极高。其代表企业包括深圳市递四方速递有限公司、广州市贝法易信息科技有限公司等，目前海外仓主要集中在美、德、英、日、澳等国家（地区）。

② 第三方跨境物流。第三方跨境物流是由独立于跨境电商物流劳务供给及需求方之外的第三方完成国际物流服务的模式。第三方跨境物流商一般都有专业的技术、丰富的经验及系统的国际物流运作设备，能提供专业化的国际物流服务。第三方跨境物流有助于跨境电商企业专注于自身的核心业务，可以有效降低国际物流成本、节约社会资源。但是在该种模式下，跨境电商企业的物流风险可控性差，并且缺乏客户信息反馈。其代表企业有菜鸟网络科技有限公司、宁波国际物流发展股份有限公司和南京王家湾物流中心有限责任公司等。

③ 物流联盟。由于跨境电商物流业务主体是不同国家（地区）之间的需求者，因此跨境电商物流在运输国际货物时面临更复杂的中间运输与中间管理环节。中小物流企业由于规模及技术的限制，无法单独完成完整的跨境电商物流业务，因此它们选择以组成联盟的形式开展跨境电商物流业务，联盟内的所有成员可以通过资源共享进行优化配置、取长补短，实现更高的盈利水平。

2. 跨境电商物流模式的发展

跨境电商物流模式的发展经历了4个阶段。

（1）个人零散模式

20世纪90年代末，随着电商的兴起，跨境电商应运而生。境内电商运营者通过eBay、亚马逊等跨境电商平台将境内的商品销售给境外客户，在收到货款后从境内市场采购商品，最后通过邮政特快专递和DHL将境内的商品送往境外，这就是我国最早的跨境电商。

（2）以集装箱运输的大额交易为主

2004年，我国跨境电商进一步发展，以大额交易为主，通过集装箱进行物流运输。这些交易的主体主要是传统的外贸公司，它们以信用证进行交易，跨境电商物流运输商品的时间长、运输灵活性较差，无法满足客户的特殊需求。

（3）规模化的小件运输大量出现

eBay 在 2008 年创建了"出口易"服务品牌，其核心是为跨境电商企业提供境外仓储及全程物流服务。在该阶段，跨境电商商品单价低、数量多、时效性要求高，此时跨境电商物流主要通过邮政速递、国际商业快递进行小件商品运输。

（4）物流模式逐渐多样

随着跨境电商的不断发展，一些带头的企业出现了，它们一方面不断向产业链上游延伸，以获得更多的利润；另一方面通过构建自己的境外仓储的方式整合管理企业的供应链。而规模较小的企业则采用自身集货的方式，即从境内供应商的手上将某种商品买断，再将这些商品通过自己的电商平台销售给境外的客户。当境外的客户下单后，供应商就会获得相应的订单，并根据订单的要求将商品发往对应的仓库，仓库管理人员会处理商品并将其交给合作的物流企业或快递公司发货。

二、跨境电商物流与国际贸易术语

跨境电商物流是在境内电商物流的基础上进行扩展和延伸的，包含更加广泛的商品交换和流动，是跨境贸易的重要组成部分。由于时间长、地理跨度大、涉及进出境清关等特点，跨境电商物流面临运输包裹破损、丢包和延误，以及运输途中短期存储责任和不能顺利通关等风险。为了规避风险，在进行跨境电商交易时，买方或者卖方会借鉴长期在国际贸易实践中使用的国际贸易术语。

国际贸易术语（International Commercial Terms），即用来表明货物交接过程中买卖双方义务、风险、费用的划分，以及成交商品价格构成的专门术语。它的最大优点是通过惯例的形式，将买卖双方在贸易过程中涉及的责任、义务及风险划分等内容固定下来，极大地方便了买卖的进行，降低了买卖双方贸易磋商的成本，促进了国际贸易的繁荣。在不同的国际贸易术语下，买卖双方的责任是不同的。《国际贸易术语解释通则》自 1936 年推出以来，已历经数次更新，更加符合当前国际贸易实践。

1.《国际贸易术语解释通则 2010》

当今世界上使用范围最广、影响力最大的解释国际贸易术语的文件是《国际贸易术语解释通则》，由国际民间组织"国际商会"于 1936 年初次制定，并于 2010 年取得注册商标，1980 年以后每 10 年修订一次。《国际贸易术语解释通则 2010》（以下简称《2010 通则》）包括 2 类、4 组、11 个术语，如表 2-1 所示。

表 2-1   《2010 通则》

适用范围	组别	国际贸易术语	英文释义	中文释义	合同类型
水路运输	F 组	FAS	Free Alongside Ship	装运港船边交货	装运合同
		FOB	Free On Board	装运港船上交货	
	C 组	CFR	Cost and Freight	成本+运费	
		CIF	Cost Insurance and Freight	成本+保险费+运费	

续表

适用范围	组别	国际贸易术语	英文释义	中文释义	合同类型
所有运输方式	C组	CPT	Carriage Paid To	运费付至	到货合同
		CIP	Carriage Insurance Paid To	运费、保险费付至	
	F组	FCA	Free Carrier	货交承运人	
	D组	DDP	Delivered Duty Paid	完税后交货	
		DAT	Delivered at Terminal	目的地或目的港的集散站交货	
		DAP	Delivered at Place	目的地交货	
	E组	EXW	Ex Works	工厂交货	产地交货合同

（1）仅适用于水路运输的国际贸易术语

仅适用于水路运输的国际贸易术语主要有 FAS、FOB、CFR 和 CIF。

① FAS（Free Alongside Ship，装运港船边交货）。FAS 贸易术语指卖方将货物运至指定装运港的船边或驳船内交货，并在需要办理海关手续时办理货物出口所需的一切海关手续，买方承担自装运港的船边或驳船内起的一切费用和风险。在大宗货物，特别是小麦、棉花、大豆、矿石等初级产品的贸易中，通常采用该国际贸易术语。FAS 贸易术语下的权责划分如图 2-1 所示。

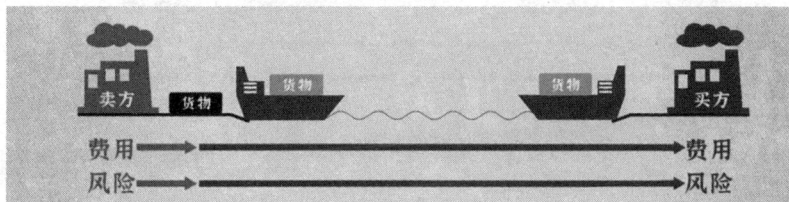

图 2-1　FAS 贸易术语下的权责划分

② FOB（Free On Board，装运港船上交货）。FOB 贸易术语指卖方必须在合同规定的日期或期限内将货物运到合同规定的装运港口，并交到买方指派的船只上，此时即完成交货任务，风险由卖方转移至买方。根据《2010 通则》的规定，FOB 贸易术语只适用于海运和内河运输，如果货物装在集装箱里并在集装箱码头交货，则应采用 FCA 贸易术语。FOB 贸易术语下的权责划分如图 2-2 所示。

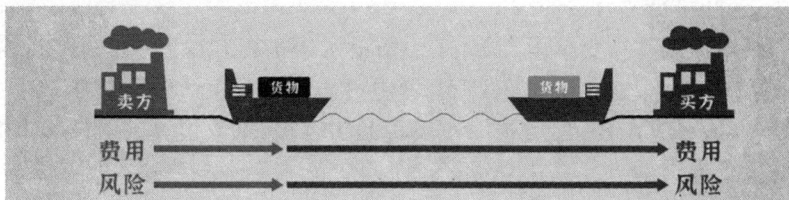

图 2-2　FOB 贸易术语下的权责划分

③ CFR（Cost and Freight，成本+运费）。按照《2010 通则》的规定，CFR 贸易术语指

卖方应该在合同规定的装运港和规定的期限内将货物装上船，支付将货物运至指定目的港所需要的费用，并及时通知买方。货物装上船以后发生的灭失或损害的风险，以及因货物交付后发生的事件所引起的任何额外费用，自交付之日起即由卖方转移给买方承担。CFR 贸易术语下的权责划分如图 2-3 所示。

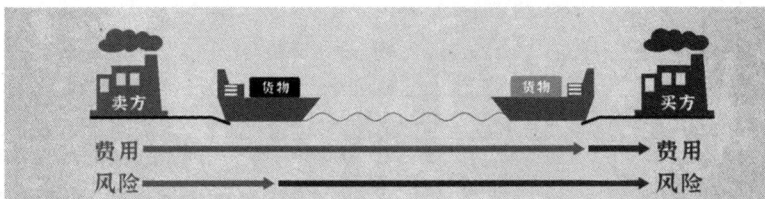

图 2-3　CFR 贸易术语下的权责划分

④ CIF（Cost Insurance and Freight，成本+保险费+运费）。采用 CIF 贸易术语成交时，卖方负责按通常条件租船订舱，支付将货物运至指定目的港所需要的费用，但是货物交付后的灭失或损坏的风险，以及因货物交付后发生的事件所引起的任何额外费用，自交付之日起由卖方转移给买方承担。卖方在规定的装运港和规定的期限内将货物装上船后，要及时通知卖方。CIF 与 CFR 贸易术语中，买卖双方的权责划分基本相同，不同之处在于：CIF 贸易术语下卖方负责办理保险手续、支付保险费用、提供保险单据，而 CFR 贸易术语下有关海运的货物保险由买方自理。CIF 贸易术语下的权责划分如图 2-4 所示。

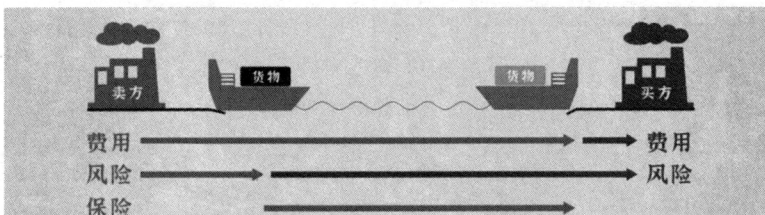

图 2-4　CIF 贸易术语下的权责划分

（2）适用于所有运输方式的国际贸易术语

适用于所有运输方式的国际贸易术语主要有 CPT、CIP、FCA、DDP、DAT、DAP、EXW。

① CPT（Carriage Paid To，运费付至）。CPT 贸易术语指卖方支付将货物运至指定目的地的运费，在货物被交由承运人保管时，货物灭失或损坏的风险，以及因货物交给承运人后发生的事件而引起的任何额外费用，即从卖方转移至买方。另外，卖方须办理货物出口结关手续。

② CIP（Carriage Insurance Paid To，运费、保险费付至）。CIP 贸易术语指卖方除负有与 CPT 贸易术语相同的义务外，还须办理货物在运输途中应由买方承担的货物灭失或损坏风险的海运保险，并支付保险费。

③ FCA（Free Carrier，货交承运人）。FCA 贸易术语指卖方在指定地点将货物交给买方指定的承运人，卖方在将货物交给承运人保管，并办理出口结关手续后，就算履行了交货义务。

④ DDP（Delivered Duty Paid，完税后交货）。DDP 贸易术语是卖方责任最大的贸易术语。它指卖方将货物运至指定地点，将在交货运输工具上尚未卸下的货物交付给买方；卖方负责办理进口报关手续，并支付在办理报关手续时应缴纳的任何费用；卖方负担将货物交付给买方前的一切费用和风险。卖方无法直接或间接取得进口许可证时不宜采用该术语。

⑤ DAT（Delivered at Terminal，目的地或目的港的集散站交货）。DAT 贸易术语指卖方

在指定的目的地或目的港的集散站交货，只需做好卸货准备（无须卸货）即完成交货。DAT 贸易术语下的运输工具包括船舶，目的地包括港口。卖方应承担将货物运至指定目的地的一切风险和费用（进口费用除外）。

⑥ DAP（Delivered at Place，目的地交货）。DAP 贸易术语指卖方在指定目的地或目的港集散站卸货后将货物交给买方处置即完成交货，该国际贸易术语所指目的地包括港口。卖方应承担将货物运至指定目的地或目的港集散站的一切风险和费用（进口费用除外）。

⑦ EXW（Ex Works，工厂交货）。EXW 贸易术语是卖方承担责任、费用和风险最小的一种国际贸易术语。在该国际贸易术语下，卖方负有在其所在地（车间、工厂、仓库等）把备妥的货物交付给买方的责任，但通常不负责将货物装上买方准备的车辆上或办理货物结关，买方承担自卖方的所在地将货物运至预期目的地的全部费用和风险。

2.《国际贸易术语解释通则 2020》

《国际贸易术语解释通则 2020》（以下简称《2020 通则》）自 2020 年 1 月 1 日起实施，与《2010 通则》相比，既有结构上的调整，也有内容上的变化，如表 2-2 所示。

表 2-2　　　　　　　　《2010 通则》和《2020 通则》中国际贸易术语对比

运输方式	《2010 通则》	《2020 通则》
水路运输	FAS、FOB、CFR、CIF	FAS、FOB、CFR、CIF
所有运输方式	EXW、FCA、CPT、CIP、DAT、DAP、DDP	DAT 更名为 DPU（Delivered at Place Unloaded，目的地卸货后交货），其余不变

与《2010 通则》相比，《2020 通则》中国际贸易术语的变化体现在以下 3 个方面。

（1）提高了 CIP 贸易术语下卖方投保最低险别的要求

CIP 贸易术语下卖方投保最低险别的要求提高，而 CIF 贸易术语下卖方投保最低险别的要求维持不变。这主要考虑到 CIF 贸易术语主要运用于水路运输的大宗商品贸易，而 CIP 贸易术语主要运用于价值较高的制成品贸易，并以多式联运和集装箱运输为主要运输方式，后者在运输过程中可能遇到的风险明显大于前者。

（2）在 FCA、DAP、DPU 和 DDP 贸易术语下，买卖双方可以使用自有运输工具安排运输

《2010 通则》中，在 FCA、DAP、DAT 和 DDP 贸易术语下，买卖双方必须借助第三方承运人进行运输。而在实际运营中，买卖双方可以使用自有运输工具安排运输。因此，《2020 通则》规定，在 FCA、DAP、DPU 和 DDP 贸易术语下，买卖双方可以使用自有运输工具安排运输，由此解决了国际贸易实践中的一个简单问题。

（3）将《2010 通则》中的 DAT 贸易术语更名为 DPU 贸易术语

《2020 通则》中，国际贸易术语的种类和数量并无改变，只是把《2010 通则》中的 DAT 贸易术语更名为 DPU 贸易术语。与 DAT 贸易术语相比，采用 DPU 贸易术语成交时的变化体现在以下 3 点。

① 交货地点的改变。DAT 贸易术语下的交货地点为进口国（地区）运输终端，如货站、码头、集装箱堆场等；而 DPU 贸易术语下的交货地点可以在进口国（地区）境内任何地点（如工厂），而不仅仅限于运输终端。DPU 贸易术语下的交货地点的范围更广泛。

② 卸货责任的改变。采用 DAT 贸易术语成交时，卖方需在运输终端将货物从运输工具上卸下才算完成交货；而采用 DPU 贸易术语成交时，卖方在目的地无须卸货即可完成交货。

③ 卸货责任改变引起的风险的改变。采用 DAT 贸易术语成交时，在运输终端卸货后风险由卖方转移给买方；而采用 DPU 贸易术语成交时，卖方将货物运至目的地后风险由卖方转移给买方。

《2020 通则》国际贸易术语变更清单如表 2-3 所示。

表 2-3 　　　　　　　　　　　　《2020 通则》国际贸易术语变更清单

国际贸易术语	变更内容
FCA	如果卖方按照 FCA 贸易术语的要求将货物交付至集装箱码头，买方可以指示承运人在卸货时向卖方签发已装船提单
CIP	CIP 贸易术语下卖方投保要投最高险别
DAT/DPU	《2020 通则》中 DAT 改为 DPU，DPU 贸易术语下的交货地点仍是目的地，但这个目的地不再限于进口国（地区）运输终端，可以是进口国（地区）境内任何地方
FCA、DAP、DPU、DDP	FCA、DAP、DPU、DDP 贸易术语下，买方/卖方可以使用自有运输工具进行运输（《2010 通则》中规定必须借助第三方承运人进行运输）

三、跨境电商进口物流模式

跨境电商进口物流是指跨境电商卖家将消费者购买的商品从境外国家（地区）通过陆运、空运或者海运等方式运送到境内消费者手中。近年来，随着我国新一轮的消费升级，人们更愿意为个性化和高品质的商品买单，对境外商品的需求急剧上升，越来越多的人加入跨境网购的大军，我国跨境电商进口市场规模日益增长。艾媒咨询的调查数据显示，2019 年中国跨境电商进口市场规模达 2.64 万亿元，同比上升 17.3%，2020 年中国跨境电商进口市场交易规模达 3.07 万亿元。跨境电商进口也从个人代购发展到 B2C 模式，并呈现出一超多强的格局，天猫国际、考拉海购、京东国际、唯品国际排名位居前列，市场整体处于上升阶段，市场格局基本稳定。2020 年中国跨境电商进口 B2C 市场份额如图 2-5 所示。

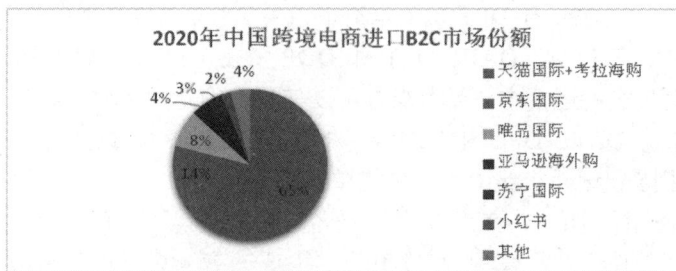

图 2-5　2020 年中国跨境电商进口 B2C 市场份额

在目前的跨境电商进口 B2C 物流业务的发展过程中，由于涉及报关、商检、保险等重要环节，存在流程复杂、风险高、结算难、物流效用低等问题，开展跨境电商进口物流的企业数量较少。在我国境内，只有少数企业具有跨境电商进口物流能力，其中具有代表性的为中国邮政集团和顺丰速递集团，两者几乎承担了我国所有的跨境电商进口 B2C 物流业务。随着我国进一步开放进口，更多的跨境电子商务综合试验区和保税区设立，跨境电商进口物流模式变得更加多样化。当前，跨境电商进口物流模式主要包括海外直邮物流模式、保税备货物流模式和转运物流模式。

1. 海外直邮物流模式

海外直邮是跨境电商进口最开始使用的物流模式，是指境内消费者在跨境电商平台上下单后，境内跨境电商企业将消费者的订单信息发给境外供应商，境外供应商的物流中心完成订单的拣货、包装和出货，将"单一"订单包装成单件包裹，以邮件、快件等方式运输入境的跨境电商进口物流模式。海外直邮物流模式的流程具体如下：首先，当境内消费者在跨境电商平台上下单后，境外供应商会按照订单进行拣货、包装；其次，借助国际物流企业将商品运到境内；然后，商品由海关进行一系列的清关检查，转入海关监管仓库进行短暂储存；最后，由境内物流企业进行商品的配送，如图 2-6 所示。

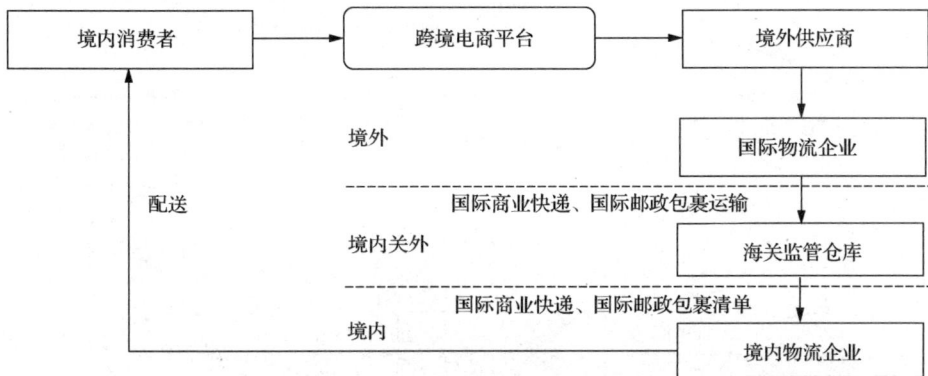

图 2-6 海外直邮物流模式的流程

（1）海外直邮物流模式的分类

跨境电商平台和商品种类繁多、个性化强的商家更偏向于使用这一模式。海外直邮物流模式可分为商业快递直邮和两国合作直邮两种。

① 商业快递直邮。商业快递直邮一般由国际快递公司（如 DHL、UPS、FedEx 等）负责将商品直接运送至境内的收件地，不用与境内其他快递公司合作，也不另设转运物流配送中心，即提供门到门的优良品质服务。同时，国际快递公司还负责处理商品的报税、通关、商检等工作，降低被税的风险。商业快递直邮的流程如图 2-7 所示。

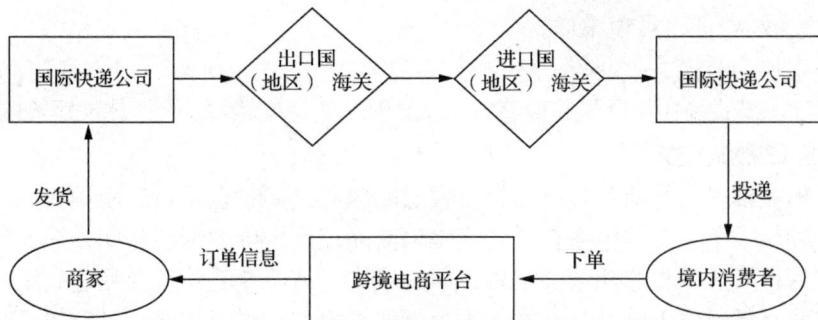

图 2-7 商业快递直邮的流程

商业快递直邮存在运费高、支持跨境直邮服务的跨境购物网站较少等问题，但也具备两大优势。一是安全性强，全球网络下的强时效性和配送环节的高安全性是国际快递公司的核心竞争力，从境外到境内全程由国际快递公司配送，能保证服务质量。二是清关速度快，国际快递公司在报关时采用自行报关的方式，并与海关实现数据对接；在海关的报关系统中，商业快递直邮系统属于清关速度最快的快件系统之一。

② 两国合作直邮。两国合作直邮根据承运人性质的不同，又分为万国邮政联盟渠道（UPU 框架）和两国快递公司合作运输渠道。想要使用万国邮政联盟渠道，境内外的承运人都必须是万国邮政联盟的成员，以我国为例，境外承运人包括美国邮政、荷兰邮政、英国皇家邮政等，境内承运人为中国邮政。万国邮政联盟渠道走邮政清关途径，批量报关，缩短了清关时间。两国快递公司合作运输渠道不受《万国邮政公约》的约束，重视价格和时效性，承运人往往是邮政或信誉良好的快递公司，包裹的抽检率较低。两国合作直邮中，万国邮政联盟渠道的物流时效性低于商业快递直邮。两国合作直邮的流程如图 2-8 所示。

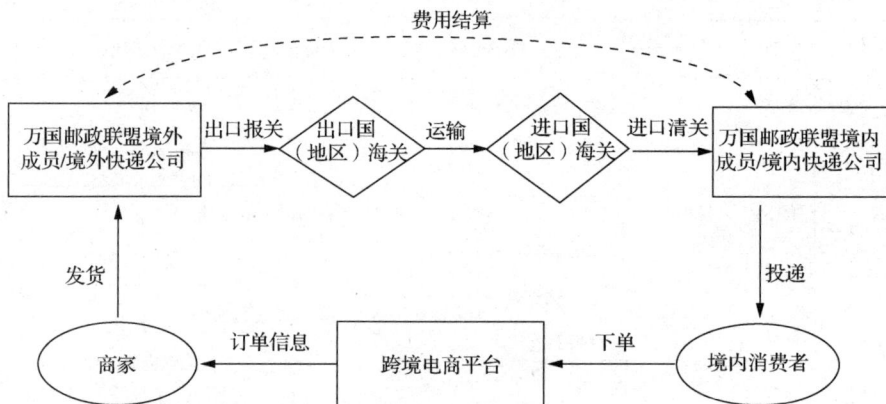

图 2-8　两国合作直邮的流程

（2）海外直邮物流模式的优点

海外直邮物流模式能够满足跨境电商消费者的真正需求，操作简单，并且商品丢失、破损甚至被偷换的风险都相对较低，更不必担心转运公司跑路等问题出现。其优点具体体现在以下几个方面。

① 商品的品类无限制，能满足消费者多元化的需求。

② 直邮的连贯性和封闭性保障了商品品质。

③ 不存在商品积压问题，无须等待资金回流。

④ 邮政快递运费低，被税率低。

（3）海外直邮物流模式的缺点

海外直邮物流模式虽由境外供应商直接发货，但配送速度较慢；无法体现运输的规模经济。

2. 保税备货物流模式

保税备货物流模式是当前跨境电商物流模式的核心之一，也是目前应用较广泛的一种物流模式。在这种模式下，跨境电商企业先将跨境商品运到境内的保税仓库，提前建立仓储，等有了订单之后直接从保税仓库清关出货，通过境内物流企业将跨境商品送到境内消费者手中。在速度方面，该模式下的商品基本 3 天内就能妥投。在税收方面，该模式下会产生行邮税，而非进口税和增值税，且 50 元以下的税额免征。

一般来说，保税备货物流模式的流程具体如下：跨境电商企业根据对市场需求的预估提前向境外供应商批量下单，采购商品入境后保税报关，商品在保税仓库进行存储，境内消费者下单，商品经境内清关后由境内物流企业配送，如图 2-9 所示。

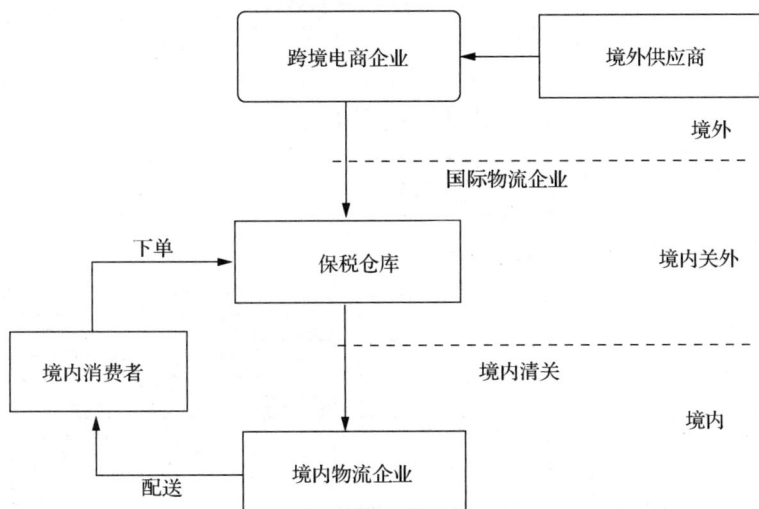

图 2-9　保税备货物流模式的流程

（1）保税备货物流模式的优点

保税备货物流模式具有以下优点。

① 缩短物流时间，提升物流时效性。由于保税备货物流模式下商品被提前存储在保税仓库，当消费者在线下单后，跨境电商企业能直接从保税仓库将商品清关发货，极大地缩短了商品从境外到境内这一国际物流配送时间。另外，相比海外直邮物流模式，保税备货物流模式在商品入境时就已办理了商品报关手续，在清关时更便捷。同时，保税备货物流模式实现了跨境运输补货与境内货物发送的并联进行，大大缩短了消费者的等待时间。

② 节约商品成本，保证商品质量。相比其他模式，保税备货物流模式有国家税收政策的支持。在跨境电商的税收政策中，海关对采用保税备货物流模式的商品不征收关税，只征收增值税和消费税应缴税费的 70%。在该模式下，跨境电商企业可以大量集中采购商品在保税仓库进行存储和管理，商品的采购成本与物流成本大幅度降低。另外，我国跨境电商保税区的监管机制也在不断完善，既要求跨境电商企业主动向海关登记备案，也要求每件商品都必须有追溯码，以确保商品质量。

③ 促进保税仓库所在地区的经济发展。目前我国的保税仓库主要分布在上海、大连、张家港、海口、广州、深圳等沿海且交通便利的城市，重庆、成都等地也设有保税仓库。这些地区一直积极探索与发展保税备货物流模式，并在国家政策的支持下取得了显著的成绩，促进了自身的经济发展。

（2）保税备货物流模式的缺点

我国境内仅有少数城市设有保税仓库，覆盖率比较低；提前大量采购商品提高了商品积压风险，增加了库存管理成本，会消耗大量资金。同时消费者购买商品的可选种类受限，长尾商品供给明显不足，商品有卖不出去的风险等。

3. 转运物流模式

由于大部分跨境购物网站不支持海外直邮物流模式，因此转运物流模式应运而生。转运物流模式即转运公司提供一个境外当地的仓库信息给消费者，当消费者在电商平台下单时，将收件信息填写为转运公司的仓库收件人和地址，商品先被送到转运公司，然后由转运公司集中将商品空运至境内进行清关，最后由境内物流企业负责配送。

转运物流模式的流程为：境内消费者在转运公司网站注册并登录，获取转运公司提供的境外收货地址，使用该地址购买商品；境外购物网站发货至转运公司海外仓，转运公司海外仓发货至境内，转入海关监管仓库，最后由境内物流企业进行配送，如图 2-10 所示。

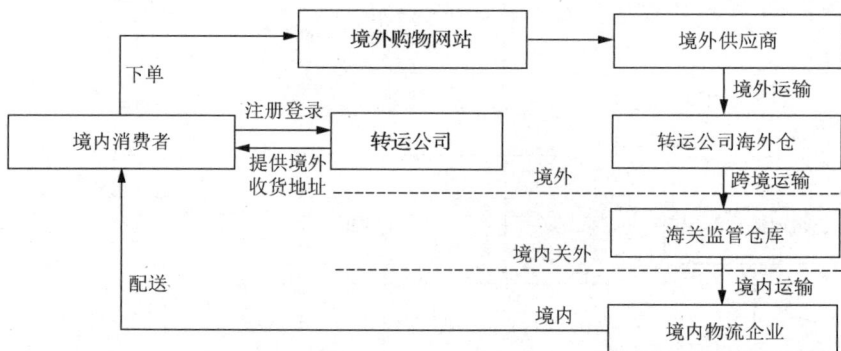

图 2-10 转运物流模式的流程

目前，我国主要进口跨境电商平台采用的物流模式以海外直邮和保税备货为主，如表 2-4 所示。

表 2-4　　　　　　　　　我国主要进口跨境电商平台采用的物流模式

进口跨境电商平台	物流模式	保税仓储布局
天猫国际	以保税备货为主，海外直邮为辅	上海、广州、郑州、杭州、宁波 5 个试点城市的保税仓库已经和天猫国际达成合作，开通了中英、中美、中德、中澳、中西、中日和中韩 7 条进口专线
苏宁国际	以保税备货为主，海外直邮为辅	杭州、广州保税仓库已投入运营，后续将完成 8 个保税仓库的建设
京东国际	保税备货+海外直邮	跨境干线物流与 DHL 合作，并在杭州、广州、宁波建立保税仓库
考拉海购	以保税备货为主，海外直邮为辅	在杭州、宁波、郑州建设大规模保税仓库，并在全球多点布局海外仓
唯品国际	以海外直邮为主，保税备货为辅	全球布局 12 个海外仓，仓储面积超 60 000m²；境内设立 11 个保税仓库
蜜芽	保税备货+海外直邮	在重庆、宁波、广州、西安建立保税仓库，在境外设立澳大利亚、德国、美国及日本直邮站
洋码头	保税备货+海外直邮	在美国拥有 3 个集货站，在境内 6 个试点城市建立保税仓库，并与 EMS 合作完成"最后一公里"配送

四、跨境电商出口物流模式

根据海关总署发布的数据，2020 年我国跨境电商出口市场交易规模为 1.12 万亿元，同比增长 40.1%，出口跨境电商增长率远高于外贸整体增速。在跨境电商出口方面，亚马逊、淘宝系平台、eBay 的市场份额分别为 22%、5%、5%，头部平台市场集中度较低，中小型电商平台及自建站占据主流。2020 年中国出口跨境电商市场格局如图 2-11 所示。

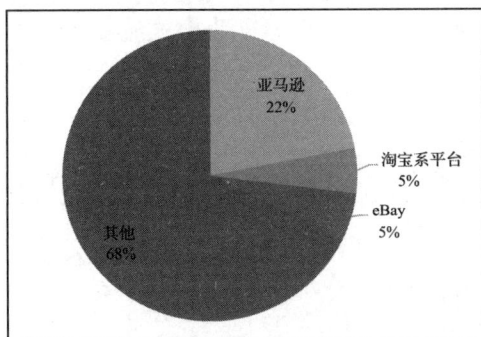

图 2-11　2020 年中国出口跨境电商市场格局

　　跨境电商的飞速发展，促使人们更倾向于线上消费。而实施跨境电商出口的一大难点就是出口物流问题。卖家要将境内的货物完好、及时地送到境外消费者的手中，就需要综合考虑境内外问题。由于不同的国家（地区）对出口货物、清关的要求不尽相同，因此卖家需要对这些问题有较为深入的了解，才能保证出口物流的顺利进行。目前，我国跨境电商出口物流模式主要有邮政包裹模式、国际快递模式、专线物流模式。

1. 邮政包裹模式

　　目前，我国跨境电商出口超过七成的包裹是通过邮政系统进行投递的，中国邮政占有一半的业务量。邮政包裹模式之所以如此受欢迎，主要是因为其涵盖的区域广，基本可以送达全球。邮政包裹主要包括中国邮政小包、中国邮政大包、中国香港邮政小包、EMS、国际 e 邮宝、新加坡小包、瑞士邮政小包等。其中，中国邮政小包、国际 e 邮宝及 EMS 较为常用，具体如表 2-5 所示。

表 2-5　　　　　　　　　　　　常用邮政包裹类型

类型	特点
中国邮政小包	1. 重量限制：邮寄的产品限重在 2kg 以内
	2. 体积限制：长+宽+高≤90cm，单边最长为 60cm；最小尺寸单边长度≥17cm，宽度≥10cm
	3. 货物限制：危险品（如酸性物质、生化制品、毒性物质、麻醉品、化肥、汽油类、液体类、油漆、放射性物质等）；运输风险大的物品（如空白发票、现金、贵重物品、珠宝、邮票、股票证券等）；国家明令禁止运输的物品；侵权产品
国际 e 邮宝	1. 主要针对轻小件货物的空邮，是经济型国际邮递服务
	2. 为中国卖家提供发往美国、加拿大、英国、法国和澳大利亚的包裹寄送服务
	3. 只收 2kg 以内的货物，支持按总重计费，首重 50g，续重按照每克计算，免挂号费
EMS	1. 特快专递邮件业务
	2. 在各国（地区）的邮政、航空、海关等部门均享有优先处理权

　　邮政包裹模式的流程具体如下：当境外消费者通过跨境电商平台购买货物后，境内供应商首先会根据订单的要求供货，然后境内卖家或跨境电商平台对货物进行整理分拣并借助邮政快递将其集中发出，经过境内报关、境外清关等一系列流程后，最后货物被送至境外分拨

中心，由境外物流企业进行最后的配送。邮政包裹模式流程如图 2-12 所示。

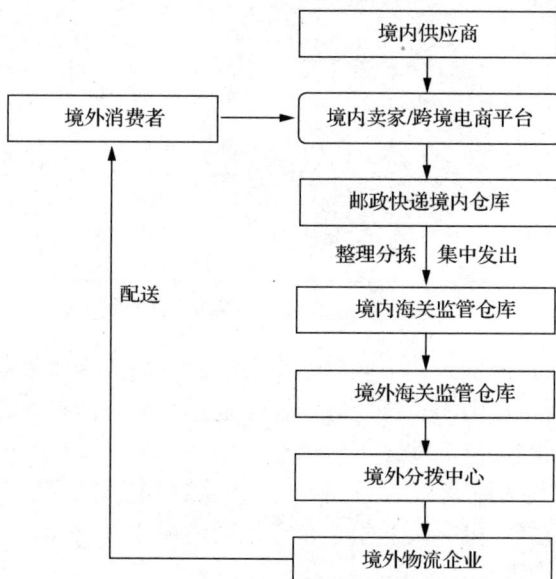

图 2-12　邮政包裹模式流程

邮政包裹模式下，邮政快递覆盖范围广泛，几乎全球都有邮政快递的网点，并且邮政快递拥有国家税收作为补贴，资金压力小，因此价格也比较低。但是通过邮政包裹模式出口货物不方便海关统计，卖家也很难享受出口退税；邮政包裹模式的物流速度较慢，且丢包率较高，对货物重量、体积等的限制较多，仅适用于小型货物的出口。

2. 国际快递模式

国际快递模式是指依靠国际快递公司在各个国家（地区）之间进行的快递以及物流业务。当前，国际快递公司主要指 DHL、UPS、FedEx 和 TNT 这四大国际快递公司，如表 2-6 所示。它们拥有自建的全球网络，加上强大的 IT 系统支持以及遍布全球的本地化服务，可以为跨境电商消费者提供优质的物流体验。

表 2-6　　　　　　　　　　　　　　　四大国际快递公司

国际快递公司	DHL	UPS	FedEx	TNT
总部	德国	美国	美国	荷兰
规模	世界上最大的海运和合同物流提供商之一，可以为客户提供从文件到供应链管理的全系列物流解决方案	世界上最大的快递承运商和包裹快递公司之一，适合发小件货物，尤其是在美国、加拿大和英国等国家（地区）	1984 年进入中国，是拥有直飞中国航班数量较多的国际快递公司，可以服务全球 200 多个城市	为超过 200 个国家（地区）的客户提供邮运、快递、物流服务，拥有较先进的电子查询网络
特点	5.5kg 以下货物发往美国、英国有价格优势，21kg 以下货物有单独的大货价格	6～21kg 货物发往美国、英国有价格优势，发往美国的速度极快	价格偏高，21kg 以上货物发往东南亚国家（地区）速度快，有价格优势	在西欧国家（地区）通关速度快，发往欧洲的货物一般 3 个工作日可到

国际快递模式的流程具体如下：首先当境外消费者下单后，境内供应商给境内卖家或跨境电商平台供货，境内卖家或跨境电商平台再联系国际快递，将货物集中运输到国际快递境内仓库后，再由仓库打包、分拣并发出，经过境内报关、境外清关等一系列流程，货物会中转到距离收件地址最近的网点（境外转运中心），最后由境外物流企业（当地的快递公司）进行配送，如图 2-13 所示。

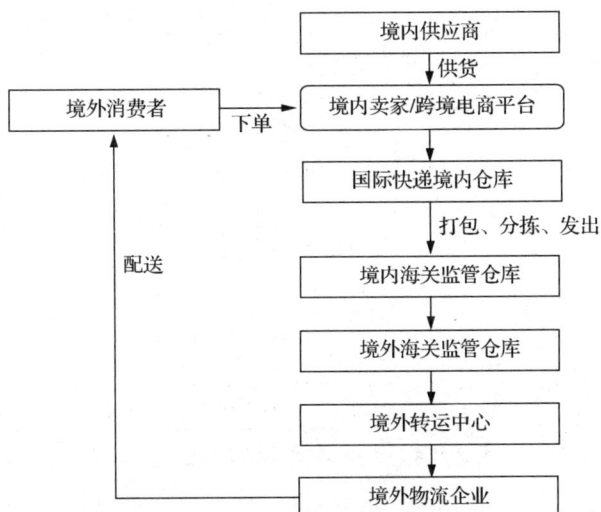

图 2-13　国际快递模式的流程

采用国际快递模式可以给消费者带来专业的本地化服务及良好的物流体验。此外，在这种模式下，货物配送速度快，且丢包率低、服务好，体积较大的货物也可以运输，货物所受的限制较少。但该模式也存在一些不足，一是与邮政包裹模式相比价格较高，二是配送范围没有邮政包裹模式广。通常在境外消费者对时效性要求很高，或者货物价值比较高的情况下，境内卖家或跨境电商平台才会选择该模式。

3. 专线物流模式

专线物流一般通过海运、航空包舱等方式将货物运输到境外，再通过合作公司进行目的国（地区）的派送，可以大批量运送货物，实现规模经济。专线物流的特点在于"专线"，一般物流商会根据货物特点等设计几条固定的专线运输通道。现在市面上的专线物流主要针对欧洲、北美洲、澳大利亚，以及中东、南美洲、非洲等地区。常见的专线物流有中环旗下的俄邮宝和澳邮宝、俄速通、燕文专线、Aramex 专线等。

专线物流是先把不同消费者的零散的货物集中起来，合并成一票大货，再发空运，到了目的国（地区）再拆分、派送，通过规模优势来有效降低空运成本。因此，专线物流的价格一般比国际快递低，但是时效性比国际快递弱。这种模式的优缺点如表 2-7 所示。

表 2-7　　　　　　　　　　　　专线物流模式的优缺点

优点	缺点
通过在境内集货再统一发往境外，依靠规模效应降低成本，专线物流价格比国际快递价格低很多	相比邮政包裹模式，运输成本较高
通过专线运输，物流流程基本固定，保证了时效，相比邮政包裹模式，速度较快，丢包率也较低	在境内的揽收范围相对有限，覆盖地区有待扩大

该模式的具体流程如下：境外消费者下单后，境内供应商供货；境内卖家或跨境电商平台联系物流企业，将货物运送至物流企业境内仓库；货物经过集货、分拣、装箱后集中发出，一般采用航空包舱的方式运输；报关、清关后，由境外物流企业进行派送，如图 2-14 所示。

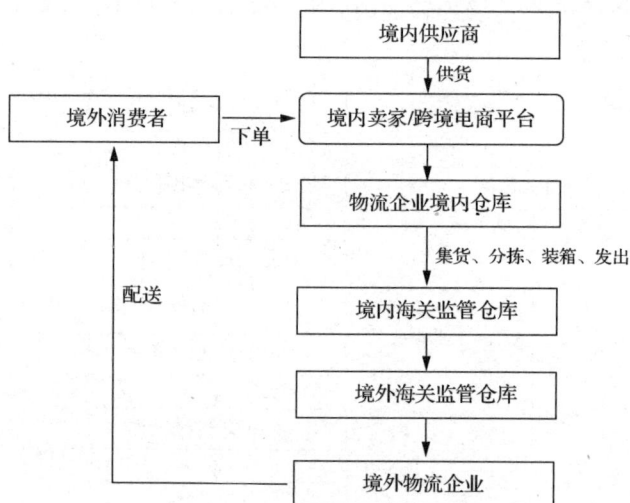

图 2-14 专线物流模式的流程

五、海外仓

海外仓模式是随着跨境电商的兴起而发展起来的一种崭新的物流模式。2020 年 8 月，国务院办公厅发布了《关于进一步做好稳外贸稳外资工作的意见》，鼓励发展贸易新业态，要求充分利用外经贸发展专项资金、服务贸易创新发展引导基金等现有渠道，支持跨境电商平台、跨境物流发展和海外仓建设等。目前，中国跨境电商海外仓超过 1800 个，在 2020 年的增速达 80%，总面积超过 1200 万 m^2。

1. 海外仓概述

海外仓就是企业建立在境外的仓储设施。对于跨境电商而言，海外仓模式是指境内跨境电商企业将商品通过大宗运输的形式运往目标市场所在国家（地区），在当地租用或者建立仓库、储存商品，然后根据当地消费者的需求订单，及时从该仓库直接将商品分拣、包装后配送到消费者手中。在实际运行中，海外仓模式包括头程运输、仓储管理和本地配送 3 个环节，如图 2-15 所示。

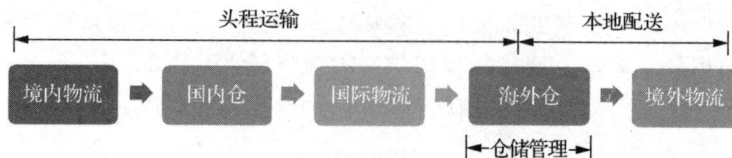

图 2-15 海外仓模式

① 头程运输，即境内卖家通过海运、空运、陆运或者多式联运将商品运送至海外仓。

② 仓储管理，即境内卖家通过物流信息系统，远程操作海外仓存储货物，实时管理库存。

③ 本地配送，即海外仓根据订单信息，通过当地邮政或快递公司将商品配送给消费者。

海外仓模式的具体流程如下：由境内供应商供货，境内卖家或跨境电商平台提前将商品运送至海外仓，报关、清关后，将商品存放在海外仓；当境外消费者下单后，海外仓工作人员直接依据订单进行商品的出库，最后通过境外物流企业将商品配送至消费者手中。其流程如图2-16所示。

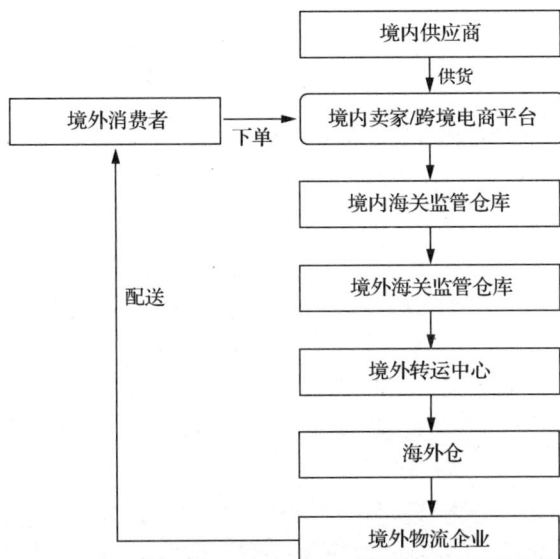

图2-16 海外仓模式的流程

2. 海外仓模式的类型

从我国跨境电商物流实践来看，海外仓模式主要分为3种：自建海外仓模式、跨境电商平台海外仓模式和第三方海外仓模式。

（1）自建海外仓模式

自建海外仓即由卖家在境外市场建设仓库。卖家通过在消费者较为集中的地区投入资金自建海外仓，以实现本地发货，提升商品配送速度。在这种模式下，卖家拥有对整个物流过程的控制权，能给消费者带来更好的购物体验，但是仓库的建设和管理成本都比较高昂。

（2）跨境电商平台海外仓模式

我国跨境电商交易额逐年增长，具备一定规模的跨境电商平台往往愿意自建海外仓以满足消费者的个性化需求，吸引卖家入驻平台。截至2020年10月，我国大型跨境电商平台菜鸟和京东的官网显示，它们自建海外仓的数量分别为231个和超过110个。在此模式下，跨境电商平台可以针对不同目的国（地区）的政治、经济、文化、法律等定制物流方案，有效整合境内外物流资源，优化供应链服务，从而缩短配送时效，带给消费者更好的购物体验。该模式的缺点是库存成本高，滞销、退货产生的物流费用高。

（3）第三方海外仓模式

第三方海外仓模式指由第三方公司提供境外仓储服务的模式。这种模式可以降低跨境电商企业的资金成本，帮助其获得更专业且高效的服务，降低运营风险；缺点是跨境电商企业缺乏对海外仓的控制权。采用该模式主要有两种方法：租用和合作建设。

① 租用，指跨境电商企业直接租用第三方公司现有的海外仓，利用第三方海外仓自有的信息系统和管理技术对库存进行管理。跨境电商企业需要向第三方公司支付操作费、物流

费和仓储费。

② 合作建设，指跨境电商企业与第三方公司合作建设海外仓，并自行投入设备、系统等。采用这种方法，跨境电商企业只需支付物流费，但海外仓的管理和系统维护需要双方共同进行。

3. 海外仓的功能

海外仓主要有代收货款、拆包拼装及保税 3 种功能。

（1）代收货款功能

由于跨境交易风险较大，同时跨境交易的特殊性也会导致资金结算不便、不及时等问题，因此，海外仓可以在合同规定的时限和佣金费率下，在收到货物的同时提供代收货款的增值业务，从而有效规避跨境交易风险。

（2）拆包拼装功能

大部分跨境电商的订单数量相对较少，订单金额也相对较小，并且订单频率较高，普遍具有距离长、数量少、批次多的特点。为了有效提高运输的效率、节省资源，海外仓可以将这些较零散的货物拼装为整箱运输，待货物到达后，再将货物进行拆分；也可以根据客户的订单要求，为所处地域较集中的客户提供拼装服务，从而提高运输效率，降低物流成本。

（3）保税功能

海外仓经海关批准可以成为保税仓库，从而简化海关通关流程和相关手续，发挥保税功能。同时，以海外仓所在地为中转地，连接生产国（地区）和消费国（地区），能规避一定的贸易制裁。一些简单的加工、管理等增值服务在海外仓内也可以实现，并能起到丰富仓库功能、提升竞争力的作用。

4. 海外仓对跨境电商企业的影响

建立海外仓有助于跨境电商企业拓展境外市场，简化商品跨境运送流程，有效避开跨境物流高峰，降低跨境物流成本，提供更专业的服务。

（1）简化商品跨境运送流程

通过海外仓，跨境电商企业可以将货物提前存储到境外市场当地仓库，当境外消费者有需求时，直接从当地仓库进行货物分拣、包装及配送等，将原本复杂的商品跨境运送流程简化，从而大大缩短物流时间，提高物流效率。

（2）有效避开跨境物流高峰

海外仓的使用，可以让跨境电商企业根据以往同期销售情况预测未来一段时间的销售量，提前在海外仓备好一定数量的货物，从而有效规避跨境物流高峰期可能出现的各种负面影响。

（3）降低跨境物流成本

海外仓采用的整箱集中运送方式可以使单件商品的平均运费大大降低，特别是重量大于400g 的商品采用海外仓更具有优势，能直接降低跨境运输成本。海外仓的使用还能实现更便捷的退换货，使卖家不需要为了跨境退换货付出额外的物流成本，也能大大降低运送中货物损坏和丢失的风险。

（4）提供更专业的服务

随着海外仓的不断发展，跨境电商企业可选择的海外仓也越来越多，因此一部分海外仓企业不仅开始注重价格优势，而且更专注于打造自己的品牌，提供更受欢迎的个性化服务，以迎合跨境电商的发展需求和当地消费者的消费习惯。

5. 海外仓的优劣势

海外仓具有以下优势。首先，海外仓能将传统的跨境派送转化为当地派送，确保商品能更高效、更完好地运送至消费者手中，提升消费者的跨境购物体验和满意度。其次，通过海外仓，跨境电商企业可以了解并适应当地消费者的购物习惯，让消费者在购物时更加放心，也使跨境退换货处理流程变得高效便捷成为可能。最后，海外仓与传统仓储物流相结合可以有效地规避外贸风险，也可以避免因节假日等特殊情况造成物流延迟，还可以为跨境电商企业提供高质量的本土服务，从而提升跨境电商企业在境外的竞争力。

海外仓也有一定的劣势。首先，跨境电商企业必须支付仓储费。海外仓的仓储费在不同的国家（地区）有所不同，因此跨境电商企业在选择海外仓时一定要计算、对比好费用，再进行选择。其次，海外仓要求跨境电商企业有一定的库存量，而一些消费者特别定制的商品就不适合采用海外仓模式。

6. 海外仓选品

虽然现在海外仓模式是跨境电商物流的热门模式，海外仓也成为大部分跨境电商卖家的标配，但是并不是所有产品都适合采用海外仓模式。跨境电商卖家要先进行海外仓选品，否则很容易面临库存滞销、增加仓储成本的风险。总体来说，适合采用海外仓模式的产品有以下 4 类。

（1）单价/利润比较高的产品

高质量的海外仓服务商可将破损率、丢件率控制在很低的水平，为销售高价值产品的卖家降低风险。例如对于珠宝、玻璃制品等毛利率比较高的产品，卖家选择海外仓模式可以降低产品的破损率和丢件率。

（2）季节性产品

对于一些存在销售旺季的产品及假日消费品，卖家选择海外仓模式可以大大提高产品的运输效率，同时加快产品的销售速度。

（3）体积比较大和比较重的产品

邮政包裹模式、专线物流模式对产品规格均有一定限制，并且此类产品的国际快递费用又很高，而利用海外仓可以突破产品的规格限制、降低物流费用。例如对于一些大型汽车配件、家具或家用园艺产品，卖家选择海外仓模式可以有效节省运输成本。

（4）货物周转率高的产品

货物周转率高的产品即我们常说的畅销品。在海外仓模式下，滞销品占用资金的同时会产生相应的仓储费用，畅销品则可以使卖家快速处理订单、回笼资金。

7. 海外仓费用构成

跨境电商卖家采用海外仓模式所产生的整体费用有 4 类：头程运输费、处理费、仓储费和尾程配送费。

（1）头程运输费

头程运输费指将货物从境内送到海外仓所产生的费用。常见的头程运输有海运和空运两种运输方式。海运的收费标准由船公司制定，可在其官网查询，适用于跟船公司直接订舱实行整柜运输的卖家。如果货物不够装满一个货柜，卖家需要跟其他卖家的货物拼箱，并跟第三方货运代理公司订舱，按照相应标准支付运费。卖家如果有自己的指定物流服务商，则不需要支付头程运输费。空运运送速度快，运输安全准确，但是费用较高，一般按照实际重量或体积重量计算，并且不同航班的计费标准也不同。

（2）处理费

处理费包括入库费和出库费。入库费是指货物到达海外仓后，海外仓根据客户的要求对货物进行拆箱分拣、绑定到货架上而产生的费用。出库费则包含出库的所有操作产生的费用。

（3）仓储费

仓储费是指货物储存在海外仓所产生的费用，一般有 30 天的免租期。超出免租期，海外仓则会按照货物占用的面积及超期时间计算仓储费。海外仓会根据淡旺季采用不同的费率。

（4）尾程配送费

尾程配送费即在目的国（地区）使用当地物流服务将货物递送给消费者所产生的费用，不同的货物适合的渠道不同，一般渠道有自有物流、国际快递及当地邮政等。

六、跨境电商进出口商品退货

随着跨境电商业务的迅猛发展，人们的消费模式发生了很大变化，消费者通过跨境电商平台购买境外商品的数量呈上升趋势。然而，随着"境外购"越来越火爆，退货的商品数量也在不断地增加。

1. 跨境电商进出口商品退货分类

根据商品流向，跨境电商进出口商品退货分为进口商品退货和出口商品退货两大类。

（1）进口商品退货

根据《关于跨境电子商务零售进出口商品有关监管事宜的公告》（海关总署公告 2018 年第 194 号），对于跨境电商进口的商品，海关允许跨境电商企业境内代理人或其委托的报关企业（以下简称"企业"）申请退货。

① 企业收到境内买家的退货商品时，应先核对与原销售商品原状是否一致，评估退货商品是否能在海关放行之日起 30 日内运抵原海关监管作业场所。如果退货商品与原销售商品原状不一致或超过退货时限，企业不得向海关申请办理退货。

② 企业在"单一窗口"上向原验放海关发送退货申报单，按系统要求录入退货原因。

③ 企业将已申报退货的商品运抵原海关监管作业场所。

④ 海关确认退货商品运抵，并根据相关要求实施验放。完成验放后，退货商品所对应的税款不予征收，消费者个人消费额度自动返还，企业仓储账册自动核增。

跨境电商进口商品退货流程如图 2-17 所示。

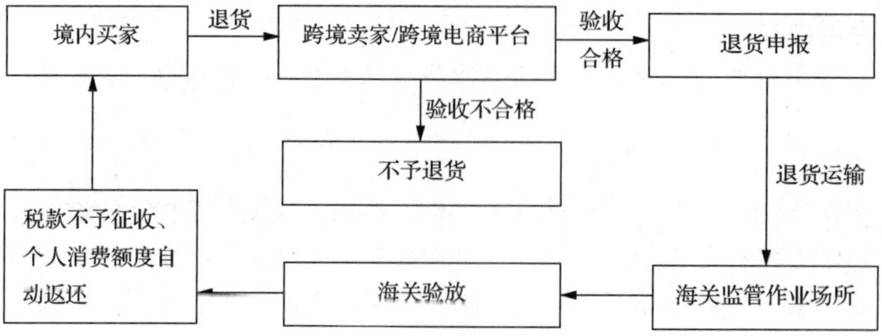

图 2-17 跨境电商进口商品退货流程

（2）出口商品退货

企业可以对中华人民共和国海关出口货物报关单（后文简称出口货物报关单）、中华人民共和国海关跨境电子商务零售进出口商品申报清单（后文简称跨境电商零售进出口商品申报清单）、中华人民共和国海关出境货物备案清单（后文简称出境货物备案清单）所列全部或部分商品申请退货。目前，跨境电商渠道下可办理出口商品退货的模式有3种。

① 跨境电商零售出口：跨境电商企业通过跨境电商平台实现商品零售出口，根据海关要求传输相关电子数据，并通过跨境电商方式申报出口，将商品送达境外消费者的模式。

② 跨境电商出口海外仓：境内企业通过跨境物流将商品出口至海外仓，通过跨境电商平台实现交易后，再从海外仓将商品送达消费者，并向海关传输相关电子数据的模式。

③ 跨境电商特殊区域出口：包括跨境电商特殊区域包裹零售出口和跨境电商特殊区域出口海外仓零售。跨境电商特殊区域包裹零售出口是指对进入特殊区域的商品，通过跨境电商平台完成销售后，在区内打包并离境送达境外消费者的模式。跨境电商特殊区域出口海外仓零售是指在特殊区域内完成货物管理并分批出口到海外仓，在通过跨境电商平台完成零售后，将货物从海外仓配送给境外消费者的模式。

在跨境电商零售出口及跨境电商特殊区域包裹零售出口模式下，出口商品可单独运回，也可批量运回；跨境电商出口海外仓及跨境电商特殊区域出口海外仓零售模式仅适用于因品质或规格问题向海关办理出口商品退货申请的情况；对于国家禁止进出境的商品，海关不予办理退货手续。企业应通过"单一窗口"或跨境电子商务通关服务相关平台向海关提出退货申请，出口退货商品可单独运回，也可批量运回，并且退货商品应在出口放行之日起1年内退运入境。

2. 跨境电商海外仓退货现状

现阶段，跨境电商海外仓退货模式仍不完善，难以应对大批量退货的情况。相关数据显示，2020年跨境电商海外仓的退货率为3%～10%，海外仓日均接收退货包裹数量过万。较高的退货率在一定程度上会增加海外仓商品退货检验、商品再包装、商品再入库等方面的费用。目前，跨境电商海外仓退货现状体现在以下几个方面。

① 以单件包裹为主。目前，海外仓退货以单件包裹为主。据统计，在跨境电商海外仓退货高峰期，退货率高达73%，其中单件包裹的占比高达80%，剩余20%主要由多件包裹和大件包裹组成。产生此现象的原因主要包括两方面。一是消费者群体特征。当前，跨境电商海外仓的消费群体以个体消费者为主，而这一群体购买的商品通常是一些小体积的衣物、保健品等，较适合采用单件包裹运输。二是商品特性。跨境电商B2C业务主要以销售时尚单品、家居园艺商品、汽配用品、运动用品为主，商品具有体积小、耐存储、打包便捷的特性，较适合采用单件包裹运输。综上，目前跨境电商的消费者群体特征与商品特性共同决定海外仓退货主要以单件包裹为主。

② 服装和鞋类商品退货占比较高。由于服装、鞋类商品能够在海外仓中长时间存储，许多跨境电商企业利用这一优势积极发展服装、鞋类跨境电商业务，促使服装、鞋类商品销量大增。在此背景下，一旦发生退货行为，上述商品便成了跨境电商海外仓退货的重灾区。相关数据显示，服装、鞋类商品在跨境电商海外仓退货中的比例高达10%～20%。仅2019年全年，服装、鞋类商品的退货便超过万件，退货占比超过25%。这种现象不仅体现在中国跨境电商海外仓退货中，而且在德国、英国、俄罗斯等市场的海外仓中，服装、鞋

类商品退货占比也居高不下，为 20%～25%。由此可见，服装、鞋类商品在海外仓退货中占比较高。

3. 跨境电商海外仓退货处理方式

跨境电商海外仓退货处理方式有线上二次销售、线下销售、退货回国（地区）和销毁处理。

① 线上二次销售。通常情况下，海外仓退货中 90%以上的商品经过处理可进行二次销售。因此，线上二次销售成为中国跨境电商海外仓退货的主要处理方式。采用这种处理方式的退货商品大多是新品，且基本是因包装问题或细微瑕疵而退回的。针对此类商品，跨境电商企业会授权海外仓对退货商品进行维修、零部件更换、二次包装等处理，然后明码标价进行线上二次销售。

② 线下销售。一般而言，中国跨境电商企业会将有轻微破损、微小瑕疵、较大的销售价值的退货商品委托海外仓进行线下展示与销售，以达到退货保值目的。此时，海外仓会借助自身的驻地优势，通过店铺展示、仓库取货等方式开展线下营销活动，实现退货商品的线下销售。

③ 退货回国（地区）。此方式主要适用于海外仓无法进行修复与再次销售的退货商品，例如价值比较高或者体积较大的商品。此情况下，跨境电商企业会选择将商品暂存在海外仓，当积累到一定数量时再转运至境内保税区，在境内保税区进行维修与包装，再重新发至海外仓进行销售。

④ 销毁处理。这一处理方式多用在退货商品无法补救的情形。对于某些质量问题较大且价值较低的商品，跨境电商企业会授权海外仓进行销毁处理，并重新在订单管理系统给消费者补发新商品或直接退款。另外，很多中国跨境电商企业若发现销毁费用低于仓储费用与二次处理费用，为节约成本也会选择销毁处理。

4. 跨境电商海外仓退货存在的问题

当前跨境电商海外仓在退货方面仍面临退货环节繁杂、成本偏高、二次处理作业量大、退货商品积压严重等诸多挑战。

（1）退货环节繁杂

跨境电商海外仓退货从消费者发起退货到海外仓收到商品，需要经过多个环节。具体来说，在消费者发起退货申请之后，企业订单系统会对信息进行审查，审查通过后会将退货信息推送至海外仓智能仓储管理系统。海外仓根据企业的退货信息建立退件预报单，为退换商品寻找仓储地。收到退货商品之后，海外仓工作人员需对退货商品进行单据扫描，并与退货信息进行匹配，确定退货来源。此过程中，海外仓工作人员需要根据商品受损情况及退换原因对退货商品进行分类，并将信息录入智能仓储管理系统中，实现数据的互联互通。企业会根据海外仓的反馈信息，做出退款处理。至此，跨境电商海外仓退货流程才算完成。总体来说，跨境电商海外仓退货至少需要经历 10 余个环节，再加上消费者退货物流时间与海外仓工作人员作业时间，完整的退货周期大约为一个月。如果企业选择将商品转运至境内，还会经历境外取货、境外商品集货、境外海关清关、境外运输、境内海关清关、境内商品集货、境内运输 7 个退货环节，会进一步拉长跨境电商海外仓的退货流程，退货商品处理难度更大。

（2）成本偏高

退货成本居高不下是现阶段跨境电商海外仓退货存在的主要问题。目前，跨境电商海外仓退货主要包括仓储管理费用、二次处理费用、商品销毁费用，每部分费用均较高。

① 仓储管理费用。跨境电商企业在境外租赁海外仓时会缴纳相应的管理费与仓储费，而不同国家（地区）的退件收费标准有所差异。相关数据显示，每一件退货商品在海外仓进行管理、仓储等的总费用合计约为 45 元，即对于每一件退货商品，跨境电商企业需要负担 45 元左右的成本。不同国家（地区）海外仓退件收费标准如表 2-8 所示。

表 2-8　　　　　　　　　不同国家（地区）海外仓退件收费标准

仓库名称	首重/kg	首重计费/元	续重/kg	续重计费/元
美国波特兰仓库	1	95	1	15
美国洛杉矶仓库	1	95	1	15
日本大阪仓库	1	75	1	5.5
韩国仁川仓库	1	45	1	1.5
英国伦敦仓库	10	90	0.5	4
德国法兰克福仓库	30	55	—	—
澳大利亚悉尼仓库	1	65	1	13

② 二次处理费用。对于能够进行二次销售的商品，跨境电商企业会支付相应的维修费用、部件更换费用和退货换标费用，委托海外仓进行处理。目前，跨境电商海外仓退货收费类别繁多，无形中加大了商品的退货成本。跨境电商出口商品被退回后的换标贴标成本如表 2-9 所示。

表 2-9　　　　　　　　　跨境电商出口商品被退回后的换标贴标成本

序号	收费项目	价格	说明
1	出仓费	0.193 美元/千克	按千克数计费，如需要打托盘，托盘货物另加 35 美元/托盘
2	分拣费	0.128 美元/个	商品分拣
3	贴标费	0.643 美元/个	按仓库实际贴标数量计费（商品标签、外箱标、快递底单）
4	装箱费	6.43 美元/箱	整理商品装箱
5	运费	以系统计算为标准，确认运费后再出仓	

③ 商品销毁费用。对于不可进行二次销售的商品，跨境电商企业为节约存储与管理成本，会支付相应费用委托海外仓对商品进行销毁处理。以美国的海外仓收费为例，其销毁费用为标准尺寸 1.3 元/件，超大尺寸 2.05 元/件；而在日本设立的海外仓销毁费用为标准尺寸 0.64 元/件，超大尺寸 1.35 元/件。销毁费用的收取在一定程度上阻碍了跨境电商企业拓展境外市场。

（3）二次处理作业量大

一般而言，跨境电商海外仓会承接多个企业的发货、退货等业务，人力成本较高，具体表现在以下两个方面。

① 二次检验。跨境电商海外仓商品退货主要以单件包裹为主，无法使用机器验收，主要依靠人力逐个进行检查，需要大量人力对退货商品进行识别，并与退货单进行匹配。在退货量较高的情况下，一个海外仓会同时接收几十个客户的几千种商品，会出现多个包裹在同一时间到达的情况，这使得海外仓工作人员的作业量突然增多。

② 二次销售处理。海外仓接收到的退货商品大多存在包装破损、条码损坏或者序列号被调换等问题，需要海外仓工作人员对其进行处理。在包装方面，海外仓工作人员需要针对退货进行重新包装与分箱处理。在贴标方面，对于能够进行二次销售的商品，海外仓工作人员会更换标签。在此基础上，海外仓工作人员还需二次核对商品与退货单是否匹配。据统计，跨境电商海外仓处理一件退货商品需要经过 5~8 个处理环节，这无形中增加了海外仓工作人员的作业量。

（4）退货商品积压严重

当前，退货商品积压严重成为跨境电商海外仓退货面临的又一困境。产生这一现象的主要原因是海外仓每天有数千件商品被退回，每件商品都需要重新经历检验、包装等流程，这一过程需要 1~3 天，这在一定程度上加重了退货商品积压问题。加之商品二次销售也需要一定周期才能完成，其间还有大量退货商品进入海外仓，使得海外仓库存压力增加，退货商品积压严重。此外，针对部分可以进行维修和二次销售的商品，若其成本低于物流费用，大部分商家会直接选择弃货，大量弃货堆积也会加重跨境电商海外仓退货商品积压问题。

5. 跨境电商海外仓退货问题的优化策略

跨境电商海外仓是商品退回接收与存储的重要载体，也是跨境电商快速发展的重要支点。跨境电商海外仓应发展退运进境业务，简化退货环节；引入 FLUX WMS（Warehouse Management System，仓库管理系统）提升退货再售能力；倚重 RMA（Return Material Authorization，退料审查）系统应对退货商品堆积问题；借助跨境电商保险消除退货痛点。

① 发展退运进境业务，简化退货环节。为减少海外仓退货损失，部分跨境电商企业会选择将退货商品转运至境内。然而，这会使退货商品面临两次清关和国际干线物流转运等复杂程序，从而增加海外仓退货环节。为解决这一问题，境内各地海关部门应大力开展退运进境业务，减少当前海外仓退货环节。具体来说，各地方海关可借鉴深圳沙田海关的成功经验，初步确定一个跨境电商海外仓出口退货业务通关模式。当退货商品需要运送至境内时，海关只需在商品退回海关特殊监管区域时对其进行处理。跨境电商企业需按照海关特殊监管区域管理规定，办理相应的进境入区手续。此后，跨境电商企业按照规定对区内退货商品按照保税状态进行相应的仓储、维修、打包分拣、加贴标签等二次处理之后，复运出境即可。这样可大量减少退货通关、清关、转运等环节，为跨境电商企业利用海外仓退货提供便利。

② 引入 FLUX WMS 提升退货再售能力。退货量大、品类繁多杂乱及依赖人工识别和区分等方面的因素存在，决定了海外仓进行退货处理时会面临作业量大的问题。对此，海外仓可引入 FLUX WMS，优化退货商品再售流程。具体来说，海外仓可借助 FLUX WMS 的分类功能与语音报数（报位）功能，实现商品初分到款、二分到商品标识或者二分到上架区、货边分拣快速处理作业。与此同时，海外仓还应积极利用 FLUX WMS 的退货处理或计算商品重合率等功能，根据商品标识判断其上架区，减少商品再次处理的作业量。完成退货分拣工

作之后，对于符合条件的退货商品，海外仓工作人员可按存储管理模式或按区域上架模式进行二次销售。因此，海外仓在处理退货时，应积极引入 FLUX WMS，实现退货商品的快速分类上架，减少退货商品处理流程，加快退货商品处理速度。

③ 倚重 RMA 系统应对退货商品堆积问题。目前，退货商品积压已经成为跨境电商海外仓发展过程中面临的主要难题之一。为解决这一难题，跨境电商海外仓应积极引入 RMA 系统，加速退货再处理与流转程序。RMA 系统主要处理退货、换货的主要流程。跨境电商海外仓在接到退货申请之后，需要积极利用 RMA 系统并填写申请单，然后跨境电商企业的处理人员将审查该申请单。具体而言，海外仓应利用 RMA 系统对退货物流和信息流进行管理，完整记录退货全程信息。在此过程中，海外仓还应根据跨境电商企业的退货订单信息，及时匹配相应的商品存储地，减少退货商品积压现象。

④ 借助跨境电商保险消除退货痛点。近几年，我国拥有的海外仓数量已超过 2000 个，在 2020 年的增速高达 80%。目前，海外仓已经成为跨境电商发展不可或缺的资源之一。海外仓为跨境电商企业提供了商品调度与退换货处理等功能。为使海外仓助推跨境电商发展，跨境电商企业可利用跨境电商保险缓解海外仓退货困境，即与保险公司合作，以"保险+服务"模式，消除海外仓退货痛点。保险公司可推行"无忧退"项目，并经过前端风控与后端理赔审核，对跨境电商海外仓用户进行补偿。同时，保险公司获得退货商品所有权，需要对退货商品进行合理处理与资源配置，助力跨境电商海外仓扩大经营规模，提升退货处理能力。与此同时，保险公司还应加大与跨境电商企业的合作力度，整合跨境电商企业的物流与退货残值资源，利用保险消除海外仓退货痛点，并在业务逻辑与服务模式两大方面进行创新，解决跨境电商海外仓退货难题。

自学自测 ↓

一、单选题

1. 跨境电商的"三流"指的是（　　）。
   A. 信息流、产品流、技术流　　　　　B. 信息流、产品流、物流
   C. 产品流、技术流、资金流　　　　　D. 物流、信息流、资金流

2. 以下活动不属于跨境电商物流活动的是（　　）。
   A. 代购从日本直邮寄回的化妆品
   B. 通过天猫国际购买进口食品，食品从澳大利亚寄回
   C. 通过淘宝购买尿不湿，尿不湿从宁波保税区发货
   D. 在英国购物网站上购买服装，DHL 发货至中国境内

3. 在以 CIF 和 CFR 贸易术语成交的条件下，货物运输保险分别由卖方和买方办理，运输途中货物灭失和损坏的风险（　　）。
   A. 前者由卖方负担，后者由买方负担　　B. 均由卖方负担
   C. 前者由买方负担，后者由卖方负担　　D. 均由买方负担

4. 中国邮政小包和国际 e 邮宝的重量一般不超过（　　）。
   A. 1kg　　　　　B. 2kg　　　　　C. 5kg　　　　　D. 10kg

5. 保税备货物流模式实质上是（　　　）。
    A. 先物流，后订单　　　　　　　　　　B. 先订单，后物流
    C. 物流和订单同时履行　　　　　　　　D. 不需要订单信息

二、多选题

1. 海外仓费用构成包括（　　　）。
    A. 头程运输费　　B. 税金　　　　　　C. 尾程配送费　　D. 处理费以及仓储费
2. 以下属于进口跨境电商平台的是（　　　）。
    A. 洋码头　　　　B. 小红书　　　　　C. 天猫国际　　　D. 网易考拉
3.《国际贸易术语解释通则 2010》中的国际贸易术语包括（　　　）。
    A. CFR　　　　　B. CIF　　　　　　C. CIP　　　　　D. DPU

三、名词解释

1. 保税备货物流模式
2. 专线物流模式

四、简答题

1. 海外仓有哪些类型？
2. 商业快递直邮与两国合作直邮有哪些不同？

项目实训

本次实训要求学生在了解跨境电商不同物流模式的基础上，结合背景资料，判断出适用的物流模式，准确计算相关物流费用，进一步加深对所学知识的理解和掌握。

任务一　跨境电商物流模式选择　↓

分别选择一个进口及出口跨境电商平台，通过查阅资料，了解其物流模式，运用 SWOT 分析法进行对比分析，并完成表 2-10 的填写。

表 2-10　　　　　　　　　跨境电商平台物流模式对比分析

项目	进口跨境电商平台	出口跨境电商平台
名称		
经营产品		
物流模式		
Strength（优点）		
Weakness（缺点）		
Opportunity（机会）		
Threat（威胁）		

任务二　认识保税备货物流模式 ↓

2019 年 10 月，四川中欧国际物流有限公司入驻成都市的天府新区成都片区保税物流中心（B 型），作为首批入驻该保税物流中心的区内企业，承租面积 3000 平方米，为企业客户提供保税备货、一键代发业务。该公司通过为客户提供保税仓运营，可以将海外热门的商品提前备货到保税物流中心。当中国消费者在客户网站上下单后，由该公司代理完成通关手续，商品即可从保税物流中心仓库发出，消费者收货不用再忍受海淘的漫长等待，省内消费者最快可享受隔日达物流服务。

1. 请查阅相关资料，了解四川中欧国际物流有限公司的业务范围。

2. 消费者小王在为孩子选购国外奶粉，她犹豫，是从某母婴用品有限公司（该公司客户）网站上下单，从境内保税仓出货？还是选择海外直邮到家？请以分组方式进行讨论，帮助小王做出选择，并说明理由。

任务三　计算国际快递费用 ↓

以小组为单位，设定本组为全球速卖通卖家。请根据订单商品信息和客户需求，针对不同的出口物流模式，查询物流收费标准，计算物流费用。

1. 计算国际快递费用

登录 FedEx Online Rating，下载 FedEx 价目表，了解其最新国际快递收费标准，计算不同物品的快递费用，完成表 2-11 的填写。出口物品信息如下。

① 广州—波士顿，特快，书籍，重 8kg。

② 成都—巴黎，优运，火锅底料，重 11.5kg。

③ 南昌—伦敦，特快，瓷器，重 30kg。

表 2-11　　　　　　　　　　　　　FedEx 快递费计算

物品	发货地	目的地	快递费

2. 计算"e 邮宝"费用

登录全球速卖通网站，了解"e 邮宝"费率（无折扣），掌握邮寄物品的寄送限制，计算不同物品的物流费用，完成表 2-12 的填写。出口物品信息如下。

① 杭州—巴黎，纺织品，重 1.4kg，体积为 30cm×20cm×15cm。

② 福州—马德里，运动鞋，重 1.2kg，体积为 33cm×20cm×12cm。

③ 上海—圣彼得堡，手机壳，重 0.2kg，体积为 16cm×8cm×1cm。

表 2-12   "e 邮宝"费用计算

物品	发货地	目的地	物流费

任务四   认识跨境电子商务零售进口退货中心仓模式 ↓

2021 年 9 月，海关总署发布《关于全面推广跨境电子商务零售进口退货中心仓模式的公告》（海关总署公告 2021 年第 70 号），自 2021 年 9 月 10 日起，全面推广"跨境电子商务零售进口退货中心仓模式"（以下简称"退货中心仓模式"）。请以小组为单位，利用网络资源，了解退货中心仓模式，绘制该模式下的退货流程图，并做汇报。

任务五   了解海外仓 ↓

1. 查阅资料，完成对比分析

跨境电商海外仓退货是跨境电商企业与境外消费者在商品交易意向达成并完成交付后，境外消费者由于商品质量问题、自身因素等将商品退还给跨境电商海外仓的活动，是不同于企业与供应商（即 B2B）的退货模式。跨境电商海外仓退货的主体多为境外消费者个人，退货商品也多为单件包裹，但也存在多件包裹。同时，由于跨境电商海外仓退货具有退货时间、商品品种、商品数量均不确定，返仓包裹多次流转的特点，跨境电商企业的货损比例较高。出口商品退回海外仓的流程如图 2-18 所示。

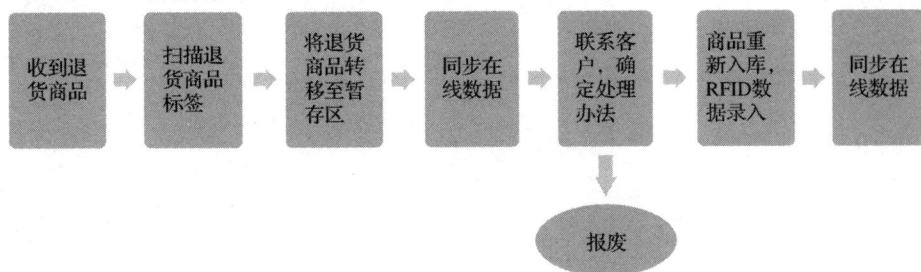

图 2-18 出口商品退回海外仓的流程

请结合背景资料在小组内讨论境内退货与跨境电商海外仓退货的不同，形成文案并在小组内分享。

2. 海外仓退换货

随着跨境电商行业的飞速发展，行业配套的基础设施和相关法规政策也在逐步完善。对于跨境电商卖家而言，出口商品被退回已经不再是无解的难题。一般情况下，跨境电商卖家会选择当地海外仓处理退货。海外仓提供的多平台退货处理、退货换标、重新上架等增值服务，大幅度提高了退货商品的二次销售率，减少了退货商品损耗。针对无法进行二次销售的高货值商品，海外仓还可提供批量退运回国的服务。

请结合背景资料，以小组为单位，利用网络资源查找关于跨境电商海外仓退货的实际案例，分析退货过程中遇到的问题和难点，并尝试提出改善方法。

项目评价 ↓

项目评价表

序号	项目内容		项目要求	项目评价			
				学生自评		教师评价	
				达标	未达标	达标	未达标
1	技能	跨境电商物流模式	能够认识不同类型的跨境电商物流模式				
2		跨境电商进口物流模式	能够通过实际案例分析保税仓模式的优缺点				
3		跨境电商出口物流模式	能够了解国际快递的费用构成				
4		海外仓	能够掌握海外仓退货的具体流程				
5	素质	创新意识	能够根据资料分析问题并提出个人创新性的观点				
6		合作精神	能够和团队成员协商，共同完成实训任务				
7		求真务实	能够认识到自己的优势及劣势				

课后提升

一、大赛园地

目前涉及跨境电商物流模式相关知识技能的大赛主要有全国跨境电子商务技能竞赛和全国职业院校技能大赛。

1. 全国跨境电子商务技能竞赛

全国跨境电子商务技能竞赛由中国对外贸易经济合作企业协会主办，由理论考试和实际操作两部分组成，分为初赛、决赛两个赛段。涉及本章知识的主要是初赛（理论部分）。

初赛主要考察参赛选手的国际贸易与跨境电商通识知识，全部为客观题目，共 60 道，时长 60 分钟，总分为 100 分，采用系统自动判分模式。其中，涉及本章知识的考核内容为跨境电商平台认知。初赛题型及配分如表 2-13 所示。

表 2-13　　　　　　　　　　　初赛题型及配分

考核内容	题目类型	数量/道	分值	总分
1. 国际贸易基础	单选题	30	1	30
2. 跨境电商平台认知	多选题	10	3	30
3. 跨境网络推广				
4. 营销基础能力	判断题	20	2	40
5. 平台运营能力				
6. 订单转化能力				
总计		60	/	100

2. 全国职业院校技能大赛

全国职业院校技能大赛的题目围绕真实的跨境电商平台工作过程、项目和要求进行设计，内容涵盖行业岗位核心工作流程和职业素养，以综合考核选手的跨境电商运营管理能力。涉及本章知识的考核内容主要为大赛的理论部分，如表 2-14 所示。

表 2-14　　　　　全国职业院校技能大赛（关务技能赛项）竞赛内容

模块	占比	考核内容
理论部分	10%	在规定时间内，考核选手对海关作为国门的重要性的认识；对贸易安全、国际贸易基础知识、海关监管方式、海关政策法规的了解；对自贸区、综合保税区、海外仓等实施的贸易便利化措施等知识的了解

二、素质拓展与业务思考

1. 素质拓展

请结合近年来我国跨境电商的高速增长和"一带一路"倡议，讨论我国跨境电商企业如何更好地应对挑战、把握机遇，并深入思考国家、社会、个人发展的道路。

2. 业务思考

为帮助跨境电商企业解决退货困扰，降低经营成本，海关总署先后出台相关公告支持跨境电商企业开展退货业务，消费者如今能够"放心买，随心退"。

2021 年 8 月 31 日，京东平台的客服记录显示，某消费者在京东国际购买了两瓶眼霜，顺利对其中一瓶型号错误的商品进行了单独退货，个人跨境商品消费额度也得到了及时恢复，实现了"放心买、随心退"。在京东华南跨境电商保税仓库中，消费者退回的跨境电商包裹整齐有序地摆放在退货区，这些包裹是境内消费者凭"7 天无理由退货"权益退回来的，其中符合销售条件的商品会重新上架销售。京东华南跨境电商进口业务负责人介绍："我们每个月的跨境退货包裹大概有 2000 个。自从海关有了退货政策，我们每个月节约成本近百万元，这是真金白银的政策红利。"

请查阅资料，了解海关关于跨境电商退货的最新政策。

项目三

跨境电商货物的发运

教学目标 ↓

知识目标

1. 了解跨境电商物流的主要包装材料、主要外包装标签。
2. 掌握线上发货、线下发货和海外仓发货的流程。
3. 了解常用跨境电商平台的物流规则。

能力目标

1. 能够根据商品的特点选择合理的包装材料和外包装标签。
2. 能够掌握线上发货和海外仓发货的流程与具体操作。

素质目标

1. 能够树立创新意识、创新精神。
2. 能够和团队成员协商，共同完成实训任务。
3. 具备诚实守信的价值观和求真务实的工作态度。
4. 培养细致严谨的工匠精神。

思维导图 ↓

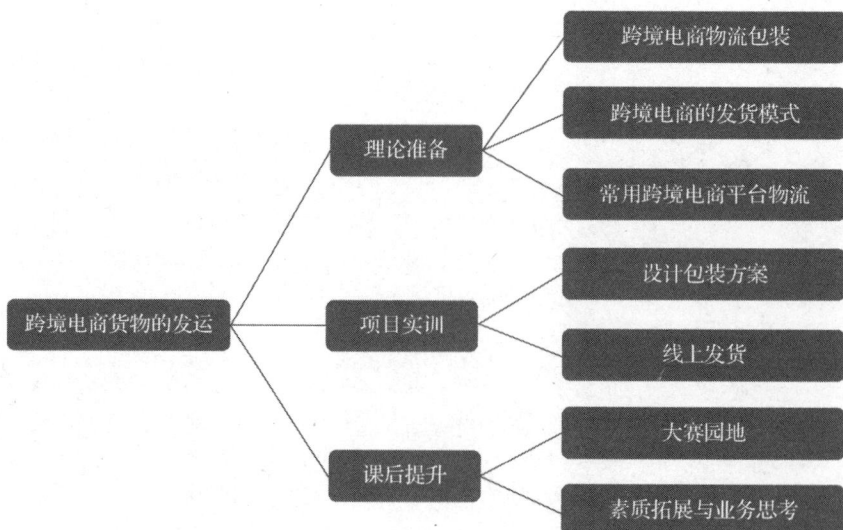

理论准备

一、跨境电商物流包装

近年来，以 B2C 为代表的跨境电商平台崛起并逐步占据主流，跨境电商平台交易呈现订单小额化、分散化的特征，这有别于传统国际贸易形式，也有别于以国际转运商作为物流服务商的 B2B 跨境电商平台交易方式。B2C 跨境电商平台以快递类发货方式居多，物流成本成为价格竞争的重要因素。其一般按重量（以克、千克为单位）计费，有时也按体积计费，因此选择合理的包装材料、包装形式，保证商品在长途国际运输中不被损坏并顺利送到买家手中，成为众多跨境电商卖家需要重点考虑的物流问题之一。

1. 主要包装材料

跨境电商商品流通过程中所使用的包装材料较多，主要包括：运输小件类商品的气泡信封、包装袋及快递袋，运输形状规则、防破损类商品的瓦楞纸箱、泡沫箱，运输长大件类商品的气泡膜、珍珠棉，以及运输特殊类商品的气柱袋、木架等。

（1）气泡信封、包装袋及快递袋

气泡信封是专为跨境电商商品研制的一种轻便型包装制品，一般分为内外两层，外层为白色或黄棕色牛皮纸，内层是黏附在牛皮纸内壁的一层气泡膜，如图 3-1 所示。

气泡信封自带双面封口胶，使用起来十分便捷高效。一些卖家为了节省时间，通常会将报关签条直接印刷在气泡信封背面。也有部分卖家会专门定制气泡信封，使用不透明、高强度的气泡膜直接做成气泡信封，并将自己的商标或网址等企业信息直接印在气泡信封上，这样既给人比较专业的感觉，又为自己做了广告。通常情况下，国际物流商会提供不同规格、不同售价的气泡信封，它们分别用于包装不同大小的商品。气泡信封一般有 7 种型号：按照从小到大的顺序，分别为一号至七号。卖家可以针对不同大小的商品选择相应型号的气泡信封。

包装袋是指带封口胶的普通塑料袋，如图 3-2 所示，在跨境电商物流包装中通常用于装运不必过于担心被压坏的商品，如服装类商品。包装袋有时也被用来包裹气柱袋。

图 3-1 气泡信封　　　　图 3-2 包装袋

包装袋和气泡信封一样，有不同的大小和价格，它的最大特点就是防水、防摩擦和防划伤，能够较好地保护包装内的商品。包装袋外面可以粘贴各类标签，便于识别和运输，但要注意的是，在粘贴标签时一定要贴平整，以防止在运输过程中因包装袋扯动变形而损坏标签，导致标签不完整或脱离，影响商品的运达。

快递袋通常是国际快递公司提供的带有本公司商标的包装袋，外观精美，背面通常有一个层叠式的不封口塑料袋，用于装形式发票，如图 3-3 所示。快递袋的规格种类比较少，通常只有大、小两种，一般情况下，使用快递袋的包裹无须计算体积重量。在使用过程中，为了提高作业效率和避免因折叠而丢失形式发票，快递公司一般不允许折叠快递袋，只允许在封口处直接封口而无须考虑剩余多少空间，以及内件是否会晃动。

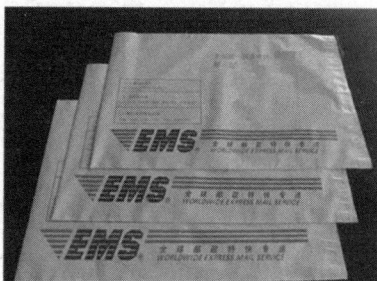

图 3-3　快递袋

（2）瓦楞纸箱、泡沫箱

瓦楞纸箱是跨境电商物流中应用比较广泛的一种包装制品，如图 3-4 所示。它以优越的使用性能和良好的加工性能逐渐取代了传统的木箱等运输包装容器，成为运输包装的主力军。它除了能够保护商品、便于仓储和运输之外，还能起到美化商品、宣传商品的作用。瓦楞纸箱生产厂商会根据客户的不同要求，专门为其定制合适的瓦楞纸箱，因此瓦楞纸箱通常无固定的规格标准，生产厂商也可以根据客户需求在瓦楞纸箱上印刷不同的图案。这种定制的瓦楞纸箱既可以做到标准化，又可以最大限度地减小包装体积，方便打包。瓦楞纸箱一般分为高强度纸箱和普通强度纸箱，跨境电商卖家一般会选择普通强度纸箱，这样在打包过程中，可以根据需要使用美工刀等切割工具对瓦楞纸箱进行切割，使瓦楞纸箱完美地适配每一件商品的大小，以便减少内部空隙，缩小体积，以及避免在运输过程中因内件晃动而造成损坏。

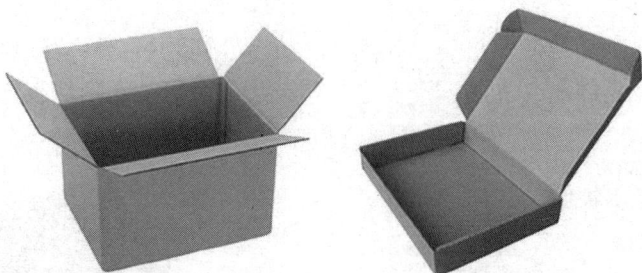

图 3-4　瓦楞纸箱

泡沫箱则是一种在比较特定的情况下才会使用的包装制品，如图 3-5 所示。例如在跨境电商物流中运输 3C 类电子产品时，尤其是运输带有屏幕或极易受外力碰撞影响的商品和贵重物品可以优先考虑使用泡沫箱。跨境电商物流中一般不会使用太大的泡沫箱，常见的是边长小于或等于 20cm 的箱子，箱壁厚度通常为 0.5～1cm。泡沫箱由矩形的箱体和带有内凸结构的箱盖组成，有一定韧性和硬度，能承受一定的外力撞击，可以很好地保护内装商品。在装运商品时，卖家一般会在泡沫箱内衬垫和填充部分气泡膜或珍珠棉，以更好地固定商品，在外部还需要用胶带将箱盖和箱体固定好，并装入特定的包装袋中。

（3）气泡膜、珍珠棉

在跨境电商物流中，气泡膜是发运大件商品时不可或缺的一种双层塑料膜包装材料，如图 3-6 所示。气泡膜根据形态分为单层气泡膜和双层气泡膜，根据直径大小分为小颗粒气泡膜和大颗粒气泡膜，根据用料分为全新料气泡膜和再生料气泡膜。在实践过程中，因全新料气泡膜表面光滑、透明、质感好，虽然其价格比再生料气泡膜更高，但材质更佳，客户体验更好，因此较多情况下，跨境电商卖家会选择全新料气泡膜。气泡膜通常为一卷，可以按重量计价，也可以按宽度和长度计价，跨境电商卖家通常按照打包的实际用量进行采购。

图 3-5　泡沫箱

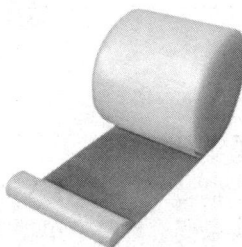

图 3-6　气泡膜

珍珠棉又称 EPE 珍珠棉，是一种新型、环保的包装材料，如图 3-7 所示。它由低密度聚乙烯材料经物理发泡产生的无数独立气泡构成，克服了气泡膜易碎、易变形、恢复性差的缺点，具有隔水防潮、防震、隔音、保温、可塑性佳、韧性强、环保、容易切割等优点，也具有很好的抗化学性能，在部分场合是气泡膜的理想替代包装材料。珍珠棉按卷采购，可以根据实际需要切割成不同大小，以方便打包。其缺点主要是有一定强度和韧性，有时不能够严丝合缝地包住商品，可能造成商品关键部位露出而失去保护效果。

（4）气柱袋、木架

气柱袋是一个一体化的扁平塑料袋，充气之后变为一个中间空、周围有若干个独立气柱、底部密封、上端开口的特殊气囊，如图 3-8 所示，需要配合充气机或小型打气筒使用。气柱袋使用若干独立气柱的半包围结构，可以很好地弥补气泡膜强度不够、气泡容易破碎的缺点。气柱袋在跨境电商物流中主要用于发运带有大屏幕的电子产品，尤其是平板电脑、电视、导航仪等电子产品。在使用过程中，卖家要注意不要充气过量或让气柱袋接近破裂的临界点，也不要用其触碰或装运尖锐物件，以免破坏其对商品的保护作用。

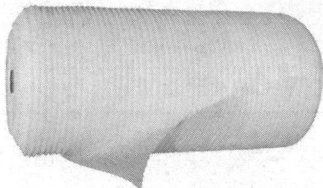

图 3-7　珍珠棉

图 3-8　气柱袋

木架（见图 3-9）常用于装运使用海运方式运输的货物，在跨境电商物流中用于对陶瓷制品、竹木制品进行固定。在物流运输实践中，卖家发现使用了高强度纸箱后，仍然不足以保护所装载的商品时，就会考虑使用若干规则的木架对纸箱各边甚至各面进行包围加固处理，从而最大限度地保护商品不受外力的影响。需要注意的是，由于木制包装工具可能将有害病虫或其他物种带进进口国（地区），各国（地区）对使用原木木架的包裹都要求提供熏蒸证书。打木架最好由专门人员完成，一般以米为单位收取相关费用。

图 3-9　木架

2．主要外包装标签

为了便于储运和识别，在跨境电商物流打包和运输过程中，卖家会在已打包好的商品外包装上粘贴各类条码、标签、单据等资料。常用的外包装标签主要包括跟踪号、回邮地址条、报关签条、航空标签及快递面单等。

（1）跟踪号

当包裹被国际物流渠道服务商揽收后，国际物流渠道服务商会提供一组英文字母加数字或纯数字组合的物流信息跟踪号，其通常表现为一组条形码，买家可以通过这组跟踪号追查包裹的最新状况和所处的具体位置。

对于跨境电商物流常用的邮政包裹，各地邮政有自己的一套邮政跟踪号条形码体系，不管是使用平邮还是挂号，跟踪号都表现为宽度不等的多个黑条和空白区域，按照一定的编码规则排列，上方为条码，下方为数字，用于表达邮件的收件地、类别等信息。按照万国邮政联盟的规定，跟踪号是由字母及数字组成的 13 位标准单号，前面 2 位是字母，中间 9 位是数字，后面 2 位是字母。第一个字母表示邮件类别，最后两个字母是 ISO 3166-1 国际标准规定的国家名称简码，以定义发件国（地区），部分国家（地区）可能存在自己定义的特殊代码。邮政跟踪号首字母的含义如表 3-1 所示。

表 3-1　　　　　　　　　　　　　　　　邮政跟踪号首字母的含义

首字母	含义	首字母	含义
A	平邮小包（小于 2kg）	C	邮政大包（2kg 及以上）
V	挂号小包（保险）（小于 2kg）	L	邮政特快专递（小于 2kg）
R	挂号小包（小于 2kg）	E	邮政特快专递（2kg 及以上）

例如 RQ123456789SG，表示新加坡邮政的挂号小包。需要提醒的是，在粘贴跟踪号时，最好在外面覆盖一层透明胶纸，以防跟踪号被打湿而受损，中间也不要留有气泡，以免影响扫描操作。一般情况下，跟踪号的条码具有一次性特点，一经扫描上网，不得再次使用。

（2）回邮地址条

万国邮政联盟成员通过邮政渠道将邮件退回发件国家（地区）是免费的。在使用邮政业务过程中，回邮地址条主要在商品投递至境外因各种原因无法送达而遭遇退件时使用。

例如，联系不上收件人、收件人留的不是全名、收件人地址不详、收件人地址错误、被目的地海关查验退回等各种情形。一旦发生上述情形，邮政系统会按照回邮地址退货。具体回邮地址视情况而定，可以是当地邮政提供的地址，也可以是货代公司的指定退货地址。作为发货人的一项权益，如不贴回邮地址条可能会造成经济损失，因此不能随便乱贴，更不能不贴。

（3）报关签条

国际小包使用的报关签条又称绿色签条（以下称 CN22），是进出口货物收发货人或其代理人按照海关规定的格式对进出口货物的实际情况做出书面申明，以此要求海关对其货物按适用的海关制度办理通关手续的法律文书。它既是海关监管、征税、统计及开展稽查和调查的重要依据，又是加工贸易进出口货物核销、出口退税和外汇管理的重要凭证，如图 3-10 所示。

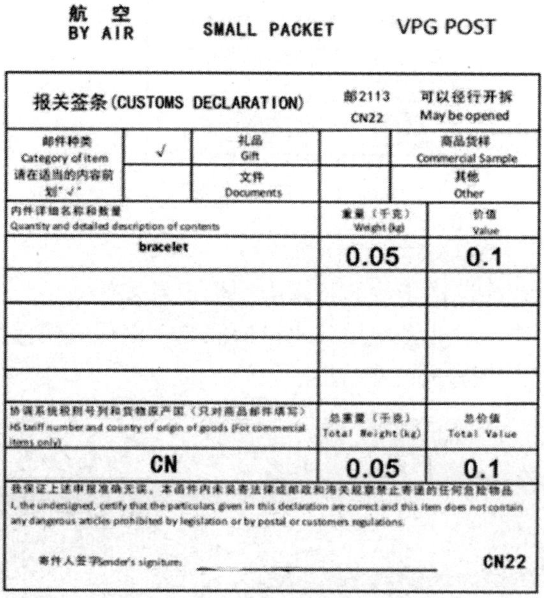

航 空 BY AIR　　SMALL PACKET　　VPG POST

报关签条 (CUSTOMS DECLARATION)			邮2113 CN22	可以径行开拆 May be opened
邮件种类 Category of item 请在适当的内容前划"√"	√	礼品 Gift		商品货样 Commercial Sample
		文件 Documents		其他 Other

内件详细名称和数量 Quantity and detailed description of contents	重量（千克）Weight (kg)	价值 Value
bracelet	0.05	0.1
协调系统税则号列和货物原产国（只对商品邮件填写）HS tariff number and country of origin of goods (For commercial items only)	总重量（千克）Total Weight (kg)	总价值 Total Value
CN	0.05	0.1

我保证上述申报准确无误，本函件内未装寄法律或邮政和海关规章禁止寄递的任何危险物品
I, the undesigned, certify that the particulars given in this declaration are correct and this item does not contain any dangerous articles prohibited by legislation or by postal or customers regulations.

寄件人签字Sender's signiture:　　　　CN22

图 3-10　报关签条（CN22）

CN22 的主要内容包括邮件种类、内件详细名称和数量、价值、寄件人签字等。CN22 可以打印出来粘贴在包裹上，也可以直接印在气泡信封背面。

为使目的地海关在检查时能确知邮件内为何物，投寄人须将 CN22 填写完整，力求齐全、正确及清楚，否则可能引致延误及对收件人造成不便。此外，任何不尽不实或欠明确的申报将可能导致邮件被没收，内件切不可笼统填上总称（例如只填上“食品”“样本”“零件”等）。CN22 中必须包含物品的申报价值和详细描述，如果没有这些信息，跨境物品将会被海关查验，从而影响清关和派送进程。跨境物品，尤其是手机等的 CN22 如果未按要求标明相关信息，一些国家（地区）海关在清关处理时会要求提供相应的清关资料。因此，在跨境电商业务中，所有物品的 CN22 中都必须注明详细的相关信息。

（4）航空标签

当跨境电商物流使用航空运输时，为了便于分拣和发运，航空公司或货代公司会提供贴在外包装上的标签，即航空标签，如图 3-11 所示。其内容主要包括货物的件数、重量、目的港、运单号、航班号等。如果是航空货运特种货物标签，可分为活动物标签、危险品标签、鲜活易腐物品标签。航空标签分为主标签和分标签，航空公司用主标签进行分货，货代公司用分标签将货物分给收货人。航空公司印的标签，称为主标签。货物采用直单，即主标签上显示的收货人和发货人都是实际的货主时，则只需要贴主标签，以区分不同收货人的货物。贴分标签是为了方便目的港货代公司分货。例如，在有代理的情况下，即主标签上打印的收货人和发货人是货代公司的名字，这就需要粘贴分标签，航空公司通知货代公司提货后，货代公司根据分标签将货物分给不同的收货人。

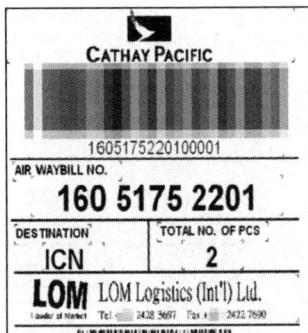

图 3-11　航空标签

（5）快递面单

快递面单是指快递行业在运送货物的过程中用于记录发件人、收件人，以及货物重量、价格等相关信息的单据。快递行业多使用条码快递面单，以保证快递行业的连续数据输出，且条码快递面单便于管理，如图 3-12 所示。

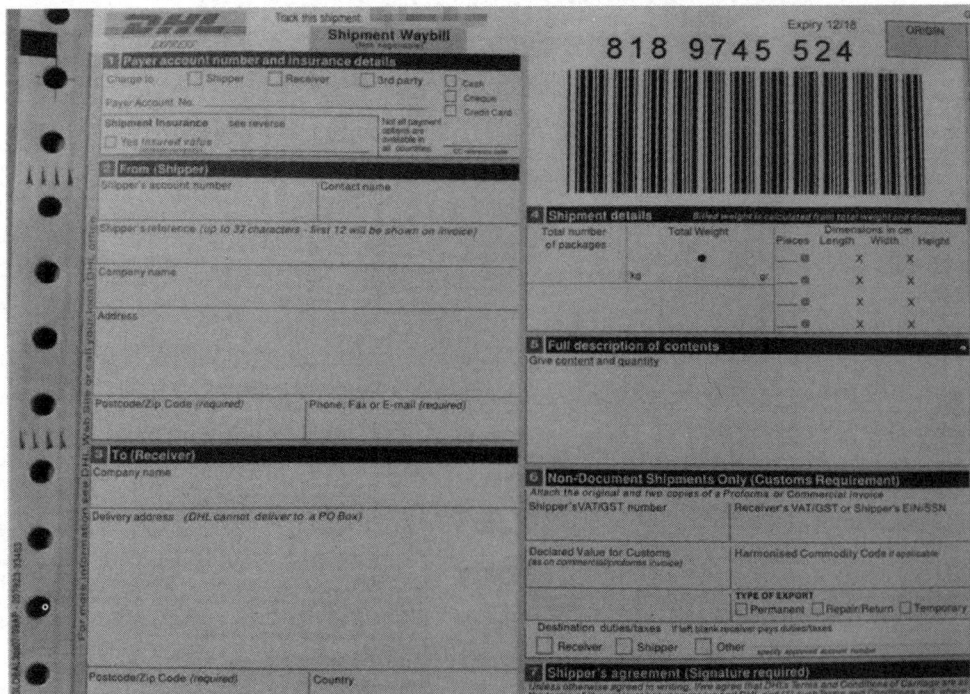

图 3-12　条码快递面单

快递面单所用纸张一般为多联无碳复写纸等，多为 3 联以上，EMS 等使用的快递面单多为 5 联或 6 联，可分为普通条码单和背胶条码单，普通条码单需配合快递袋使用，背胶条码单最后一联带有背胶，可撕开粘贴在货物上，使用起来更加方便，常规尺寸有 217mm×127mm、230mm×140mm、230mm×127mm、240mm×150mm 等。

跨境电商物流中所使用的快递面单上的条码单号为原单号，又叫参考单号，不能直接用来查询货物的跟踪信息。如果货代公司系统和某个快递公司的系统是直接对接的，发完货后直接得到跟踪号，可借以查询货物运输信息。但如果承运的货代公司无法亲自将货物送达目的地，而将货物交由其他货代公司运送，则需要从下家货代公司获得新的跟踪号查询货物运输信息。

二、跨境电商的发货模式

不同的跨境电商发货模式有不同的特点及优势，跨境电商卖家应找到适合自己的发货模式。跨境电商发货模式通常分为线上发货、线下发货和海外仓发货 3 种。

1. 线上发货

线上发货是跨境电商平台针对卖家打造的一种发货模式，需要卖家在跨境电商平台后台进行相应操作。例如，全球速卖通的阿里无忧物流、Wish 的 Wish 邮和 eBay 的线上物流。

（1）线上发货的优势

线上发货的优势主要表现在以下几个方面。

① 在线上发货模式下，卖家与平台结算，平台再与物流服务商结算；出现问题时，一般由卖家反馈给平台客服，再由平台客服反馈给物流服务商客服。因此，平台作为第三方可全程监督物流服务商的服务，使卖家获得更多服务保障。例如，卖家可查看全程物流追踪信息，因物流原因导致的服务评价低分可被抹除；采用国际小包物流方案的卖家可针对丢包、货物破损、运费争议等物流问题发起投诉，获得赔偿。

② 在线上发货模式下，卖家可以直接在平台后台根据订单进行发货，无须切换至不同的平台，操作简单、方便。

③ 平台可提供海运、空运、陆运等各类物流渠道，物流服务较为完善，囊括优选型、标准型、经济型、简易型等各种类型。

（2）线上发货的劣势

线上发货的劣势主要表现以下几个方面。

① 寄运物品限制较多，一些贵重、敏感物品不予承运。

② 在无补贴情况下价格偏高，物流成本较高。

③ 平台客服专业物流知识不足，难以快速解决物流实际问题，需转接专业物流人员，卖家邮寄体验差。

④ 卖家的货物到达物流服务商的仓库后，需重新打印地址标签与报关单并粘贴，操作起来很麻烦（在线下发货模式下，打印好地址标签与报关单后可以直接发出）。货物多的话，尤其是在旺季，时效性较差。

（3）线上发货流程

一般情况下，平台会提供优选型、标准型、经济型和简易型等多种线上发货类型供卖家选择。其中，优选型时效性最强，接近商业快递（国际专线）；标准型的价格、时效性适中，能满足不同卖家的物流需求；经济型的价格较低，能降低发货成本，但时效性较差；简易型是邮政简易挂号服务，可供卖家查询包含妥投或买家签收在内的关键环节的物流追踪信息。跨境电商卖家可在平台后台进行线上发货，也可以通过第三方软件（如全球交易助手、全球速卖通 ERP）进行线上发货，还可以对接线上发货 API 接口，通过公司自有 ERP 进行线上发货。线上发货流程如图 3-13 所示。

图 3-13　线上发货流程

　　许多跨境电商平台的线上发货流程大同小异，下面以全球速卖通为例，详细介绍跨境电商订单的线上发货流程。

　　在全球速卖通卖家后台进行线上发货之前，卖家首先要进行发货地址和退货地址的管理（包括中文和英文地址），即按要求添加准确的发货地址和退货地址。在全球速卖通卖家后台单击"交易"标签，在左侧"物流"栏目内单击"地址管理"选项，在出现的"地址管理"界面中单击"添加地址"按钮，如图 3-14 所示。

图 3-14　"地址管理"界面

　　打开图 3-15 所示的"编辑地址"对话框，卖家按照要求选择地址类型（可供选择的有"发货地址"和"退货地址"）、国家、语言等，并填写详细地址、姓名、身份证号、电话及电子邮箱等具体信息，勾选"是否设置为默认"复选框，单击"提交"按钮即可设置完毕，之后在卖家发货时系统会自动匹配该发货地址或退货地址。卖家填写的发货地址和退货地址可一致，也可不一致，买家可直接退货给发货人，也可以退货给发货人设置的代理人。

图 3-15　"编辑地址"对话框

①"发货未完成"订单的线上发货。在全球速卖通卖家后台的"交易"—"订单"栏目下，单击"所有订单"选项，然后在"我的订单"界面的"订单看板"栏中会出现各种订单类型，如图 3-16 所示，单击"发货未完成"选项，会显示所有该种类型的订单列表。此时，卖家可以选择"物流"栏目下的"批量线上发货"选项，也可以逐一发货，这里以逐一发货为例讲解具体操作步骤。在需要发货的订单右侧单击"发货"按钮。

图 3-16　"我的订单"界面

在出现的界面中可以查看订单详情，包含产品编号、订单号、收件人、地址、城市等信息。如果卖家对发货流程不熟悉，可以先单击"查看发货流程"超链接；如已了解发货流程，则直接单击"线上发货"按钮，如图 3-17 所示。

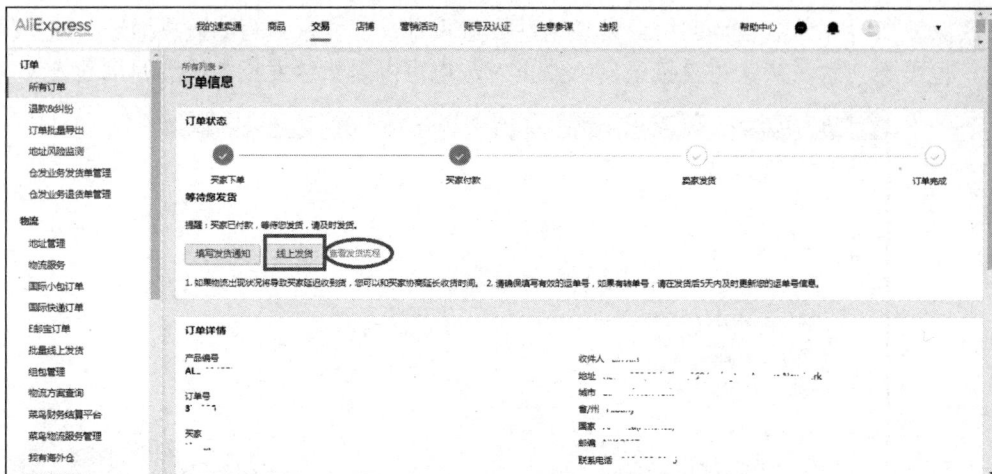

图 3-17　进行线上发货

② 选择物流方案。进入选择物流方案界面，如图 3-18 所示，在"发货地址"栏中选择发货地（通常为发货地所在省份，如广东省），并准确填写"包裹尺寸"信息（包括包裹的总重量、长、宽、高），单击"计算国际运费"按钮，后台会根据订单信息自动列出所有可选的线上发货物流方案供卖家选择，并给出参考的运费。由于卖家在发布商品时已经在运费模板中设置好可供买家选择的物流服务类型，买家在购买商品时会根据自身需要选择适合自己的物流方案，例如该笔订单的买家选择的是"UPS 全球快捷"物流服务，则完成以上步骤后，单击"下一步，创建物流订单"按钮。

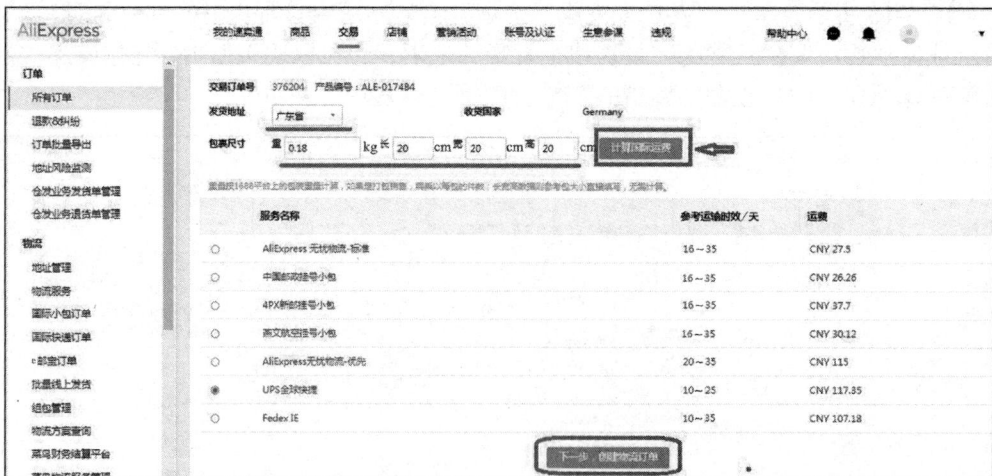

图 3-18　选择物流方案界面

需要特别说明的是，在实际操作中，由于买家已经根据自己的需要选择了某种卖家提供的物流方案，在这种情形下，卖家务必按照买家选定的物流方案发货，而不能选择其他物流方案，否则会引起不必要的纠纷。买家选择的物流方案运费更高，可能是考虑到时效性或者物流商品牌，所以卖家并不一定选择价格最优的物流方案。当卖家选择的物流方案不符合买家要求时，系统会提示"您选择的物流方案与买家选择不一致，可能导致买家拒收或提起纠纷"。在完成物流方案的选择之后，卖家就可以开始创建物流订单了。

③ 创建物流订单。选择正确的物流方案后，系统会跳转至创建物流订单界面。界面中会提示"您已经选择'UPS 全球快捷'，请进行发货"，卖家可在此查看订单信息，再次确认商品信息、发货信息（海关申报使用）、包装揽收方案和退货地址。其中，在确认商品信息时，卖家在发货前需要确认商品是否含电池或含非液体化妆品，因为这类商品属于敏感货物，有些物流服务商不发运这类商品。此外，在创建物流订单的时候，在界面底部有关于无法投递的包裹的处理方案，卖家可以根据自己的需要，选择是否需要将包裹退回，或者在境外销毁。当卖家选择退回时，每单会收取固定金额的退件服务费，对于选择退回的包裹，一旦发生目的地无法投递的情况，将不再收取退回运费。当卖家选择销毁时，不会产生退件服务费。以上设置全部完成之后，单击"提交发货"按钮。至此，物流订单创建完毕，成功创建物流单号，如图 3-19 所示。

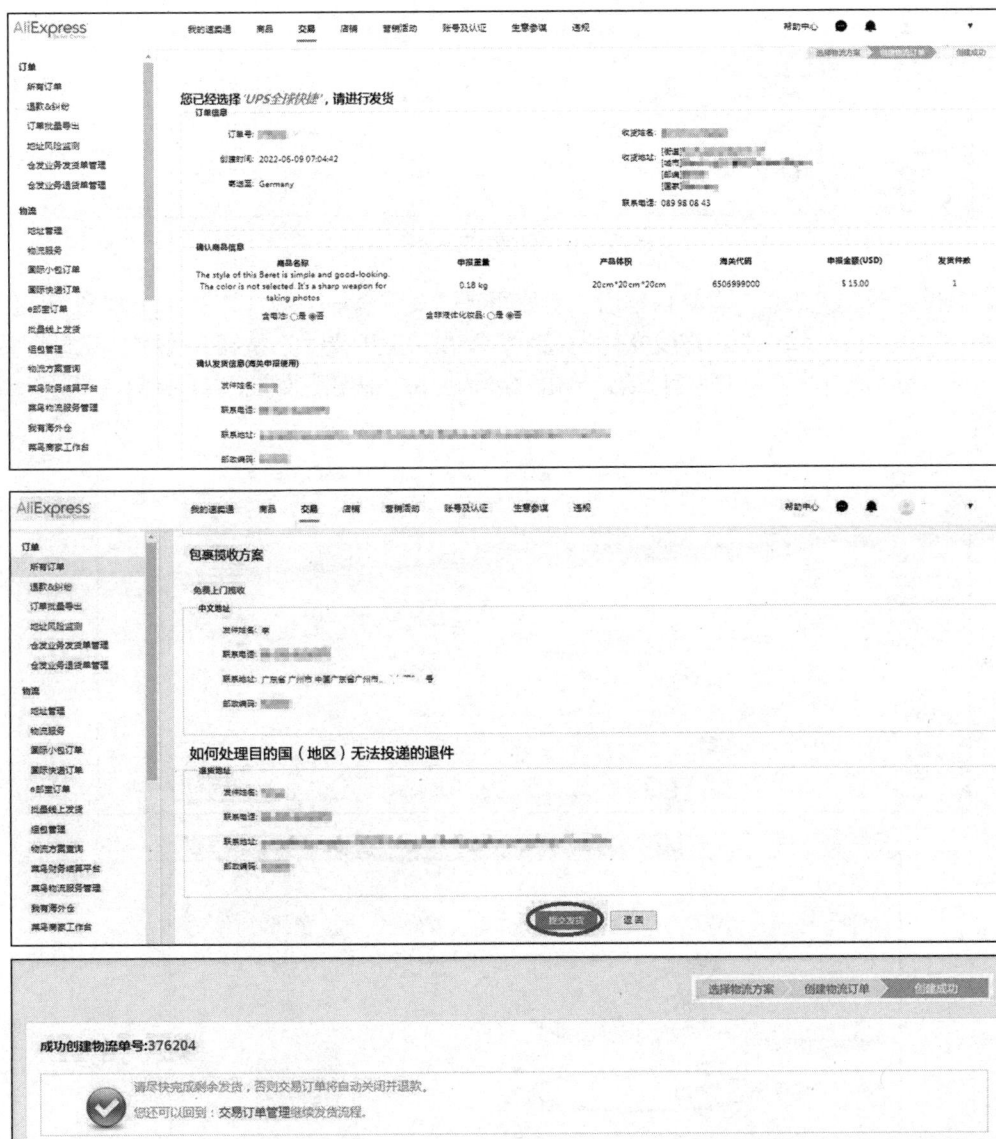

图 3-19　成功创建物流订单

如果采用国际小包发货，发件地址在物流服务商揽收范围内，符合揽收规则，系统会自动配置对应的揽收仓，如中邮仓，选择相应的物流订单，并单击"创建交接单"按钮，如图 3-20 所示，完成入库交接；如果所在地没有推荐的揽收仓，系统会提示"自寄至指定中转仓库"；如果卖家需要上门揽收，可以线上申请，申请前务必先与仓库确认能否上门揽收，以免仓库拒绝接收订单。

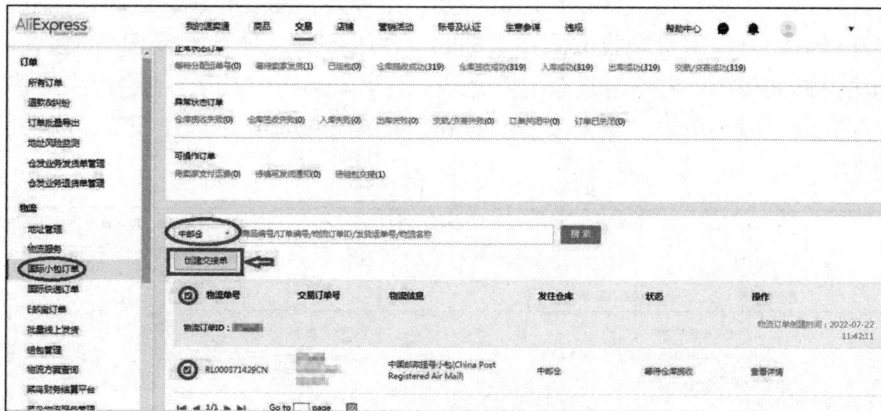

图 3-20　创建交接单

④ 支付运费。完成以上发货操作后，卖家可在"交易"—"物流"栏目中找到相应物流类别（如"国际快递订单"）中需要支付的订单，单击"立即支付"按钮，弹出"支付运费"对话框，使用国际支付宝账户进行付款，单击"确认支付"按钮，如图 3-21 所示，即可完成运费的支付。

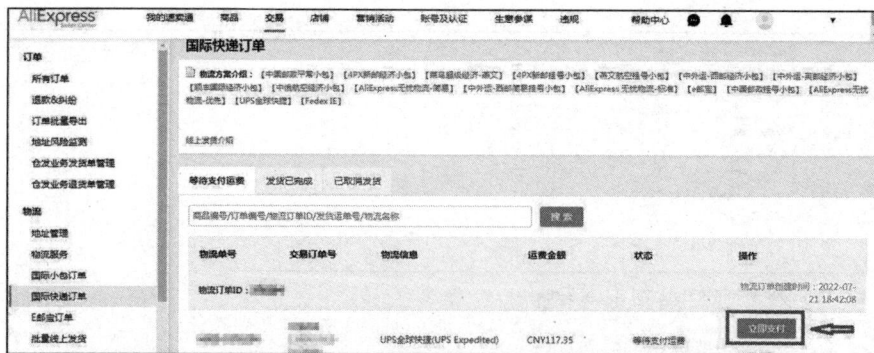

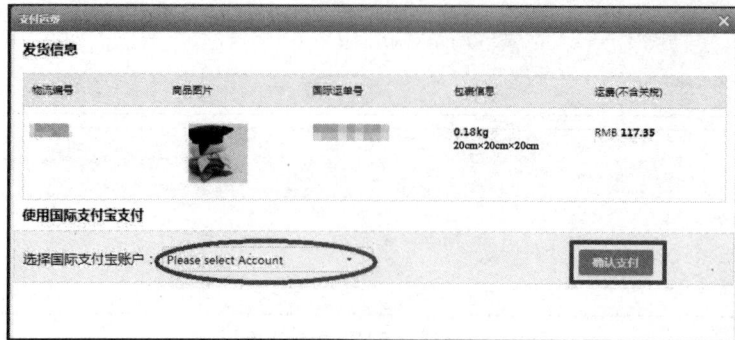

图 3-21　支付运费

完成支付后，卖家可以查看所有运费的明细，并下载运费报表。卖家也可以根据自己的需要，按照服务名称、支付方式和指定的支付时间范围进行运费的统计，以便为物流决策提供参考。

⑤ 货物打包与发货标签打印。支付完运费后，单击"发货已完成"标签，即可看到已支付运费、待打印发货标签和填写发货通知的订单列表，列表内容包括物流单号、交易订单号、物流信息、运费金额和状态，单击"操作"选项下的"打印发货标签"按钮，如图 3-22 所示，即可开始打印发货标签。

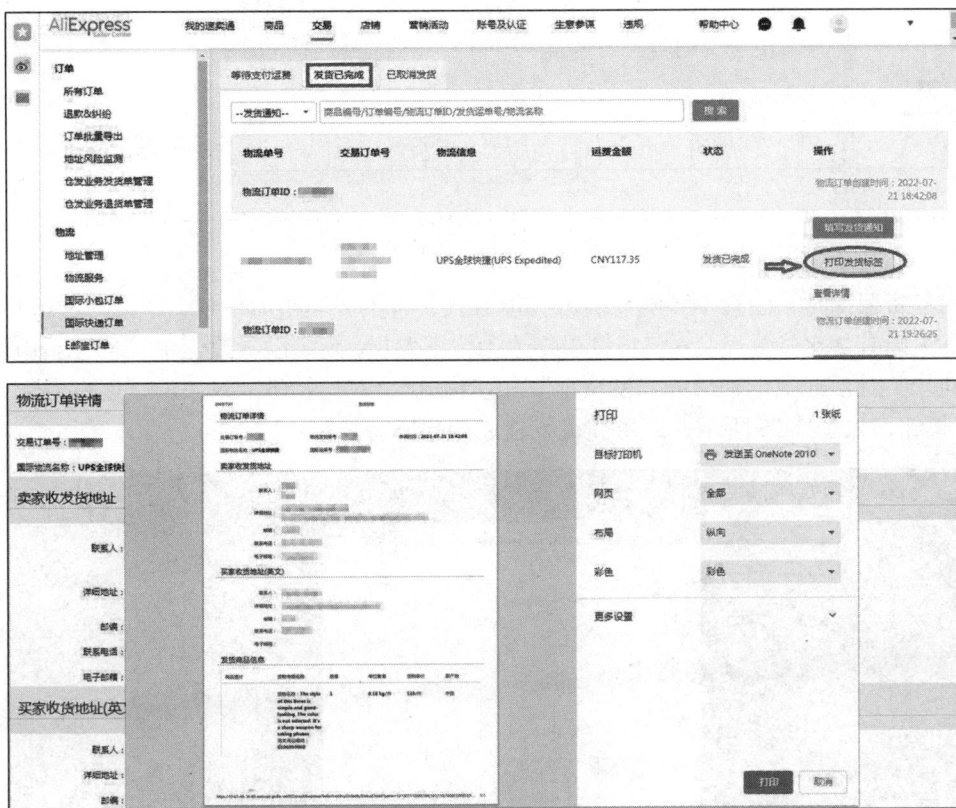

图 3-22 打印发货标签

将打印好的发货标签粘贴到已经打包好的包裹外包装上，如图 3-23 所示。

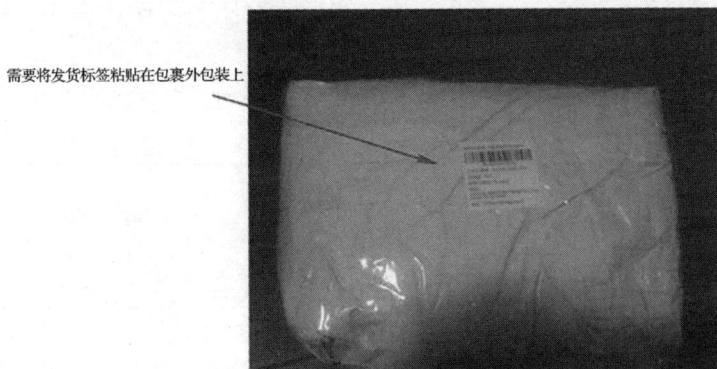

需要将发货标签粘贴在包裹外包装上

图 3-23 粘贴发货标签

⑥ 填写发货通知。与全球速卖通后台相关联的物流系统会生成运单号并转发给卖家，卖家在完成发货标签的打印并将其粘贴在包裹外包装上以后，可在"发货已完成"项下的物流订单列表中选择需填写发货通知的订单，单击"操作"选项下的"填写发货通知"按钮，如图 3-24 所示。

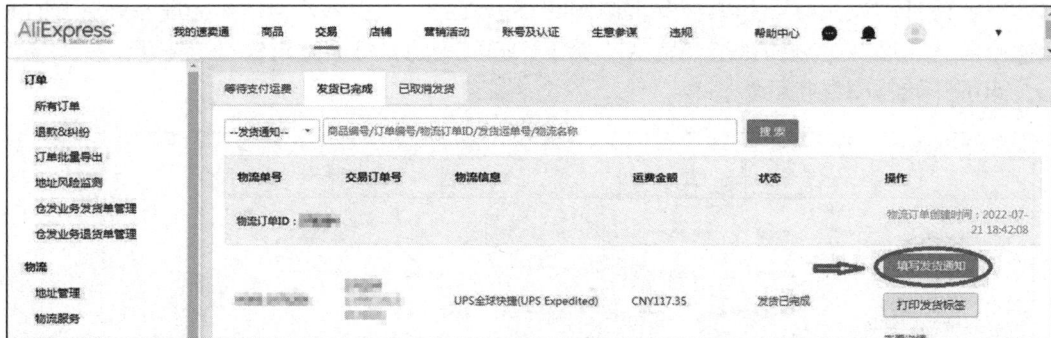

图 3-24　单击"填写发货通知"按钮

填写发货通知时，注意不要随意更改物流方式，也不要填错运单号，在第一次填写发货通知后 5 天内有 2 次修改机会。若将订单修改为线下发货，则可以更改运单号。在弹出的"填写发货通知"对话框中正确选择"发货地"和"物流名称"，并填入对应的"运单号"，单击"提交"按钮，如图 3-25 所示，即可完成发货通知的填写。

图 3-25　填写发货通知并提交

⑦ 交货给物流服务商。卖家将打包并粘贴好发货标签的货物交给指定的物流服务商，货物揽收完成，如图 3-26 所示。

图 3-26　交货给物流服务商

此外，卖家在发货时要注意订单的数量问题。一是在选择物流方案，填写订单货物的重量和体积时，要在单件货物的重量基础上乘以相应的倍数，体积可按实际填写。二是当发货量达到一定金额和数量之后，发货时需要添加附加单据，如发票、销售确认书、代理报关委托书和代理报检委托书（货物根据海关规定需要报检时提供）等，如图 3-27 所示。

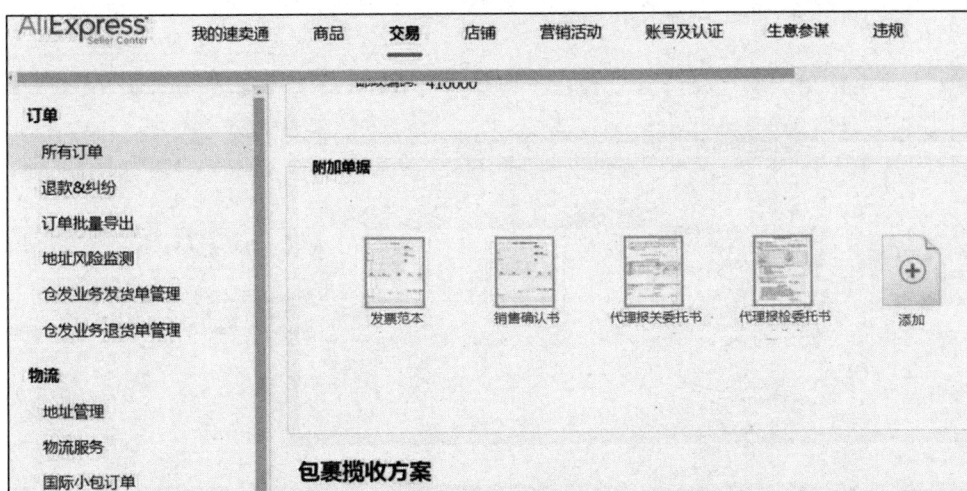

图 3-27　附加单据

（4）物流服务项目

除以上常规发货模式外，随着跨境电商物流的发展，为了招揽平台业务或发展某一特定国家（地区）的物流线路，满足跨境电商卖家和跨境电商买家在物流方面的特别要求，一些主流跨境电商平台推出了一些物流服务项目。它们尽管不属于一种独立的发货模式，但引起了跨境电商卖家和跨境电商买家的注意，跨境电商卖家可根据自己的需要添加其中一个或多个项目。这里以全球速卖通为例，介绍其主要提供的物流服务项目。

① 添加物流服务项目。

打开全球速卖通网站，在"交易"—"物流"栏目下单击"物流服务"选项，出现图 3-28所示的物流服务项目界面。

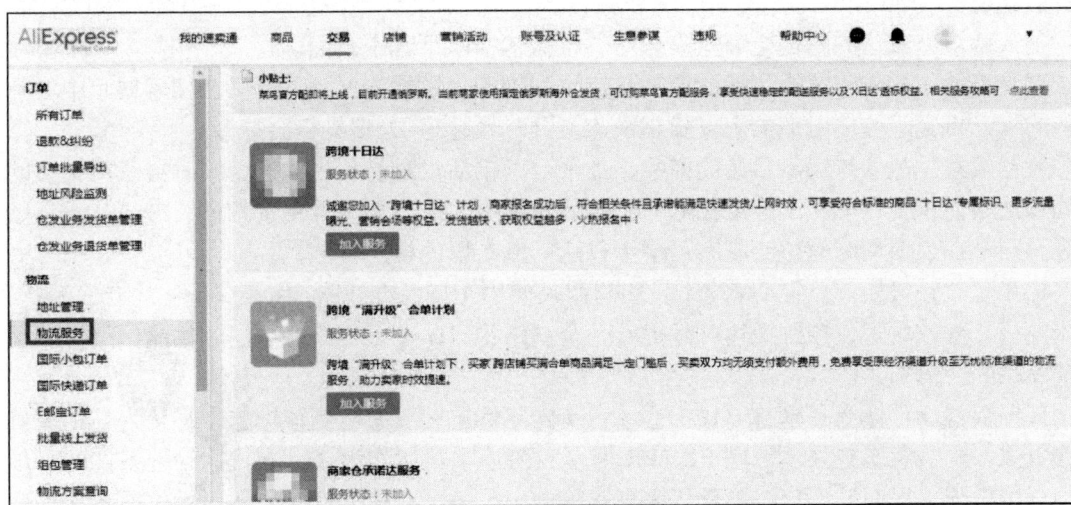

图 3-28　物流服务项目界面

卖家在选择适合自己的物流服务项目之前，可查看该项目的详情，包括服务说明、卖家权益、攻略和流程等。例如，选择"商家仓承诺达服务"，单击"加入服务"按钮，在"商家仓承诺达服务"界面中单击"立即加入该服务"按钮，在弹出的"操作提示"对话框中单击"确定"按钮即可，如图3-29所示。

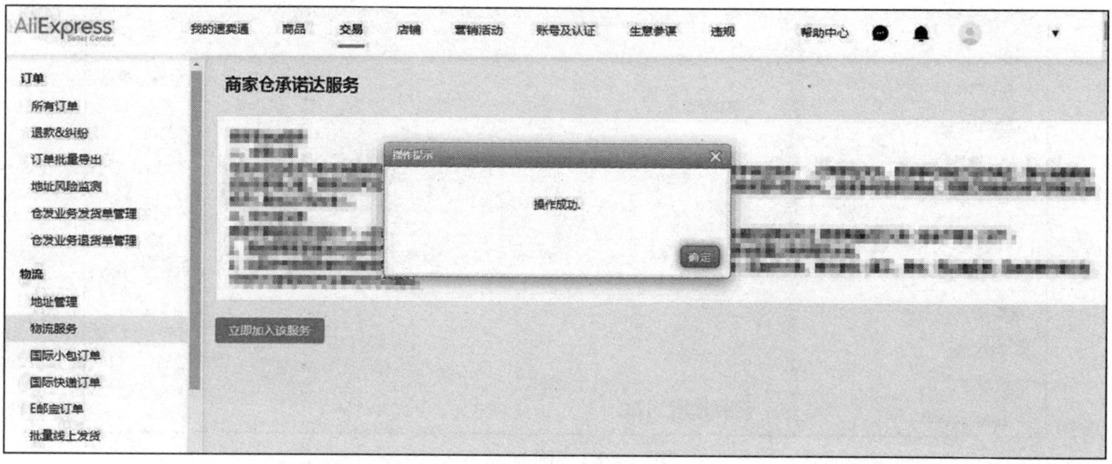

图 3-29 加入"商家仓承诺达服务"

目前，全球速卖通提供的物流服务项目包括跨境十日达、跨境"满升级"合单计划、商家仓承诺达服务等。

② 跨境十日达。

跨境十日达是全球速卖通为鼓励跨境电商卖家提高发货速度，提升跨境电商买家购物体验并促进回购，联合菜鸟推出的一项物流服务项目。针对报名"跨境十日达"的跨境电商卖家，系统将筛选其店铺中符合标准（72小时内上网率高于80%）的跨境直发商品，跨境电商卖家确认后，这些商品将获得额外的打标、曝光等权益，菜鸟将免费为其提供无忧标准线路服务，以缩短物流时效（从支付到送达约10个工作日，具体以商品详情页展示的预计送达时间为准）。

加入跨境十日达的跨境电商卖家获得的权益包括以下几个方面。

曝光权益。加入跨境十日达的商品具有较强的确定性物流保障，在平台搜索展示中会有更多的曝光机会，跨境电商卖家发货越快（上网时效越短），曝光机会越多。

营销权益。加入跨境十日达的商品参加平台营销活动时将优先入选，同时会获得更多的导购频道曝光机会，如法国国家频道"十日达"楼层、西班牙全球精选频道、Flash Deals 频道等，同时在大促期间有机会享有跨境十日达商品专属的楼层资源。

物流时效升级权益。加入跨境十日达的商品使用无忧标准线路，由菜鸟优化的专线派送，物流升级，时效更短，预计送达时间提升至全链路约 10 个工作日，更快的物流保障提高了跨境商品的转化率。

打标权益。打标商品享有"10-Day Delivery"标志，买家看到该标志，将认为其物流确定性更强，购买意愿更强。一是 FILTER 展示，跨境十日达作为 3～10 日达筛选条件的一部分，直接用于主界面的推广，帮助买家直接筛选出跨境十日达的商品，从而优化展示和推广的效果。二是下单链路标志透出，加入跨境十日达的打标商品会在 AE 的商品详情页、购物车页面和支付成功页面上显示"10-Day Delivery"标志，从而不断强化买家的物流时效感受。加入跨境十日达的跨境电商卖家操作流程如图 3-30 所示。

STEP 01 登录后台（进入 交易—物流服务—跨境十日达）同意并签署跨境十日达规定协议

STEP 02 系统自动为参与项目的卖家进行圈品和前台透标表达

STEP 03 买家下单跨境十日达打标商品（且选择无忧标准线路）

STEP 04 卖家在48小时内组包完成或者在72小时内上网（且选择无忧标准线路发货）

STEP 05 平台物流时效缩短，买家更快收到包裹

图 3-30　加入跨境十日达的跨境电商卖家操作流程

③ 跨境"满升级"合单计划。

跨境"满升级"合单计划又称无忧合单升级提速计划，它是全球速卖通联合菜鸟推出的一项物流提速项目，主要针对发往跨境"满升级"合单计划面向的国家（地区），如西班牙和法国的商品，买家单次购买合单商品（支持跨店铺）的金额达到一定门槛（超过 5 美元）即可合单成功，符合条件的订单和对应的包裹将从经济渠道服务免费升级为无忧标准渠道服务；而跨境电商卖家无须更换物流渠道。该计划可助力卖家缩短物流时效、降低物流成本；同时，参加跨境"满升级"合单计划并通过考核的商品，将得到平台重点营销资源和物流扶持，以帮助卖家快速拓展重点市场。

④ 商家仓承诺达服务。

商家仓承诺达服务对跨境电商卖家在发货、到货等时效方面的能力进行展示，强化对跨境电商买家的时效承诺。跨境电商卖家时效可在购买全过程及各个交易环节向跨境电商买家直接展示，促使跨境电商买家做出购买决策，帮助跨境电商卖家提高成交转化率。参与该项目的商品，根据订购服务内容可获得 X 日达标志（具体以订购为准）。跨境电商卖家可享受的权益包括：X 日达标志会提升商品的搜索推荐流量等级，同时海外仓活动针对获得 X 日达标志的商品提供专属的招商资源。跨境电商卖家需履行的义务如下。

需按照商家仓承诺达服务的有关规则，对仓库信息、商品信息、运费模板等信息进行系统配置，具体配置以系统提示为准。

如未按照承诺时间完成商品送达，跨境电商买家发起投诉，则每笔订单赔偿 3 美元，但在出现因自然灾害、意外事件及其他不可抗力造成货物无法准时交付的情况时可免除赔偿。中国商家承诺达线路如图 3-31 所示。

除了中国以外，英国、西班牙、法国、波兰、比利时、捷克、德国、巴西、沙特阿拉伯、美国等国家（地区）也开展了承诺达物流服务项目，境外商家承诺达线路如图 3-32 所示。

承诺达线路的开通操作主要包括 4 个步骤：配置运费模板，声明发货 ERP 配置，签订承诺达协议，报名并开通承诺达线路。

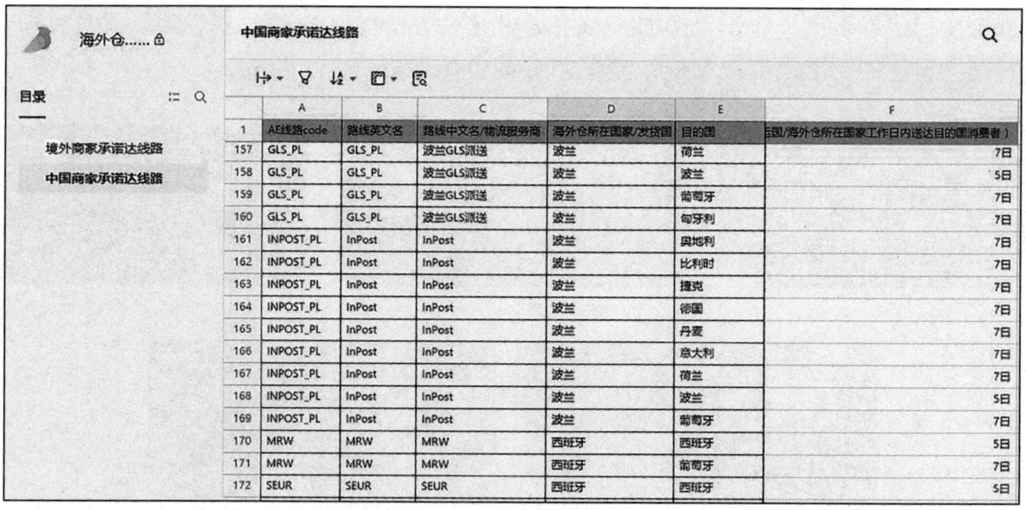

	A	B	C	D	E	F
1	AE线路code	路线英文名	路线中文名/物流服务商	海外仓所在国家/发货国	目的国	货国/海外仓所在国家工作日内送达目的国消费者）
157	GLS_PL	GLS_PL	波兰GLS派送	波兰	荷兰	7日
158	GLS_PL	GLS_PL	波兰GLS派送	波兰	波兰	5日
159	GLS_PL	GLS_PL	波兰GLS派送	波兰	葡萄牙	7日
160	GLS_PL	GLS_PL	波兰GLS派送	波兰	匈牙利	7日
161	INPOST_PL	InPost	InPost	波兰	奥地利	7日
162	INPOST_PL	InPost	InPost	波兰	比利时	7日
163	INPOST_PL	InPost	InPost	波兰	捷克	7日
164	INPOST_PL	InPost	InPost	波兰	德国	7日
165	INPOST_PL	InPost	InPost	波兰	丹麦	7日
166	INPOST_PL	InPost	InPost	波兰	意大利	7日
167	INPOST_PL	InPost	InPost	波兰	荷兰	7日
168	INPOST_PL	InPost	InPost	波兰	波兰	5日
169	INPOST_PL	InPost	InPost	波兰	葡萄牙	7日
170	MRW	MRW	MRW	西班牙	西班牙	5日
171	MRW	MRW	MRW	西班牙	葡萄牙	7日
172	SEUR	SEUR	SEUR	西班牙	西班牙	5日

图 3–31　中国商家承诺达线路

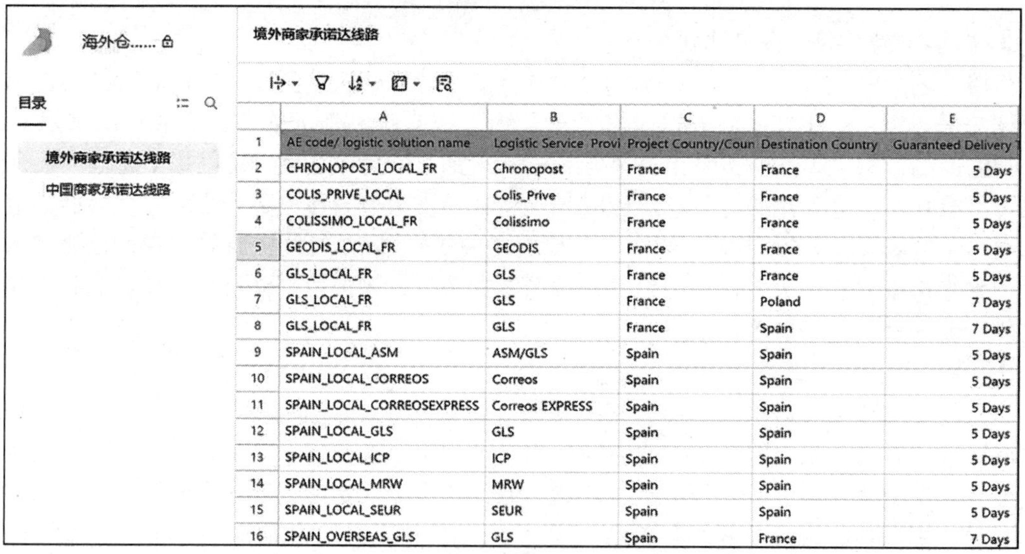

	A	B	C	D	E
1	AE code/ logistic solution name	Logistic Service Provi	Project Country/Coun	Destination Country	Guaranteed Delivery T
2	CHRONOPOST_LOCAL_FR	Chronopost	France	France	5 Days
3	COLIS_PRIVE_LOCAL	Colis_Prive	France	France	5 Days
4	COLISSIMO_LOCAL_FR	Colissimo	France	France	5 Days
5	GEODIS_LOCAL_FR	GEODIS	France	France	5 Days
6	GLS_LOCAL_FR	GLS	France	France	5 Days
7	GLS_LOCAL_FR	GLS	France	Poland	7 Days
8	GLS_LOCAL_FR	GLS	France	Spain	7 Days
9	SPAIN_LOCAL_ASM	ASM/GLS	Spain	Spain	5 Days
10	SPAIN_LOCAL_CORREOS	Correos	Spain	Spain	5 Days
11	SPAIN_LOCAL_CORREOSEXPRESS	Correos EXPRESS	Spain	Spain	5 Days
12	SPAIN_LOCAL_GLS	GLS	Spain	Spain	5 Days
13	SPAIN_LOCAL_ICP	ICP	Spain	Spain	5 Days
14	SPAIN_LOCAL_MRW	MRW	Spain	Spain	5 Days
15	SPAIN_LOCAL_SEUR	SEUR	Spain	Spain	5 Days
16	SPAIN_OVERSEAS_GLS	GLS	Spain	France	7 Days

图 3–32　境外商家承诺达线路

为指引跨境电商卖家更好地使用该服务项目，全球速卖通提供了相应的学习课程及详细的《跨境电商卖家承诺达操作手册》供跨境电商卖家下载，并推出了承诺达跨境电商卖家咨询群供跨境电商卖家在线咨询。

2. 线下发货

线下发货，即跨境电商卖家通过与跨境电商物流服务商合作发货，将货物交给跨境电商物流服务商，由跨境电商物流服务商负责货物的运输。在这种发货模式下，卖家直接与物流服务商对接，物流服务商的积极性会更强，更愿意承揽和开发此类客户。虽然不同的物流服务商提供的物流服务不全部相同，但是也有一些共同之处，例如可以提供跨境电商海运、跨境电商空运、跨境电商快递、跨境电商专线及跨境电商邮政小包等各种跨境电商物流服务，能够满足不同类型与不同规模的卖家的物流需求。线下发货由卖家自行寻找货代公司，线上发货与线下发货的主要区别如表 3-2 所示。

表 3-2   线上发货与线下发货的主要区别

区别	线上发货	线下发货
价格与渠道	平台可利用自身优势与物流服务商商谈一个非常有优势的价格，但渠道选择比较少，只能选择指定的物流服务商	价格随行就市，卖家主要依靠市场价格对比选择物流服务商，可以根据自身需要选择合适的物流服务商或代理商。有些货代公司还开设有一些特色渠道，如品牌货渠道
便捷性和安全性	有平台规则的约束，因跨境电商物流不力而产生的纠纷，平台能给予卖家方便，如不需要提供发货证明，相关订单可避免物流低评分等，可节省处理时间和改善账号服务等级；对跨境电商货物有严格要求，可有效避免海关查扣	针对线上不能发货的跨境电商货物，如带电电池或纯电池产品也能进行处理；对货物的要求没有线上发货那么严格，货代公司的上门揽收服务比较便捷灵活，但出现跨境物流纠纷时，卖家容易面临货代公司拖延、问题得不到处理的情况，同时会受到平台的限制及约束等
系统的对接	与平台的后台系统或平台提供的第三方软件和 API 接口对接	卖家的 ERP 系统可与物流服务商或者货代公司的内部系统实现对接

（1）线下发货的优势

线下发货的优势主要表现在以下几个方面。

① 物流渠道更丰富，有广泛的选择。

② 卖家能获得更专业、贴心的服务。

③ 价格更低，能节省成本。

④ 卖家直接跟物流服务商对接，对货物的操作都是符合物流服务商要求的；卖家直接跟物流服务商结算，货物有问题时处理起来也更直接。物流服务商无须重新打印地址标签与报关单等，直接把货物收入与发出即可。

（2）线下发货的劣势

线下发货的劣势主要表现在以下几个方面。

① 卖家需要重新注册账户，手续烦琐。

② 市场上物流服务商实力参差不齐，如果物流服务商选择不当，就会导致很多运输过程中的麻烦，如索赔不利甚至货物丢失、客户投诉等。

（3）线下发货的分类

线下发货主要分为两种：一种是自发货，另一种是一件代发。

① 自发货（Fulfilment By Merchant，FBM）。自发货就是卖家自己备货、发货，这种发货方式需要卖家有合作的物流服务商并且其能够提供完善的通关、缴税、物流服务，适用于一些有实力的卖家。

② 一件代发。一件代发又分为两种方式：一是卖家自己找可进行一件代发的货源平台进行 FBM，二是采用亚马逊的 FBM 和 FBA。亚马逊的 FBM 是指亚马逊仅作为销售平台，卖家需要解决从境内将货物送给境外买家的问题；FBA 代表的是卖家提前备货至亚马逊仓库，订单达成后，亚马逊负责从仓库中将相应货物派送至买家。亚马逊推荐物流服务商出口易是一家专业的国际仓储与配送物流服务的运营商，也是中国首家专注于境外仓储及配送服务的物流服务商。它以境外仓储为核心，不但提供全程的物流解决方案，而且提供 FBA 头程和国际邮政、国际快递、国际专线、境外仓储派送的 FBM 物流服务。在亚马逊的 FBM 和 FBA 中，亚马逊的 FBM 相对比较简单，卖家只要将货物交给出口易就行，后面的工作由出

口易完成；FBA相对复杂一些，且容易出错，这是因为亚马逊不负责清关，不提供由卖家所在地派送至亚马逊仓库的服务，卖家需要自己解决从境内送货至亚马逊仓库的报关、清关、缴税的问题。新手在做跨境电商时，最好找一个一件代发的货源平台，等后期货物订单量较大时，再逐步使用亚马逊的FBM和FBA。

在线下发货中，还有一种比较特别的发货方式叫作仓储代发货，即卖家将货物提前存放在物流服务商的仓库中，将物流服务商的仓库作为储存地、临时仓，当有订单时直接在物流系统中下单，货物由物流服务商直接发出。

（4）线下发货的流程

进行线下发货时，物流服务商负责货物的运输，线下发货流程比较简单，如图3-33所示。

图3-33　线下发货流程

为了让发货更加快速高效，卖家应尽量选择线上发货。在线下发货时，从采购、质检到打包、发货等一系列环节都需要卖家和物流服务商密切配合，才能给买家提供更好的体验。双方典型的工作配合流程如表3-3所示。

表3-3　　　　　　　　　卖家与物流服务商典型的工作配合流程

对接时段	卖家	物流服务商
10：00—12：00	1. 跟物流服务商核对前一日收货情况 2. 反馈新的问题件，提出查件要求或索赔要求 3. 提出物料需求数量	1. 配合客户核对前一日收货情况 2. 配合客户查件及处理索赔事宜 3. 准备物料（条码、签条、包装材料等） 4. 整理海关退件或境外退件
14：00—16：00	1. 制作订单 2. 整理退件	开始上门揽收或接受客户现场打包、发货
16：00—18：00	完成订单制作、质检、配货、打包	完成上门揽收
18：00—20：00	按不同物流渠道将包裹分类	送前一天积累的退件，为客户送当天订购的物料，收取装运打包好的包裹

3. 海外仓发货

海外仓发货是指把货物放在跨境电商买家所在地或邻近国家（地区）的仓库，买家从平台或其他渠道购买货物时，货物可以直接从该仓库发到买家手中。它是为卖家在销售目的地提供的集仓储、分拣、包装和派送于一体的一站式控制与管理服务。海外仓可分为自建海外仓和租赁海外仓。自建海外仓是指企业在境外自行建设仓库，用于存放、管理货物。租赁海外仓是指企业租用位于境外的仓库。使用海外仓时，卖家需要提前将货物存放至海外仓并与当地物流服务商合作，当有订单时直接从海外仓发货，快速将货物送达买家手中。

全球速卖通的海外仓有官方仓、认证仓和第三方海外仓3种，不同类型的海外仓的要求是不同的。官方仓又叫菜鸟官方海外仓，是全球速卖通和菜鸟网络共同推出的，它可以为卖家提供境外的仓储管理、货物分发、本地配送、售后赔付等方面的服务，目前全球速卖通只针对西班牙、法国、比利时及波兰等少数国家（地区）推出了官方仓。官方仓的货物运输时效更短、服务也更有保障，可以大大提升买家的购物体验，费用主要由仓储费、尾程派送费、多件费、增值服务费组成，整体费用比市场主流费用低 10% 左右。认证仓是全球速卖通和菜鸟网络推出的另一种海外仓服务项目，其使用前提是卖家要先自行备货至认证仓，然后才可以进行订购，订购货物会被打上"Fast shipping"标志，后续再通过 BMS（Billing Management System，费用管理系统）进行管理。目前已有的认证仓及其接入的国家（地区）如下：4PX（已接入美国、英国、德国、西班牙、捷克、波兰、比利时）、万邑通（已接入英国、美国、德国）、IML（已接入俄罗斯）和谷仓（已接入英国、美国、捷克、法国）。卖家可以根据自己的需要选择适合自己的认证仓。第三方海外仓指的是卖家与指定的其他海外仓合作并进行管理的服务项目，使用第三方海外仓的卖家在订购"承诺达"服务之后，可以通过为产品打上"X 日达"标志来有效提升产品的竞争力，吸引买家购买。目前，"承诺达"服务覆盖西班牙、法国、波兰、比利时、捷克、德国、巴西、美国等国家（地区）。

（1）海外仓发货的优势

海外仓发货的优势表现在以下几个方面。

① 物流时效短，买家下单后卖家只需在海外仓系统中下达发货指令即可实现本地派送，能为卖家提供良好的邮寄服务。

② 在一定程度上可以降低物流成本，提高产品利润。例如，卖家可以避开跨境电商物流高峰时段，淡季在海外仓囤货，然后定期或不定期补货。

③ 使用海外仓业务，不仅可以实现一件代发，而且处理退换货问题也十分便捷，可有效提升买家购物体验，有利于卖家获得更多的好评，增加产品曝光。

④ 若卖家账户出现问题或发生标签贴错等情况，卖家可将产品发到海外仓，更换标签后重新售卖。

（2）海外仓发货的劣势

海外仓发货的劣势表现在以下几个方面。

① 需要支付租金、操作费、处理费、人员费。

② 会占用大量资金，对卖家的资金实力要求较高。

③ 如果是租赁海外仓，卖家无法像管理自己的仓库一样管理海外仓，货物发到海外仓后，卖家无法接触到货物，也就无法对其实施有效管理。

（3）海外仓发货的流程

海外仓发货流程中有 3 个重要节点：一是头程运输，即跨境电商卖家通过跨境电商海运、跨境电商空运、跨境电商陆运或者跨境电商国际多式联运将跨境电商货物运送至海外仓；二是订单处理，跨境电商卖家通过物流信息系统，远程操作海外仓货物，实时进行订单处理；三是本地配送，海外仓根据订单信息，通过当地邮局或快递将跨境电商货物配送给跨境电商买家。通常情况下，跨境电商平台会提供专门的海外仓发货通道，需要跨境电商卖家向平台申请开通该项服务。跨境电商卖家申请开通该项服务后，首先要在物流模板里增加发货地，然后通过头程运输（通常为海运）向目的地仓库定期或不定期发运货物，当订单产生后，卖家可以通过海外仓系统在线处理订单，实现本地派送。海外仓发货流程如图 3-34 所示。

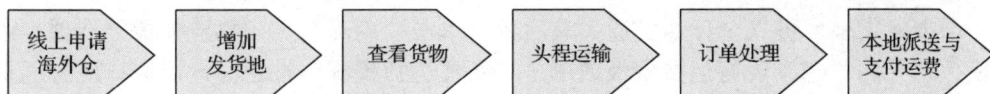

线上申请海外仓　→　增加发货地　→　查看货物　→　头程运输　→　订单处理　→　本地派送与支付运费

图 3-34　海外仓发货流程

下面以南京某公司开发的全球速卖通虚拟仿真系统 V3.0 为例，讲解跨境电商海外仓发货的线上操作流程。

① 线上申请海外仓。在全球速卖通卖家后台单击"交易"标签，在左侧菜单栏中选择"我有海外仓"选项，在弹出的界面中显示当前开通海外仓的数量，如当前开通海外仓 0 个，则单击"去创建"按钮，如图 3-35 所示。

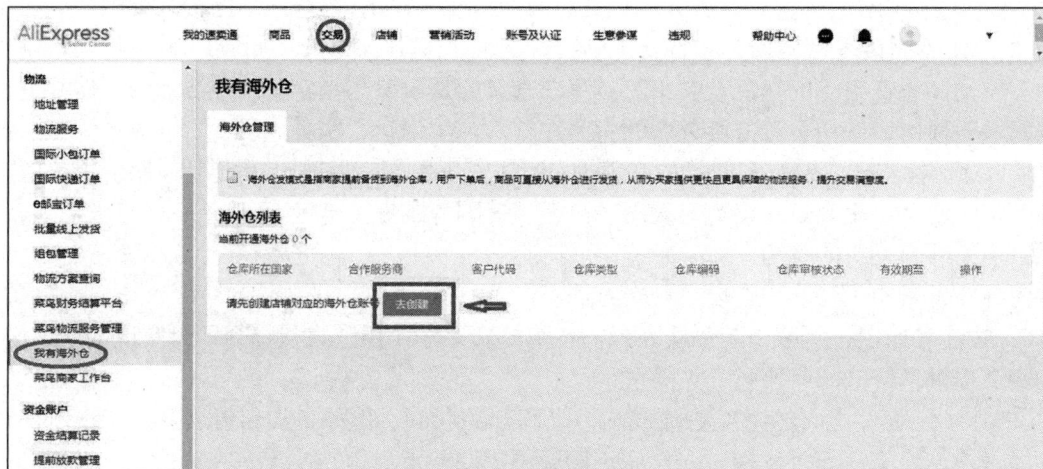

图 3-35　申请开通海外仓

系统跳转至"云仓互联"注册界面，显示用户名、密码，填写邮箱、验证码，即可进行线上海外仓的申请，然后单击"注册"按钮，如图 3-36 所示。

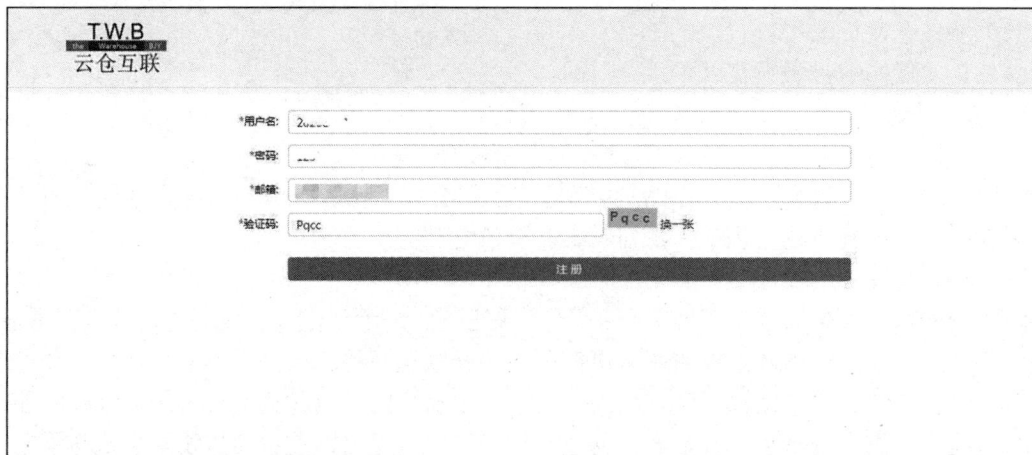

图 3-36　填写注册信息

申请开通海外仓后，系统会自动跳转至"云仓互联"主界面，在此界面中选择"申请发货地设置权限"选项，单击"申请"按钮，在弹出的界面中单击"资料审核"按钮并签署协议，申请成功后，按照网站提示顺序依次完成海外仓的申请流程，申请成功后如图 3-37 所示。

② 增加发货地。进入全球速卖通卖家后台，单击"商品"—"物流模板"选项，进入"运费模板"界面，选择现有运费模板或单击"新建运费模板"按钮。这里选择现有运费模板，单击"编辑"超链接，如图 3-38 所示，进入编辑运费模板界面。单击模板名称下方的"增

加发货地"按钮，如图 3-39 所示。

图 3-37　申请成功

图 3-38　编辑运费模板

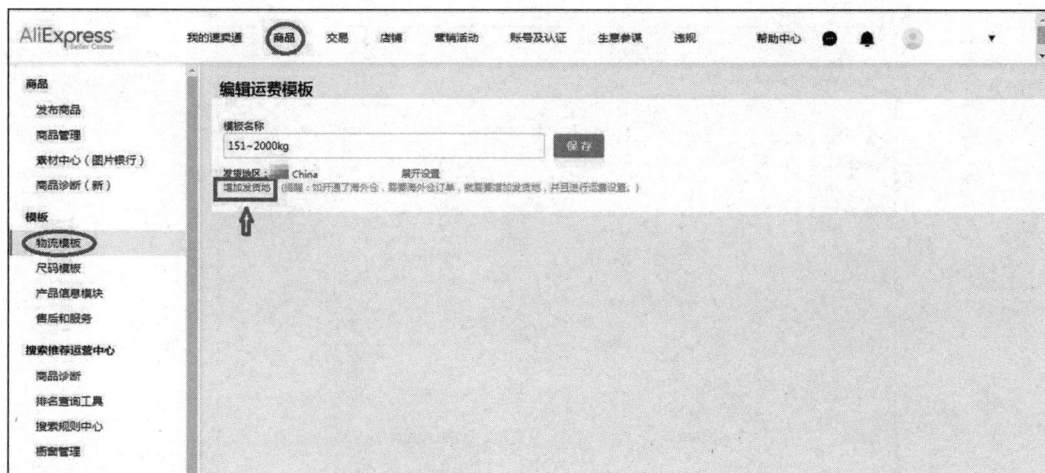

图 3-39　单击"增加发货地"按钮

在弹出的对话框中选择发货地，单击"确认"按钮，如图 3-40 所示，完成发货地的添加。

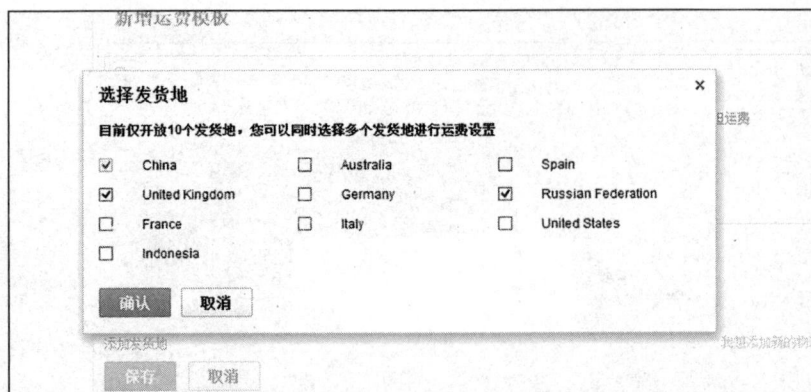

图 3-40　选择发货地

③ 查看货物。进入"云仓互联"主界面，单击"境外配舱"标签，进入图 3-41 所示的界面。

图 3-41　"境外配舱"界面

选择已开通的海外仓，单击"查看货物"按钮，可查看该海外仓的库存和出入库记录，如图 3-42 所示。

中文名称	英文名称	产品编号	HS编码	库存	金额
日式格子衬衫	Japanese plaid shirt	ALE-003905	6106100090	34	CNY 43.66
婴儿套装	Baby suit	ALE-007467	6111200050	5	CNY 27.46
纯银项链	Sterling silver necklace	ALE-009903	7113119090	32	CNY 24.44
波西米亚项链	Bohemian necklace	ALE-009931	7113119090	34	CNY 36.72
男士运动石英腕表	Men's sports quartz watch	ALE-010331	9102210090	22	CNY 11.31
贝雷帽	Berets	ALE-017484	6506999000	29	CNY 22.91
贝雷帽	Berets	ALE-017485	6506999000	31	CNY 12.05
女式百褶裙	Women's pleated skirt	SM-169	6204530090	3	CNY 41.73

图 3-42　查看货物库存和出入库记录

④ 头程运输。选择产品编号并填写发出的产品数量后，系统会给出本次运输总费用，如图 3-43 所示。

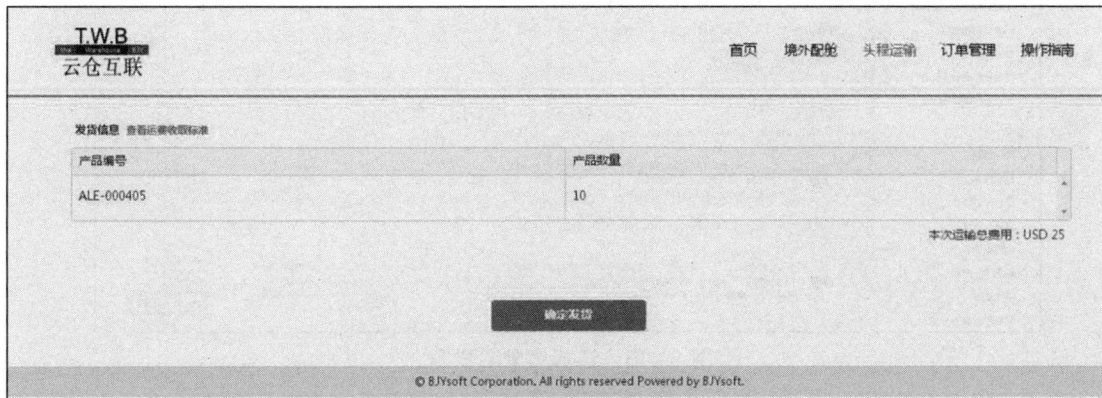

图 3-43　查看运输总费用

单击"确定发货"按钮，系统会显示操作时间、目的仓库、费用、状态及预计到达时间，如图 3-44 所示。

图 3-44　头程发货

⑤ 订单处理。对于满足海外仓发货条件的产品，买家下单并选择海外仓发货之后，卖家可在全球速卖通卖家后台单击"交易"—"所有订单"选项，发货未完成产品的"订单状态"栏会提示"请从海外仓发货"，如图 3-45 所示。

买家选择了发货地后，系统在接受买家订单时会自动匹配指定国家（地区）的海外仓。订单产生后，卖家在云仓互联的"订单管理"项下可查看订单列表，并进行订单发货管理，结果如图 3-46 所示。

⑥ 本地派送与支付运费。在海外仓储中心单击"订单列表"选项可以查看订单的详细信息，如图 3-47 所示。

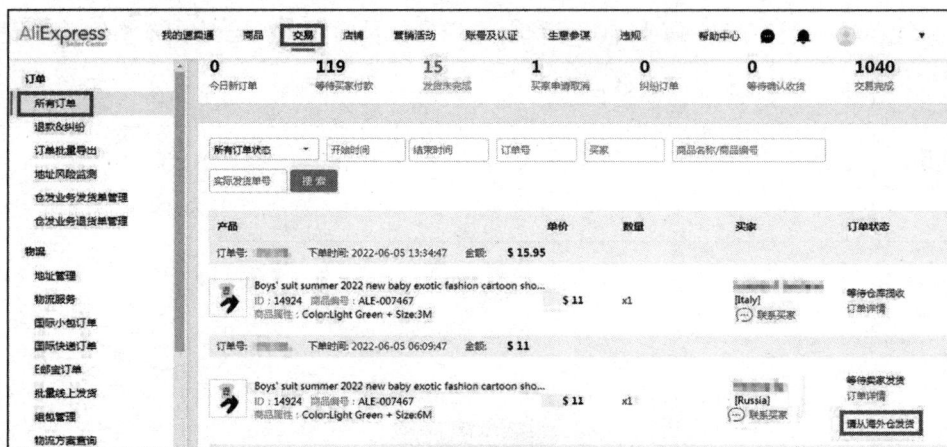

图 3-45　选择海外仓发货

图 3-46　海外仓订单发货管理

图 3-47　订单列表

　　海外仓储中心根据订单信息，通过当地邮局或快递公司将产品配送给跨境电商买家，各国（地区）跨境电商物流服务商的操作不尽相同。当地派送费用又称二程派送费用，是指跨境电商买家下单后，由海外仓储中心完成打包并将产品配送给跨境电商买家所产生的费用。

三、常用跨境电商平台物流

1. 全球速卖通

（1）全球速卖通物流特点

目前，全球速卖通支持的物流方式主要有商业快递、EMS 以及邮政航空包裹。其中，商业快递包括四大商业快递（UPS、DHL、FedEx、TNT），EMS 包括 EMS 特快专递及中速快递，邮政航空包裹包括中国邮政航空大小包和中国香港邮政航空大小包。全球速卖通物流分为"经济类物流""简易类物流""标准类物流""快速类物流"4 种，其特点如表 3-4 所示。

表 3-4　　　　　　　　　　　　　全球速卖通物流特点

类型	特点
经济类物流	运费低，目的国（地区）包裹妥投信息不可查询，适合运送货值低、重量小的商品，仅支持线上发货
简易类物流	简易类物流中的邮政简易挂号服务，支持查询包含妥投或买家签收在内的关键环节物流追踪信息
标准类物流	包含邮政挂号服务和专线类服务，全程物流追踪信息可查询
快速类物流	包含商业快递服务和邮政提供的快递服务，时效性强，全程物流追踪信息可查询，适合运送高货值商品

（2）全球速卖通的物流规则

全球速卖通物流针对发货超时与申请退款、发货物流方式、物流保护政策等有专门的规定。

① 关于发货超时与申请退款的规定。

自买家付款成功之时起的备货期内，卖家如果无法及时发货，可以与买家协商由买家提交延长卖家备货期的申请，卖家需在协商期限内发货；如果卖家在备货期内没有全部发货，则订单会因发货超时而关闭，卖家须将货款全额退还给买家。

如果买家确认收货超时，自卖家声明全部发货之时起，买家须在卖家承诺的运达时间前确认收货（如果卖家承诺的运达时间早于平台的默认值，则以平台的默认值为准），其间卖家应与买家及时沟通收货情况；如果买家确实一直未收到货物，可以由卖家延长收货时间；如果买家一直未确认收货且未申请退款，则该订单被视为买家确认收货超时且交易完成。

自卖家声明全部发货后，如卖家承诺的运达时间少于 10 天（自然日，如无特殊说明），则在卖家发货后买家就可以申请退款；如卖家承诺的运达时间多于或等于 10 天，则在卖家发货 10 天后买家可以申请退款。

② 关于发货物流方式的规定。

卖家可自主选择发货时采用的物流方式，包括菜鸟无忧物流或其他的线下物流方式。部分国家（地区）对物流方式有特殊规定的，卖家应按照相关规定进行选择。如买家自行选择物流方式，卖家发货时所选用的物流方式必须是买家所选择的，未经买家同意，卖家不得更改物流方式。卖家填写发货通知时，所填写的运单号必须完整、真实、准确，并可查询。同时，为保证经营秩序和买家体验，对于特殊市场的订单，卖家应按平台所列物流政策选择物流方式（海外仓不受该物流政策影响）。

③ 关于物流保护政策的规定。

采用线上发货的订单，若产生"DSR 物流服务 1、2、3 分"和由于物流原因引起的"纠纷提起""仲裁提起""卖家责任裁决率"，平台会对该笔订单的这 4 项指标进行免责处理（即不记入平台相关考评）；因物流问题产生的纠纷（如卖家正确填写地址，但妥投地址错误），卖家可发起线上发货投诉。

采用菜鸟无忧物流发货的订单，若产生"DSR 物流服务 1、2、3 分"和由于物流原因引起的"纠纷提起""仲裁提起""卖家责任裁决率"，平台会对该笔订单的这 4 项指标进行免责处理；因物流问题产生的纠纷，直接由平台介入核实物流状态并判责；因物流问题导致的纠纷退款，由平台承担（标准类物流赔付上限为 800 元，快速类物流赔付上限为 1200 元）。

2. FBA

FBA 即亚马逊物流，是亚马逊仓库提供的代发货服务，即亚马逊将自身平台开放给第三方卖家。亚马逊将第三方卖家库存纳入亚马逊全球物流网络，为其提供拣货、包装及终端配送服务，亚马逊则收取服务费用。

卖家把自己在亚马逊上销售的产品库存直接送到亚马逊当地市场的仓库中，买家下单后由亚马逊的系统自动完成后续的发货。由于亚马逊本身不负责清关和将货物从卖家所在地派送至亚马逊仓库，因此会涉及 FBA 头程服务，即从卖家所在地将货物运至亚马逊仓库的服务。FBA 头程服务包括运输、报关、清关等流程，常用的发货方式为直发快递、FBA "空运+派送"、FBA "海运+派送" 等。

① 直发快递。这是指使用 DHL、UPS、FedEx 等国际商业快递，一般 20kg 以上的货物有价格优势，时效短，适用于紧急补货的情况。国际商业快递都是免预约入库的，但是亚马逊不作为清关主体，不负责清关和缴税，卖家一定要事先做好海关申报和关税预付，并且提前联系好当地清关进口商。

② FBA "空运+派送"（俗称 FBA 专线）。货物先空运到当地，再使用当地快递派送至亚马逊仓库，时效短，比直发快递略微慢一些，快递是免预约入库的，非常方便。现在市面上的 "空运+派送" 一般是双清包税的，卖家不需要做关税预付等，费用很低。

③ FBA "海运+派送"。该方式的派送时效略长，境外派送分为卡车派送和快递公司派送。该方式的海运头程全程价不含税，一次发货量较大，在价格上有优势；但物流耗时长，往往需要一个多月，仅适合不紧急情况下的补货操作。此外，货物到达目的地之前，卖家需要提前做好入库预约工作，因此该发货方式较直发快递复杂，且货物送达目的地后需通过使用拖车送往亚马逊仓库。

自学自测 ↓

一、单选题

1. 在跨境电商物流中通常用于对陶瓷制品、竹木制品起固定作用的外包装是（　　）。
   A. 气泡信封　　　　B. 泡沫箱　　　　C. 气柱袋　　　　D. 木架

2. 有一个邮政包裹的跟踪号为 AQ123456789CN，则它代表的邮件类别为（　　）。
   A. 平邮小包　　　　B. EMS　　　　C. 挂号小包　　　　D. 邮政大包

3. 最快捷、时效接近商业快递的线上发货类型是（　　　　）。

    A. 优选型　　　　　B. 简易型　　　　　C. 经济型　　　　　D. 标准型

4. 新手在做跨境电商时，最好先从较稳妥的一件代发方式开始做起，这种方式是（　　　　）。

    A. 使用亚马逊的 FBM　　　　　　　　B. 找一个一件代发的货源平台

    C. 使用 FBA　　　　　　　　　　　　D. 无法确定

5. 全球速卖通目前只针对西班牙、法国、比利时及波兰等少数国家（地区）推出的海外仓类型是（　　　　）。

    A. 官方仓　　　　　B. 认证仓　　　　　C. 第三方海外仓　　　　　D. 特定海外仓

6. 买家单次购买合单商品（支持跨店铺）的金额达到一定门槛（超过 5 美元）的订单和对应的包裹，可以从经济渠道服务免费升级为无忧标准渠道服务，而跨境电商卖家无须更换物流渠道。这项服务称为（　　　　）。

    A. 跨境十日达　　　　　　　　　　　B. 商家仓承诺达计划

    C. 跨境"满升级"合单计划　　　　　D. 跨境承诺达

7. FBA 头程服务常用的发货方式中，需要提前做好海关申报和关税预付，并且提前联系好当地清关进口商的是（　　　　）。

    A. 直发快递　　　　　　　　　　　　B. FBA "空运+派送"

    C. FBA "海运+派送"　　　　　　　　D. 中欧班列

二、多选题

1. 在跨境电商物流中，气泡膜是发运大件商品不可或缺的一种双层塑料膜包装材料。根据其用料可分为（　　　　）。

    A. 单颗粒气泡膜　　　　　　　　　　B. 双颗粒气泡膜

    C. 全新料气泡膜　　　　　　　　　　D. 再生料气泡膜

2. 快递面单的常规尺寸包括（　　　　）。

    A. 217mm × 127mm　　　　　　　　　B. 230mm × 127mm

    C. 230mm × 140mm　　　　　　　　　D. 240mm × 150mm

3. 线上发货的优势有（　　　　）。

    A. 平台作为第三方可全程监督物流服务商的服务，使卖家获得更多服务保障

    B. 操作简单、方便

    C. 物流服务较为完善

    D. 物流渠道丰富，有较多选择

4. 线下发货的方式包括（　　　　）。

    A. 自发货　　　　　B. 一件代发　　　　　C. 仓储代发货　　　　　D. 网上代发货

5. 全球速卖通物流分为（　　　　）。

    A. 经济类物流　　　　B. 简易类物流　　　　C. 标准类物流　　　　D. 快速类物流

6. FBA 头程服务常用的发货方式有（　　　　）。

    A. 直发快递　　　　B. FBA 专线　　　　C. FBA 联运　　　　D. FBA "海运+派送"

7. 全球速卖通的海外仓类型主要有（　　　　）。

    A. 官方仓　　　　B. 认证仓　　　　C. 第三方海外仓　　　　D. FBM

8. 加入跨境十日达的跨境电商卖家获得的权益包括（　　　　）。

    A. 曝光权益　　　　B. 营销权益　　　　C. 物流时效升级权益　　　　D. 打标权益

三、名词解释

1. 快递面单
2. 海外仓
3. 线上发货
4. 线下发货

四、简答题

1. 线上发货和线下发货的主要区别有哪些？
2. 简述海外仓发货流程。
3. 全球速卖通对于发货时采用的物流方式有哪些具体规定？

项目实训

本次实训要求学生熟悉跨境电商物流包装材料的运用，掌握线上发货的具体流程，掌握必备的岗位技能。

任务一 设计包装方案 ↓

四川省成都市温江区花农张某在某跨境电商交易平台收到一笔 1.5kg 干燥花的订单。他委托四川中欧国际物流有限公司跨境电商物流专员李莎处理此单业务。请各小组结合本项目及所学跨境电商物流知识，帮助李莎完成货物重量不超过 2kg 的中邮小包包装设计。订单运输目的地为巴西圣保罗市，查询中邮小包资费，完成包装材料的选择、外包装标签的制作与粘贴、打包，以及运费的计算等一系列工作，具体完成要求如下。

（1）根据实际需要选择合适的包装材料。
（2）预估打包之后的运费。
（3）设计制作所需的各类外包装标签。
（4）利用准备的包装材料完成货物打包并粘贴外包装标签。
（5）计算打包货物的实际运费。
（6）对打包货物进行检验（现场进行暴力运输试验）、评比。

教师在课前可根据上述实训任务内容，进行教学活动方案的详细设计，如表 3-5 所示。

表 3-5 　　　　　　　　　　教学活动方案设计

教学环节	教师活动	学生活动	设计意图
任务发布			
选择包装材料			
制作外包装标签并正确填制			
打包、粘贴外包装标签			
检验与评比			

教学环节	教师活动	学生活动	设计意图
计算运费			
活动总结			

任务二　线上发货 ↓

在四川成都，大大小小的制鞋企业超 3000 家，他们通过阿里巴巴国际站、全球速卖通等跨境电商平台将产品远销世界各地。请你利用全球速卖通模拟平台完成一票货物订单的线上发货。任务要求如下。

1. 订单商品发布

登录 1688 跨境商品批发平台，选择某款女士长筒靴，将相关信息填入表 3-6 中。

表 3-6　　　　　　　　　　跨境电商订单商品的发布

品名	（例如：女士长筒靴）		
价格			
产品编号			
HS 编号			
产品属性			
包装尺寸			
产品图片			

2. 运费模板设置

根据已知的男士运动鞋的商品信息和物流资费表，设置运费模板。

根据全球速卖通的发货规则确定物流方式，如表 3-7 所示。

表 3-7　　　　　　　　　　全球速卖通的发货规则

收货国家（地区）	支付金额	经济类物流		简易类物流		标准类物流		快速类物流	
		线下发货	线上发货	线下发货	线上发货	线下发货	线上发货	线下发货	线上发货
俄罗斯	>5 美元	不可用	不可用	不可用	不可用	可用	可用	可用	可用
	≤5 美元且>2 美元	不可用	不可用	不可用	可用	可用	可用	可用	可用
	≤2 美元	不可用	可用	不可用	可用	可用	可用	可用	可用
美国	>5 美元	不可用	不可用	—	—	e 邮宝、全球速卖通无忧物流－标准可用，其他不可用（e 邮宝不支持寄送的特殊类目除外）		可用	可用
	≤5 美元	不可用	可用	—	—	可用	可用	可用	可用

收货国家（地区）	支付金额	经济类物流		简易类物流		标准类物流		快速类物流	
		线下发货	线上发货	线下发货	线上发货	线下发货	线上发货	线下发货	线上发货
西班牙	>5美元	不可用	不可用	不可用	不可用	全球速卖通无忧物流－标准可用，其他不可用（全球速卖通无忧物流－标准不支持寄送的特殊类目除外）		可用	可用
	≤5美元	不可用	中外运西邮经济小包可用，其他不可用	不可用	可用	可用	可用	可用	可用
法国、荷兰、智利	>5美元	不可用	不可用	—	—	全球速卖通无忧物流－标准可用，其他不可用（全球速卖通无忧物流－标准不支持寄送的特殊类目除外）		可用	可用
	≤5美元	不可用	可用	—	—	可用	可用	可用	可用
巴西、乌克兰、白俄罗斯	所有订单	不可用	不可用	—	—	可用	可用	可用	可用
其他国家（地区）	>5美元	不可用	不可用	—	—	可用	可用	可用	可用
	≤5美元	不可用	可用	—	—	可用	可用	可用	可用

结合商品特点和收货国家（地区），以"标准类物流"为例快速设置一个运费模板（301～2000g）。

3. 完成订单的线上发货

根据表3-7，结合运费模板，在全球速卖通模拟平台上完成商品的发布，等待客户下单。客户下单后，按照客户选择的物流方式完成线上发货。

项目评价 ↓

项目评价表

序号	项目内容		项目要求	项目评价			
				学生自评		教师评价	
				达标	未达标	达标	未达标
1	技能	跨境电商包装材料	能够根据具体商品正确选择包装材料				

续表

序号	项目内容		项目要求	项目评价			
				学生自评		教师评价	
				达标	未达标	达标	未达标
2	技能	跨境电商外包装标签	能够根据不同的物流服务商和运输方式要求制作和粘贴外包装标签				
3		跨境电商常用包裹	能够掌握各种跨境电商包裹的运输要求				
4		跨境电商线上发货	能够掌握线上发货的流程并完成订单的线上发货				
5		跨境电商线下发货	能够掌握线下发货的流程，能独立完成打包发货				
6		跨境电商海外仓发货	能够掌握海外仓发货的流程				
7		跨境电商平台物流	能够说出主要跨境电商平台的物流特点、物流规则				
8	素质	创新意识	能够举一反三，独立完成货物打包、发货等一系列工作				
9		合作精神	能够和团队成员协商，共同完成实训任务				
10		求真务实	能够认识自己的知识掌握程度和技能获得情况				

课后提升

一、大赛园地

目前，涉及跨境电商货物的发运操作的大赛主要是全国跨境电子商务技能大赛。

全国跨境电子商务技能大赛基于跨境电子商务高速发展、人才紧缺的背景，以跨境电子商务岗位需求为导向、以跨境电子商务技能为核心，综合考察参赛选手职业道德、职业素养、技术技能水平和创业能力，旨在快速提升跨境电子商务人才的培养水平，提升行业整体素质，探索"岗课赛证"综合育人模式。该大赛由中国商业联合会主办，截至 2021 年年底已连续举办了 3 届，包括 2019 年"畅享杯"全国新商科跨境竞赛、2020 年"畅享杯"全国跨境电子商务技能大赛和 2021 年"ITMC 杯"全国跨境电子商务技能大赛。竞赛内容包括跨境电子商务平台运营和跨境电子商务推广两个环节。

跨境电子商务平台运营环节内容：在竞赛平台允许的结构范围内，利用竞赛平台提供的素材和资源，完成跨境电子商务平台的开店考试、账号注册、后台设置、产品分组设置、图片处理与上传、模板设置、产品上传、店铺装修、营销活动设置、与买家沟通、订单发货、退货处理、订单评价等一系列操作。

跨境电子商务推广环节内容：在竞赛平台给定的运营预算内，为一家正在运营的店铺做一个周期的模拟推广活动，参赛选手需分析给定商品和关键词数据，根据分析结果进行搜索引擎营销（Search Engine Marketing，SEM），在推广资金预算的范围内获取尽可能多的曝光量、点击量和成交量，并提高点击率、转化率；进行搜索引擎优化（Search Engine Optimization，SEO），尽可能提高 SEO 得分。

跨境电商货物的发运操作主要体现在跨境电子商务平台运营环节中的订单发货部分，主要考察竞赛选手利用指定跨境电商平台物流系统进行货物发运的操作能力。

二、素质拓展与业务思考

1. 素质拓展

请结合国际经济、贸易大环境和地缘经济、政治因素，深入讨论跨境电商物流可能面临的困局，思考这些困局产生的原因和破解方法。在面对前所未有的困局时，作为一名跨境电商从业人员，应该具备怎样的定力和职业素质才能在风云变幻的国际环境中始终屹立潮头？

2. 业务思考

深圳市景云科技有限公司是深圳一家知名电池公司，拥有自主品牌，2015 年开始从事跨境电商业务。该公司相继在亚马逊、eBay 等平台上开通了店铺。其两款移动电源因造型奇特、容量大、续航能力强，在亚马逊日本站上的销量分别排在第 6 位和第 8 位。电池运输本身就比较困难，该公司以前都是通过订高价 DG（Danger）舱位将电池从中国香港运往大阪机场，后面因空运起火问题，导致线路关闭，断货 3 个月。深圳市景云科技有限公司高层有幸在 2019 年 7 月 5 日相识深圳市未半国际货运代理有限公司的李总，双方相谈甚欢。深圳市未半国际货运代理有限公司是做电池出口运输业务起家的，在日本东京和大阪有两个仓库专门存放电池，可提供一件代发与大批转运亚马逊仓库和仓储服务。

对于深圳市景云科技有限公司电池产品的运输问题，深圳市未半国际货运代理有限公司给出了两个解决方案。

（1）香港 UPS 红单快递。其可直达日本 11 个亚马逊仓库，全程运费为 20 元/kg 左右，其中包含加 DG 标志的危险品费用，是 UPS 提供的正规 DG 服务，安全有保障。日本乐天仓库大部分在东京。没有 UPS 直达的仓库，就在东京仓库进行中转，电池产品也如此。深圳市未半国际货运代理有限公司使用西浓快递运输，运费相当低，比之前使用香港 DG 空运的全程费用至少低 30%，而且时效缩短了 2～4 天。

（2）海运。深圳市景云科技有限公司有化学品安全说明书等文件，其提供的全套海运资料经船公司审核后无问题。因此，其可安排大批的货物采用海运的方式，而且海运的运费比红单快递的运费低了近 50%。虽然时效比红单快递延长了大约一个星期，但客户是可以接受的。

运输方案总结：红单快递安全有保障，全程可追踪，运费至少低 30%，时效缩短了 2～4 天；海运安全有保障，使用危险品柜子，也可全程追踪，运费比红单快递的运费低了近 50%，时效则延长了约一个星期。2020 年元旦，双方相互对各自工作做了总结，探讨了服务的延伸等各方面问题。深圳市景云科技有限公司根据 7—12 月的发货报表得出，仅 5 个月的运输费用就节省了 28 万元左右。在头程运输这块，一年可节省很多费用。

在接下来的探讨中，深圳市景云科技有限公司提出了其需求：亚马逊的仓库租金高，需降低；新账号采用自发货形式，雅虎和亚马逊自发货账号采用一件代发形式；部分货物需要代收货款；退货换标后可重新入库；退货入库服务应包含检测、维修、包装等事宜；不良品返回境内维修。深圳市未半国际货运代理有限公司承诺会一一满足，其海外仓可以提供退货换标、检测、维修、清点、包装、仓储中转、代收货款、不良品境内返修等服务。在这一系列的操作和实践中，深圳市未半国际货运代理有限公司在国际物流出口运输、海外仓服务和境内返修等方面，获得了深圳市景云科技有限公司的信任和支持。在海外仓的服务支持中，深圳市景云科技有限公司的一系列物流问题和货物问题都得到了很好的解决，大大提高了产品的销售量，并且节省了许多费用。截至 2021 年 3 月，深圳市景云科技有限公司在亚马逊日本站上的移动电源销量排名已经上涨到前三位，每年节省的费用高达上百万元。为此，双方形成了战略合作伙伴关系，以继续相互支持。

思考题：

作为一名专业的跨境电商物流从业人员，你认为海外仓业务是如何满足客户需求的？海外仓发货在哪些方面比其他跨境电商发货模式更具优势？你如何看待海外仓的发展趋势？

项目四

跨境电商物流运输方式

教学目标 ↓

知识目标

1. 熟悉各种跨境电商物流运输方式及其特点。
2. 掌握各种跨境电商物流运输方式的运费计算。
3. 掌握各种跨境电商物流运输方式的运输单据的相关内容。

能力目标

1. 能够根据不同的跨境电商物流运输方式计算相关运费。
2. 能够根据不同的跨境电商物流业务填制相应的运输单据。
3. 能够根据不同的跨境电商物流业务情况规划合理的运输方式。

素质目标

1. 形成良好的职业素养和身体素质。
2. 具有创新精神，能够树立创业意识。
3. 能够树立团队意识，与团队成员协作，共同完成实训项目。
4. 树立法规意识，具备诚实、守信、守法的价值观和求真务实的工作态度。
5. 具有国际视野与爱国意识，能正确解读和执行国家有关跨境电商物流的政策。

思维导图 ↓

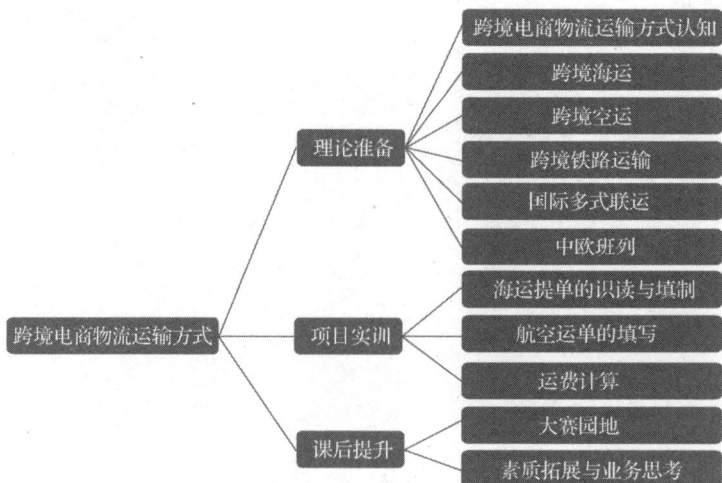

理论准备

一、跨境电商物流运输方式认知

跨境电商货物运输必须通过国际运输方式实现，交易双方需根据货物的物理特性（如体积、重量、形状等）和生化特性（如生长特性、化学成分特性等）选择合适的运输方式，进而使货物安全、快速、便捷地由卖方顺利转移至买方。

1. 不同跨境电商物流运输方式

按运输设备及运输工具的不同，目前跨境电商货物常用的运输方式分为跨境海洋运输（简称跨境海运）、跨境航空运输（简称跨境空运）、跨境铁路运输、国际多式联运等，这几种跨境电商物流运输方式的比较如表 4-1 所示。

表 4-1　　　　　　　　　　　　　跨境电商物流运输方式比较

运输方式	优势	劣势	适合的跨境货物	适合的交易模式
跨境海运	运量大、单价低、通关能力强	货损率高、时间长、准时性差	批量大、运距长、价值较低、时限要求不高的货物	B2B
跨境空运	快速、安全、简化包装	运量小、运价高、受气候影响大	体积小、价值高、时限要求较高的货物	B2B、B2C
跨境铁路运输	运量较大、时间准确性强、安全性强、成本较低、全天候运输	建造投资大、受轨道限制、灵活性差	运距较长、时限要求不太高的货物	B2B
国际多式联运	灵活性强、适应性强、门到门运输	货损率高	所有货物均可	B2B、B2C

跨境电商的发展促使跨境电商物流的快速发展，各种运输方式在跨境电商物流业务中都有不同的适用范围。跨境海运承载能力强，成本最低，适合运送大批量、大体积的跨境货物，但运输时间较长，一般为 25～40 天。跨境空运主要应用于国际快递业务和空运专线业务，国际快递业务多采用空运方式，时效性最强，但成本最高，适合运送数量少、客单价和利润相对较高的货物；空运专线业务是从境内到境外某一国家（地区）的专用航空线路，是一种门到门的运输服务专线，也是一种物流成本较高的运输模式，适合运送快销快补的货物。在我国，跨境铁路运输主要是指中欧之间、中国与东南亚国家（地区）之间的特定线路运输，目的国（地区）主要为"一带一路"沿线国家（地区），其特点是稳定安全、中转少、时间准确性强，由于受运输区域的限制，更适合运送沿线国家（地区）间的大宗货物。在我国，公路运输主要适合运送从各省、区、市的综合保税区经阿拉山口口岸、俄罗斯、白俄罗斯运往欧洲的货物。为简化境外通关手续，我国于 2016 年正式加入《国际公路运输公约》，联合国授权国际道路运输联盟在全球管理国际公路运输（Transport International Routier，TIR）系统，持有 TIR 证且经批准的车辆可在《国际公路运输公约》

各缔约方之间便捷通关。

2. 选择跨境电商物流运输方式时考虑的因素

不同跨境电商物流运输方式的特点不同，如果想要选择合适的跨境电商物流运输方式，卖家就要对跨境电商货物的属性有所了解。在选择跨境电商物流运输方式时，卖家一般要从以下几方面进行考虑。

① 运输成本。

② 运行速度。

③ 货物的特点及性质。

④ 货物数量。

⑤ 物流基础设施条件。

货物属性与跨境电商物流运输方式的对应关系如表 4-2 所示。

表 4-2 　　　　　货物属性与跨境电商物流运输方式的对应关系

货物属性	跨境海运	跨境空运	跨境铁路运输	国际多式联运
时限要求	无	短	长	均可
价值高低	低	高	均可	均可
体积重量	均可	轻货	均可	均可
运输距离	长距离	600km 以上	200km 以上	均可

例如，使用 FBA 的卖家需要注意，跨境海运和跨境空运的货物入仓前都需要进行入仓预约，建议卖家尽量选择熟悉入仓流程的物流承运商。此外，若采用快递的方式（如 UPS、DHL 等），入仓时不需要预约，可以确保卖家的包裹能够快速、及时入仓。很多卖家也会选择 FBA "海运+派送"或者 FBA "空运+派送"，即海运或者空运到目的地，然后用快递的方式运送入仓。

没有绝对单一的跨境电商物流运输方式，在产品生命周期的不同阶段，如新品上市、紧急缺货、补货等，卖家应灵活选择、及时切换。

二、跨境海运

跨境海运是指使用船舶通过海上航道在不同国家和地区港口之间运送货物的一种方式。

1. 跨境海运概述

跨境海运是各主要运输方式中兴起最早、历史最长的运输方式。其特征是载重量大、成本低、投资小，但灵活性弱、连续性差。跨境海运较适合运送大宗、低价值、笨重和散装的货物。跨境海运作为水路运输的一种，不仅适合运送各种外贸货物，还适合运送跨境电商 B2B 出口货物。

（1）跨境海运的特点

跨境海运与其他跨境电商物流运输方式相比，具有如下特点。

① 运载能力强、成本低、能耗少、投资省，是一些国家（地区）国际运输的重要方式之一。

② 受自然条件的限制与影响大。跨境海运明显受海洋与河流的地理分布及其地质、地貌、水文与气象等条件和因素的制约与影响。跨境海运航线无法在广大陆地上任意延伸，要

与铁路、公路和管道运输配合，实行联运。

③ 开发利用涉及面较广。例如天然河流可用于通航、灌溉、防洪排涝、水力发电、水产养殖，以及作为生产与生活用水的来源等；海岸带与海湾可用于建港、农业围垦、海产养殖、发展临海工业和海洋捕捞业等。

（2）跨境海运的分类

① 根据运输船舶营运方式，跨境海运可分为班轮运输和租船运输两大类。

班轮运输是指在固定的航线上，以既定的港口顺序，按照事先公布的船期表航行的水上运输方式。班轮运输适合运送货流稳定、品种多、批量小的杂货。

租船运输是指船舶所有人与租船人通过洽谈，将船舶以光船、定期或按航次出租给租船人，根据租船合同规定安排货物运输的方式。

班轮运输与租船运输比较如表 4-3 所示。

表 4-3　　　　　　　　　　　　　　班轮运输与租船运输比较

类型	特点
班轮运输	① "四固定、一负责"，即固定航线、固定港口、固定船期和相对固定的费率，由承运人负责装卸。这是班轮运输最基本的特点 ② 班轮运费包括装卸费用，即货物由承运人负责配载装卸，承托双方不计滞期费和速遣费 ③ 承运人对货物负责的时段是从货物装上船到货物卸下船，即"船舷至船舷"（Rail to Rail）或"钩至钩"（Tackle to Tackle） ④ 承运双方的权利义务和责任豁免以签发的提单为依据，并受统一的国际公约的制约
租船运输	① 根据租船合同组织运输的，租船合同条款由船方和租船人双方共同商定 ② 一般由船方与租船人通过各自或共同的租船经纪人洽谈租船业务并成交 ③ 不定航线，不定船期。船方对于船舶的航线、航行时间和载货种类等按照租船人的要求来确定，提供相应的船舶，经租船人同意进行调度安排 ④ 租金率或运费率根据租船市场行情来确定。 ⑤ 船舶营运中有关费用的支出，根据不同的租船方式由船舶所有人和租船人分担，并在合同条款中订明。例如，装卸费用条款 FIO 表示租船人负责支付装卸费，若写明 Liner Term，则表示船方负责支付装卸费 ⑥ 租船运输适合运送大宗货物 ⑦ 各种租船合同均有相应的标准合同格式

② 根据运送货物的不同，跨境海运可分为集装箱运输和散货运输。集装箱运输是指以集装箱这种大型容器为载体，将货物集合组装成集装箱单元，以便在现代流通领域内运用大型装卸机械和大型载运车辆进行装卸、搬运作业和完成运输任务，从而更好地实现货物"门到门"运输的一种新型、高效率和高效益的运输方式。散货运输是指从事海上散装货物运输的运输形式。散货运输一般适合运输散货、重大件等特殊货物，跨境电商物流中一般较少采用此种运输方式。

集装箱（Container）习惯称"货箱""货柜"，在货代业务中习惯称"箱子""柜子"。跨境电商物流中常见的集装箱为 20 英尺标准集装箱（Twenty Equivalent Unit，简称为 TEU 或 20ft，简写为 20′）、40 英尺集装箱（Forty Equivalent Unit，简称为 FEU 或 40ft，简写为 40′）。为便于计算集装箱数量，通常以 20 英尺标准集装箱作为换算标准箱。换算公式为：

$$1FEU=2TEU$$

不同的跨境电商货物需使用不同类型的集装箱，不同类型的集装箱有不同的箱型及代码，常见的 20 英尺、40 英尺标准集装箱的箱型及代码如表 4-4 所示。

表 4-4　　　　　　常见的 20 英尺、40 英尺标准集装箱的箱型及代码

集装箱箱型	对应代码	集装箱箱型	对应代码
干货箱	GP	干货高箱	GH（HC 美，HQ 欧）
冷冻箱	RF	冷高箱	RH
挂衣箱	HT	敞顶箱	OT

2. 集装箱班轮运输

集装箱班轮运输是指集装箱班轮公司按事先制定的船期表，在固定航线的固定挂靠港口之间，按规定的操作规则为非固定的广大货主提供规范的、反复的集装箱货物运输服务，并按"箱运价"计收运费的一种运输方式。在运输组织上，集装箱班轮运输所用的船舶不仅大型化、高速化，在港停泊时间短、周转快，而且有专门的组织对集装箱进行调度和跟踪管理。相较于杂货班轮运输，集装箱班轮运输具有运送速度快、装卸方便、作业效率高、货运质量高、便于开展联运等优点，在跨境电商物流中更常使用。

（1）集装箱班轮运输的分类

集装箱班轮运输包括海运整箱和海运拼箱。

① 海运整箱（Full Container Load，FCL）指整箱货物仅有一个发货人，是由发货人负责装箱、计数、配积载并加以铅封的运输方式。常见集装箱的参数如表 4-5 所示。

表 4-5　　　　　　　　　　　常见集装箱的参数

规格	配货毛重	配货体积	内容积
20′ GP	17.5M/T	24～26m^3	5.69m × 2.13m × 2.18m
40′ GP	22M/T	54m^3	11.8m × 2.13m × 2.18m
40′ GH	22M/T	68m^3	11.8m × 2.13m × 2.72m

② 海运拼箱（Less Container Load，LCL）指发货人托运的货物为不足整箱的小票货，代理人（承运人）通过分类整理货物，把发往同一目的地的货物集中到一定数量并拼装入集装箱。

（2）集装箱班轮运输货物的交接

① 交接地点。集装箱班轮运输货物主要在集装箱码头堆场、集装箱货运站和发货人或收货人的工厂或仓库进行交接，详细内容如表 4-6 所示。

表 4-6　　　　　　　　集装箱班轮运输货物的交接地点

交接地点	简称	说明
集装箱码头堆场（Container Yard）	CY	在集装箱码头堆场交接的货物，无论是发货港集装箱堆场还是卸货港集装箱堆场，都是整箱交接

续表

交接地点	简称	说明
集装箱货运站（Container Freight Station）	CFS	集装箱货运站是处理拼箱货的场所，拼箱货在交接、配积载后，将被送往集装箱堆场。集装箱货运站一般包括集装箱装卸港的市区货运站，内陆城市、内河港口的内陆货运站和中转站。在集装箱货运站交接的货物，无论是在起运地集装箱货运站交接还是在到达地集装箱货运站交接，都是拼箱交接
发货人或收货人的工厂或仓库	Door	在发货人或收货人的工厂或仓库交接的货物都是整箱交接，这意味着发货人或收货人自行负责装箱或拆箱

② 交接方式。根据实际交接地点不同，集装箱班轮运输货物的交接方式有多种。在不同的交接方式中，集装箱运输经营人与货主承担的责任、义务不同，集装箱运输经营人的运输组织内容、范围也不同，详细如表 4-7 所示。

表 4-7　　　　　　　　　集装箱班轮运输货物的交接方式

交接方式	简称	货物交接形态	集装箱运输经营人交接流程
门到门	Door to Door	整箱交接	在发货人的工厂或仓库接收货物，负责将货物运至收货人的工厂或仓库并交付
门到场	Door to CY	整箱交接	在发货人的工厂或仓库接收货物，并负责将货物运至卸货港码头堆场或其内陆堆场，向收货人交付
门到站	Door to CFS	以整箱接，以拼箱交	在发货人的工厂或仓库接收货物，并负责将货物运至卸货港码头的集装箱货运站或其在内陆地区的集装箱货运站，经拆箱后向各收货人交付
场到门	CY to Door	整箱交接	在装货港集装箱堆场或其内陆堆场接收发货人的货物，并负责把货物运至收货人的工厂或仓库，向收货人交付
场到场	CY to CY	整箱交接	在装货港集装箱堆场或其内陆堆场接收货物，并负责把货物运至卸货集装箱堆场或其内陆堆场，向收货人交付
场到站	CY to CFS	以整箱接，以拼箱交	在装货港集装箱堆场或其内陆堆场接收货物，并负责把货物运至卸货港集装箱货运站或其在内陆地区的集装箱货运站，一般经拆箱后向收货人交付
站到门	CFS to Door	以拼箱接，以整箱交	在装货港码头的集装箱货运站或其内陆地区的集装箱货运站接收货物（拼箱），负责将货物运至收货人的工厂或仓库并交付
站到场	CFS to CY	以拼箱接，以整箱交	在装货港码头或其内陆地区的集装箱货运站接收货物（拼箱），负责将货物运至卸货港码头或其内陆堆场并交付
站到站	CFS to CFS	以拼箱接，以拼箱交	在装货码头或其内陆地区的集装箱货运站接收货物（拼箱），负责将货物运至卸货港码头或其在内陆地区的集装箱货运站，经拆箱后向收货人交付

（3）集装箱班轮运输公司

目前全球十大集装箱班轮运输公司如表 4-8 所示。

表 4-8　　　　　　　　　　　全球十大集装箱班轮运输公司

排名	公司名称	总部	运力 /万 TEU	集装箱船 数/艘	特点
1	马士基	丹麦哥本哈根	267.4	656	在全球一百多个国家（地区）都拥有办事处，为世界经济的发展作出了巨大的贡献
2	地中海航运	瑞士日内瓦	366.3	549	在全球拥有 215 个停靠码头，是世界第二大航运公司
3	中远海运集运	中国上海	286.6	470	由中远、中海合并，集装箱运力在世界上排名第三，公司经营 401 条航线，在全球拥有 356 个停靠港口
4	法国达飞海运集团	法国马赛	267.4	483	同全球 100 多个国家（地区）都有往来，也是中国主要的国际班轮运输商之一，在我国主要的港口都有停靠点
5	赫伯罗特	德国汉堡	171	237	同全球 100 多个国家（地区）有海运往来，是世界五大船公司之一
6	海洋网联船务	日本东京	157.1	213	由川崎汽船、商船三井、日本邮轮合并成立的一家集装箱班轮运输公司，在全球 90 多个国家（地区）设有办事处
7	长荣海运	中国台湾	120.6	188	凭借前所未有的环球东西双向全货柜定期航线闻名
8	阳明海运	中国台湾	60	93	全球唯一一家有多温层的大型温控物流中心，在欧洲、北美洲都设有专属物流据点，拥有高效率的物流网络
9	现代商船	韩国首尔	55.1	67	有遍布全球的海运网络，负责运输国家（地区）战略物资，是韩国经济的重要组成部分
10	太平船务	新加坡	35	111	核心业务覆盖了亚洲、非洲和中东地区，集装箱班轮业务覆盖了全球 100 多个国家和地区，是东南亚最大的集装箱班轮运输公司之一

3. 班轮运费的计算

班轮运费是承运人为承运货物而收取的报酬，班轮运费的单价（或费率）则称班轮运价。班轮运价包含货物从起运港到目的港的运输费用，以及货物在起运港和目的港的装卸费用。班轮运价一般是以运价表的形式公布的，包括说明及有关规定、货物分级表、航线费率表、附加费表、冷藏货及活牲畜费率表等。目前，我国海洋班轮运输公司使用等级运价表，即将承运的货物分成若干等级（一般为 20 个等级，统一航线上等级越高，则费率越高），每个等级的货物有一个基本费率，称为等级费率表。

不同的班轮运输公司或班轮运输公会各有不同的运费，但一般都由基本运费和各类附加费构成，即班轮运费=基本运费+各类附加费。基本运

拓展阅读：班轮运费的计算

费是指货物从装货港到卸货港所应收取的基本费用，是构成全程运费的主要部分；各类附加费是指对一些需要特殊处理货物，或者因突发事件的发生或客观情况的变化等而另外加收的费用。

4. 海运提单

海运提单（Ocean Bill of Lading，B/L）是指用于证明海上货物运输合同和货物已由承运人接收或装船，以及承运人保证据以交付货物的单据。在跨境电商物流中，海运提单说明了跨境电商货物运输相关当事人，如承运人、跨境电商货物托运人及跨境电商货物收货人之间的权利和义务。海运提单是跨境电商海洋运输中最重要的单据之一。

（1）海运提单的作用

在跨境电商货物运输中，海运提单是最具特色、最完整的运输单据之一；在国际贸易中，海运提单是一种有价证券，同时代表物权和债权；在各国（地区）有关运输法律中，海运提单都被认定是一份非常重要的法律文件，海运提单上权利的实现必须以交还海运提单为要件。海运提单在跨境电商物流中主要具有以下作用。

① 海运提单是承运人应托运人的要求所签发的跨境电商货物收据，表明承运人已按海运提单所列内容收到了跨境电商货物。

② 海运提单是承运人和托运人之间订立运输契约的证明。在班轮运输的条件下，它是处理承运人与托运人在运输中产生争议的依据。在租船运输的条件下，它是明确承运人与租船人运输中的权利与义务的依据。

③ 海运提单是一种物权凭证，收货人或海运提单的合法持有人有权向承运人提取跨境电商货物。

注意：所有运输单据中只有海运提单是物权凭证。

（2）海运提单的种类

随着世界经济的发展、通信工具的发达，跨境电商货物运输中所涉及的海运提单的种类也越来越多。海运提单的种类如表 4-9 所示。

表 4-9　　　　　　　　　　　　海运提单的种类

分类方法	提单种类	英文名称
按表现形式	纸质提单	B/L
	电子报文提单	Electronics B/L
按货物是否已装船	已装船提单	On Board B/L
	收货代运提单	Received for Shipment B/L
按货物外包装状况有无承运人批注	清洁提单	Clean B/L
	不清洁提单	Unclean B/L
按收货人栏记载	记名提单	Straight B/L
	不记名提单	Open B/L,Blank B/L
	指示提单	Order B/L
按运输方式	直达提单	Direct B/L
	转船提单	Transshipment B/L
	多式联运提单	Combined Transport B/L

续表

分类方法	提单种类	英文名称
按签发人	船公司提单	Master B/L
	无船承运人提单	HVOCC B/L
	货代提单	House B/L
按签发时间	预借提单	Advanced B/L
	倒签提单	Anti-date B/L
	顺签提单	Post-date B/L

（3）海运提单的主要内容

海运提单分别在正面和背面有印刷条款。正面记载的内容包括：船名、航次、提单号、承运人名称、托运人名称、收货人名称、通知人名称、装货港、卸货港、转运港、货物名称、标志、包装、件数、重量、体积、运费支付、签发日、签发地点、签发份数，以及承运人、船长或其授权人的签字或签章。

拓展阅读：海运提单样本

海运提单的背面印有各种条款，各船公司的海运提单背面条款繁简不一，有些多达40多条，但内容大同小异。海运提单的背面条款一般分为两类：一类属于强制性条款，其内容不能违反有关国家（地区）的海商法规、国际公约或港口惯例的规定，违反这些规定的条款是无效的；另一类是任意性条款，即未对上述法规、公约和惯例进行明确规定，允许承运人自行拟订的条款。所有这些条款都是为了表明承运人、托运人及其他关系人之间承运货物的权利、义务、责任等，是解决他们之间争议的依据。通常情况下，这些条款根据国际公约、各国（地区）法律和承运人的规定而印制，对托运人和承运人双方都有约束作用。

5. 海运其他单据

在跨境海运中，除了海运提单，常见的还有销售确认书、商业发票、装箱单等单据。

拓展阅读：销售确认书样本

（1）销售确认书

销售确认书是合同的简化形式，是买卖双方在达成交易后，由卖方拟好并签名后寄给买方加以确认的列明交易达成条件的书面证明。经买卖双方签署的销售确认书是具有法律效力的文件，对买卖双方均具有约束力。

（2）商业发票

商业发票是卖方开立的载有货物名称、数量、价格等内容的清单，是买卖双方交接货物和结算货款的主要单据，是进口国（地区）确定征收进口关税的依据，也是买卖双方索赔、理赔的依据。

拓展阅读：商业发票样本

（3）装箱单

装箱单又称包装单，由出口商缮制，是商业发票的补充和辅助单据，用于说明出口货物包装细节。其上列明所装货物的名称、规格、数量、唛头、包装、箱号、件数等，便于货物到达目的港时海关检查和核对货

拓展阅读：装箱单样本

物。通常情况下，卖方可以将其有关内容加列在商业发票上，但在信用证明确要求制作装箱单时，卖方必须严格按信用证要求制作。

6. 跨境电商海运专线

跨境电商海运专线也称跨境电商海运快线，在这种运输方式下，跨境电商卖家可以享受提前进场、直提直装等便利。"点对点"直航跨境电商海运专线涵盖跨境口岸联检单位、船公司、港口和物流等要素，船舶沿途可挂靠跨境电商专用泊位。在仓储物流方面，使用跨境电商海运专线的跨境电商货物可直接进入综合保税区跨境电商海关监管中心，这可缩短约 20%的物流时间，大幅缩短境外跨境电商买家等待时间，助力跨境电商货物更快地到达目的港。

三、跨境空运

空运是指利用飞机或飞行器进行运输的一种运输形式，比其他运输方式起步晚，但发展极为迅速。这是因为它有许多其他运输方式所没有的优越性，如运送速度快、不受地面条件影响、能够深入其他运输方式难以到达的地区、安全、准时、可以简化包装等。由于对时效性、精准性的高要求，在跨境电商物流中一些对时间要求急迫或高价值、小批量的货物多使用空运。

以跨境出口业务为例，跨境空运主要有直邮模式和海外仓模式两种。在直邮模式下，跨境物流服务商完成跨境电商货物"门到门"或"门到仓"的全部跨境物流环节。在海外仓模式下，以集中备货为主，跨境物流服务商通过将跨境电商货物运至目的国（地区）仓库，如目的国（地区）产生相关商品订单，海外仓则将备货商品直发给境外消费者。直邮模式又分为专线、邮政代理及国际快递 3 种模式。其中，跨境物流服务商通过自营及整合外部物流资源，完成跨境物流全链条运输而形成的专线模式，与跨境电商兴起的相关度最高，发展最为迅猛，最近几年占比已超过 30%。海外仓模式通过借助第三方海外仓、自营海外仓等仓储资源实现订单的履约及商品的存储，降低了消费者对运输时间长的不佳体验感，节约了运输成本，提高了商品销售转换率，有利于卖家积极参与境外市场的竞争。因此，海外仓模式凭借物流成本低、库存周转率高、配套服务好等优势发展迅猛。

在实际的空运业务中，航空公司为了确保自己的主营业务，一般不开展诸如接受货主的托运、货物的装板装箱、办理通关手续等业务。而进出口货物的收发货人对运输时间一般要求比较高，货主为了能及时将货物安全地运送到目的地，会希望熟悉货物订舱、存储、制单、通关、地面交接等业务的企业（如航空货运代理公司）为他们提供服务。

1. 跨境空运的特点

跨境空运的特点主要如下。

① 运送速度快。
② 破损率低，安全性强。
③ 空间跨度大。
④ 可降低生产企业的相关费用。
⑤ 运价比较高。
⑥ 载量有限。
⑦ 易受天气影响。

从以上空运的特点可以看出，空运既有优势，也有劣势。在跨境出口业务中，货主应结合具体情形进行选择。

2. 跨境空运的方式

跨境空运的方式主要有班机运输、集中托运和航空快递。跨境空运通常以班机运输为主。

（1）班机运输

班机是指在固定的航线上定期航行的航班，即有固定始发站、目的站和途经站的航班。班机的航线基本固定，定期开航，收发货人可以确切地掌握起运时间和到达时间，这能保证货物被安全迅速地运达目的地，有利于收货人及时安排鲜活易腐货物、急需货物或贵重货物的运送。班机通常为客货混合型，现在一些大型物流企业也开航货运班机。客货混合型班机的不足之处是运价较高、舱位有限，不能满足大批量货物及时出运的需要。

（2）集中托运

集中托运是航空货运代理公司把若干批单独发运的、发往同一方向的货物集中起来，组成一票货，向航空公司办理托运，填写一份总运单，集中发运到同一站，由航空货运代理公司在目的地指定的代理人负责将货物分发给各个实际收货人的运输方式。在这种运输方式下，运价较低。

集中托运服务过程示意图如图 4-1 所示。

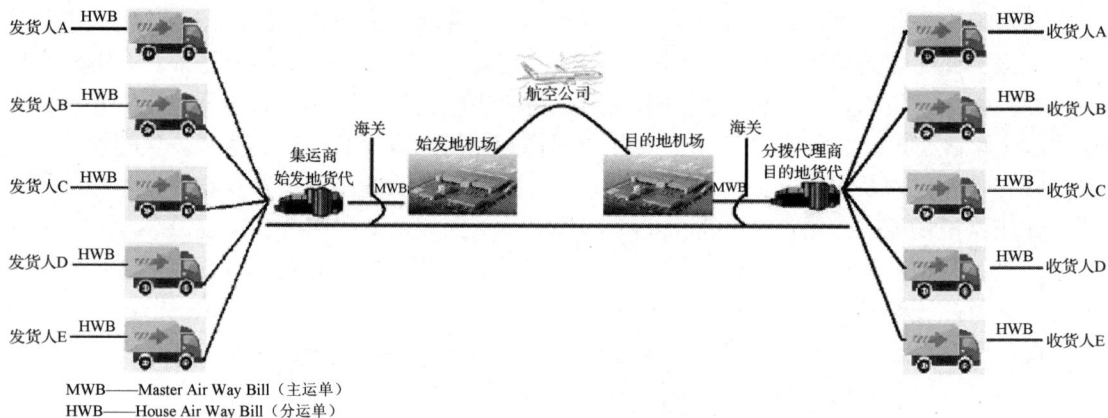

MWB——Master Air Way Bill（主运单）
HWB——House Air Way Bill（分运单）

图 4-1　集中托运服务过程示意图

集中托运涉及的文件主要有主运单、分运单、集中托运货物舱单、识别标签。下列货物不得以集中托运形式运输：贵重物品、活体动物、尸体、骨灰、外交信袋、危险物品。

（3）航空快递

航空快递是指航空快递企业利用空运，收取发件人的快件（采用该种运输方式的进出境货物），并按照向发件人承诺的时间将快件送交指定地点或者收件人，掌握运送过程的全部情况并能将即时信息提供给有关人员查询的门对门速递服务。航空快递通常是由航空货运代理公司或航空速递公司和航空公司合作，以最快的速度在货主、机场和客户之间运送与交接快件，或两个以上的航空货运代理公司之间通过航空公司进行的比较快捷的一种运输方式。

航空快递的主要业务形式有门到门（Door to Door）、门到机场（Door to Airport）、专人派送（Courier on Board）。

3. 跨境航空费用计算

跨境航空费用包括航空公司收取的航空运费，还包括各类附加费及与空运有关的其他费用，即航空运输总费用=航空运费+其他费用。

（1）航空运费基本概念

航空运费（Weight Charge）是指航空公司将一票货物自始发地机场运至目的地机场所应收取的空运费用。该费用根据每票货物所适用的运价和货物的计费重量计算而得。由于货物的运价是指单位货物运输起讫地点间的费用，因此航空运费就是指运输始发地机场与目的地机场间运输货物的空运费用，不包括其他费用。

① 航空运价。航空运价（Rate）又称航空费率，是指承运人对所运输的每一重量单位（千克或磅）货物所收取的自始发地机场至目的地机场的空运费用。货物的航空运价一般以运输始发地的本国（地区）货币公布。

航空运单上列出的运价应为填制航空运单之日的有效运价，即在航空货物运价有效期（航空公司的报价都是有有效期的）内适用的运价。由于空运货物种类繁多，每种空运货物适用的航空运价的计算方法也不同。航空运价的类别如表 4-10 所示。

表 4-10　　　　　　　　　　　　航空运价的类别

类别	简称	运价代码	适用的跨境电商货物
普通货物运价（General Cargo Rate）	GCR	M（最低运费）	一般普通货物
		N（45kg 以下）	
		Q（45kg 及以上）	
指定商品运价（Specific Commodity Rate）	SCR	C	新鲜的水果、蔬菜；鱼、海鲜、海产品等
等级货物运价（Class Cargo Rate）	CCR	S（等级运价加价）	活动物、贵重物品等
		R（等级运价减价）	报纸、杂志、书籍等

② 计费重量。计费重量（Chargeable Weight）是指用于计算航空运费的货物重量。货物的计费重量可以是货物的实际毛重，也可以是货物的体积重量。

实际毛重（Gross Weight）指包括货物包装在内的货物重量，按千克计。由于飞机最大起飞全重及货舱空间的限制，一般情况下，高密度货物的实际毛重会被用作计费重量。

按照国际航空运输协会（International Air Transport Association，IATA）的规则，将货物的体积按一定的比例折合成的重量，称为体积重量（Volume Weight）。由于货舱空间的限制，对于低密度货物，即轻泡货物，其体积重量一般会被用作计费重量。不论货物的形状是否为规则的长方体或正方体，计算货物体积时，应以最长、最宽、最高的三边的长度计算。长、宽、高的小数部分按四舍五入取整，体积重量的换算标准为每 6000cm³ 折合 1kg，但在具体业务中各航空公司的规定可能不同。

在航空货运实务中，计费重量一般采用货物的实际毛重与体积重量中的较高者。IATA 规定，国际空运货物的计费重量以 0.5kg 为最小单位，计费重量小数点后小于等于 0.5kg 的，按 0.5kg 计算；大于 0.5kg 不足 1kg 的，按 1kg 计算。

③ 最低运费（Minimum Charge）。最低运费又称起码运费，是指一票货物自始发地机场

至目的地机场的最低限额。在航空货运实务中，货物按其适用的航空运价与计费重量计算所得的航空运费，应与货物的最低运费相比取较高者。

（2）其他费用

其他费用包括各类附加费及由承运人、代理人或其他部门收取的与航空货物运输有关的费用。一票货物自始发地至目的地运输的全过程中，除了空运，还包括地面运输、仓储、制单、清关等环节，提供这些服务的部门所收取的费用即为其他费用。近几年，其他费用主要有以下几类。

① 燃油附加费。其与跨境海运中的燃油附加费一致。

② 货物声明价值附加费。货物声明价值附加费是指货物毛重每千克超出一定价值（一般是 20 美元），事先向承运人做出特别声明，并在航空运单的"供运输使用的声明价值"栏中注明声明金额。一旦货物发生应由承运人承担责任的毁灭、遗失、损坏或延误，承运人将根据实际损失情况，按照高于赔偿责任限额的托运人声明价值予以全额赔偿。

③ 航空货物安全附加费。自 2001 年 9 月 11 日发生的恐怖事件后，各航空公司先后制定了一系列货物安全运输措施并收取航空货物安全附加费。

④ 货运单费。承运人或其代理人在填制货运单时，应向托运人收取货运单费（包括制单费）。货运单费应填写在收货单的"其他费用"栏内，不同国家或地区收取的货运单费不同。

⑤ 危险品收运检查费。该项费用适用于托运人在申报危险品时，按照危险品运输规定，向托运人收取的检查、处理费用。不同国家或地区收取的危险品收运检查费不同。

（3）航空运费计算方法

此处航空运费的计算主要依据 IATA 的计价规则。虽然空运货物种类繁多，计价规则不同，但都以普通货物计价规则为基础，此处仅介绍普通货物航空运费的计算。

① 航空运价表。一家航空公司的"北京—东京"航线的航空运价表如表 4-11 所示。

表 4-11　　　　　　　　　　　　　　　航空运价表

BEIJING Y.RENMINBI	CN CNY	BJS KGS
TOKYO JP	M	230.00
	N	37.51
	45	28.13
	100	21.75

表 4-11 中，"M"表示该航线单票货物最低运费为 230 元；"N"表示重量在 45kg 以下的运价是 37.51 元/kg，即 37.51 元/kg 的运价适用的重量范围是 0～45kg（不含），28.13 元/kg 的运价适用的重量范围是 45～100kg（不含），其他重量分段以此类推。

② 计算步骤。

第一步：计算体积（Volume），即计算出货物的体积，注意这里的体积非货物的实际体积，而是货物的最长、最宽、最高的三边的长度的乘积（单位为 cm^3）。

第二步：计算体积重量，即用第一步计算出的体积除以 $6000cm^3/kg$。

第三部：计算货物的实际毛重，注意单位为 kg。

第四步：确定计费重量，把第二步和第三步计算出的重量进行比较，择大者，注意国际空运货物的计费重量以 0.5kg 为最小单位。

第五步：查询适用运价（Applicable Rate），根据第四步确定的计费重量，查询航空运价表中货物所处重量分段及其对应的运价。

第六步：计算航空运费，把第四步确定的计费重量与第五步查到的适用运价相乘，即航空运费（通常四舍五入并保留小数点后两位）。

（4）航空运费计算案例

例 1：跨境客户甲通过跨境电商平台购买了一批货物，要求从 A 城市空运至 B 城市，该单跨境电商货物为普通货物，共重 4kg，M 级运费（最低运费）为 37.50 元，而 45kg 以下的 N 级运价为 7.50 元/kg，该单跨境电商货物的航空运费为多少元？

解：7.5 元/kg×4kg=30 元

而最低运费 M=37.50 元，所以该票货物的运费为 37.50 元。

例 2：跨境客户乙通过跨境电商平台购买了一批玩具，详细信息如下。

Routing：Beijing，CHINA（BJS）To TOKYO，JAPAN（TYO）

Commodity：TOY

Gross Weight：25.2kg

Dimensions：82cm×48cm×32cm

请计算该票跨境电商货物的航空运费。

解：根据题意，体积：82cm×48cm×32cm=125952cm^3

体积重量：125952cm^3÷6000cm^3/kg=20.992kg≈21.0kg

实际毛重：25.2kg

计费重量：25.5kg

适用运价：37.51 元/kg

航空运费：25.5kg×37.51 元/kg≈956.51 元

所以该票货物的航空运费为 956.51 元。

例 3：跨境电商企业丙拟空运 150 只玩具狗到其英国仓，每只玩具狗重 0.2kg，体积为 20cm×5cm×10cm，请根据表 4-12 所示的海外仓头程航空运价表，计算该票货物的航空运费。

表 4-12   海外仓头程航空运价表

重量区间	英国仓	最低起运量
5～21kg	CNY 45 元/kg	
22～45kg	CNY 33 元/kg	
46～99kg	CNY 32 元/kg	5kg
100kg 及以上	CNY 30 元/kg	
时效	5～7 个工作日	

解：根据题意，体积：20cm×5cm×10cm×150=150000cm^3

体积重量：150000cm^3÷6000cm^3/kg=25.0kg

实际毛重：0.2kg×150=30kg

计费重量：30kg

适用运价：33 元/kg

航空运费：30kg×33 元/kg= 990 元

所以该票货物的航空运费为 990 元。

4. 跨境航空运单

航空运单（Air Way Bill，AWB）简称空运单，是指托运人、接受托运人委托的承运人或其代理人填制的，托运人和承运人之间缔结的货物运输合同。航空运单不同于海运提单，它不可转让（Not Negotiable），也不代表所托运货物的所有权。

航空运单一般由货运代理人填制，因为空运的操作要求高，非专业货运代理人难以掌握航空运单填制的各项规定和要求。一旦因航空运单上所填的说明和声明不符合规定，或不完整、不正确，给承运人及其他相关人员造成损失，托运人应当承担赔偿责任。航空运单填制完毕，托运人（或其代理人）和承运人（或其代理人）签字后立即生效。货物运至目的地，收货人提取货物并在航空运单交付联上签字确认后，航空运单有效期即告结束。

（1）航空运单的主要作用

航空运单是托运人或其代理人所使用的重要货运文件，其作用如下。

① 是航空货物运输条件及合同订立和承运人接收货物的初步证据。

② 是货物交付后的收据，是银行结汇单据之一。

③ 是运费结算凭证及运费收据。

④ 是承运人在货物运输组织全过程中运输货物的依据。

⑤ 是保险的证明。

⑥ 是国际进出口货物办理清关的证明文件。

（2）航空运单的构成

航空运单一般一式 12 联，其中 3 联正本、6 联副本、3 联额外副本，如表 4-13 所示。

拓展阅读：航空运单样本

表 4-13 　　　　　　　　　　　航空运单各联的名称及用途

顺序	名称	颜色	主要用途
1	Orginal 3　正本 3	蓝色	交托运人
2	Orginal 1　正本 1	绿色	交出票航空公司
3	Copy 9　副本 9	白色	交代理人
4	Orginal 2　正本 2	粉红色	交收货人
5	Copy 4　副本 4	黄色	交货收据，提货人签字后航空公司留存
6	Copy 5　副本 5	白色	交目的地机场
7	Copy 6　副本 6	白色	交第三承运人
8	Copy 7　副本 7	白色	交第二承运人
9	Copy 8　副本 8	白色	交第一承运人
10	Extra Copy　额外副本	白色	供承运人使用（分批运输时使用）
11	Extra Copy　额外副本	白色	供承运人使用（分批运输时使用）
12	Extra Copy　额外副本	白色	供承运人使用（分批运输时使用）

5. 跨境电商航空专线

跨境电商航空专线是指通过航空包舱的方式把跨境电商货物集中运输到境外，经过合作公司进行目的国（地区）派送，把跨境电商货物送到跨境电商买家手上。

跨境电商航空专线的优势是能集中大批货物进行规模运输，可以有效降低物流成本，在价格方面比一般的商业快递更具优势。在时效方面，跨境电商航空专线稍慢于商业快递，但比邮政包裹快很多，综合性价比较高。

目前跨境电商航空专线非常多，有美国专线、意大利专线、欧洲专线、俄罗斯专线、日本专线、澳大利亚专线等，路线完善、稳定性强。

四、跨境铁路运输

铁路运输是使用铁路列车运送旅客和货物的一种运输方式。在跨境电商货物运输中，铁路运输（Rail Transport）是一种仅次于海运的主要运输方式，海运的跨境电商货物大多数是靠铁路运输进行货物的集中和分散的。铁路运输的特点是运送量大、速度快、成本较低，一般不受气候条件限制，适合运送需长途运输的大宗、笨重货物。目前，我国跨境电商铁路运输主要以中欧班列和中老昆万铁路跨境运输为主。铁路运输与空运相比，时效更长，但费用较低；与海洋运输相比，时效更短，但费用较高。一般情况下，铁路运输更适合运输高附加值并对运输时效和运输安全性有一定要求的货物。从我国的现状看，自从中西部地区相继设立跨境电商综合试验区以来，更多跨境电商企业向西部集中，尤其是进出口至欧洲市场的跨境电商企业，其应用中欧班列的成本和时间优势更加突出。就现阶段而言，珠三角和长三角地区的货量更大、更散，铁路监管的条件和资质要求更加严格，即使具备开展铁路拼箱业务的潜力或可以通过邮包形式进行铁路运输，这些沿海地区的跨境电商企业还是更倾向于进行海运或空运。

按中国铁路技术条件，铁路运输分为整车、零担、集装箱3种。整车适合运输大宗货物，零担适合运输小批量的零星货物，集装箱适合运输精密、贵重、易损的货物。

（1）整车

整车是指一批货物根据重量、性质、体积、形状需要以一车或一车以上装运的运输方式。我国现有的铁路货车以棚车、敞车、平车和罐车为主，标记载重量大多为50M/T和60M/T，棚车容积在100m³以上，达到这个重量或容积条件的货物，应按整车运输。

（2）零担

零担是指货主需要运送的货物不足一车，作为零星货物交运，承运部门将不同货主的货物按同一到站凑整一车后再发运的运输方式。零担需要等待货物凑整一车，速度较慢。为克服这一缺点，目前已发展出定线路、定时间的零担班列。

（3）集装箱

集装箱是指以集装箱形式进行的运输方式，所用列车为集装箱列车。随着铁路集装箱运输和拖车式运输的不断发展，集装箱直达列车、集装箱专用列车及双层集装箱列车相继出现。

1. 国际铁路联运运费计算

国际铁路联运运费计算的主要依据是《国际铁路货物联运统一过境运价规程》（简称《统一货价》）、《国际铁路货物联运协定》（简称《国际货协》）和我国的《铁路货物运价规则》（简称《国内价规》）。

（1）国际铁路联运运费计算原则

①发送国家（地区）和到达国家（地区）铁路的运费，均按铁路所在国家（地区）的境内规章办理。

② 过境国（地区）铁路的运费，按承运当日价格规定计算，由发货人或收货人支付。例如在参加《国际货协》的国家（地区）与未参加《国际货协》的国家（地区）之间运送货物，则未参加《国际货协》的国家（地区）的运费可按其所参加的另一种联运协定计算。

国际铁路联运运费组成如表 4-14 所示。

表 4-14　　　　　　　　　　　国际铁路联运运费组成

运费组成	国内段运费	过境段运费
计算主要依据	《国内价规》	《统一货价》
计算公式	国内段运费＝运价率×计费重量	基本运费额＝运价率×计费重量 运费总额＝基本运费额×（1+加成率）
计算程序	1. 根据货物运价里程表确定发到站间的运价里程。一般应根据最短路径确定，并需将国境站至国境线的里程计算在内 2. 根据运单上所列货物品名，查找货物运价分号表，确定适用的运价号 3. 根据运价里程与运价号，在货物运价表中查出适用的运价率	1. 根据运单上载明的运输线路，在过境里程表中查出各通过国（地区）的过境里程 2. 根据货物品名，在货物品名表中查出适用的运价等级和计费重量 3. 在慢运货物运费计算表中，根据货物运价等级和总的过境里程查出适用的运价率

加成率是指运费总额应按托运类别在基本运费额的基础上所增加的百分比。

（2）国际铁路联运运费计算案例

甲国跨境商家有 5 车的整车跨境货物随旅客列车挂运经我国运往乙国进行销售，已知车辆标重为 16t，按过境里程和运价等级，该货物在《统一货价》中的基本运价率为 8 美元/t，而根据运价里程和运价号查得该跨境货物在《国内价规》中的运价率折合美元为 7 美元/t，若两类运费的计费重量均为车辆标重，我国应向甲国跨境商家收取多少运费？根据《统一货价》的规定，随旅客列车挂运的整车货物的加成率为 200%。根据上述资料，计算国际铁路联运运费。

解： 根据题意，国内段运费：7 美元/t×16t×5=560 美元

过境段的基本运费：8 美元/t×16t×5=640 美元

过境段的运费总额：640 美元×（1＋200%）=1920 美元

运费总计：560 美元＋1920 美元=2480 美元

2. 国际铁路联运单

国际铁路联运单（International Through Rail Way Bill）是国际铁路联运的主要运输单据，也是参加国际联运的收、发货人与铁路公司之间缔结的运输契约。它规定了铁路公司与收、发货人在货物运送中的权利、义务和责任，具有法律效力。

（1）国际铁路联运单的构成

国际铁路联运单从始发站随同货物送至终点站并交给收货人，它不仅是铁路公司承运货

物出具的凭证，也是铁路公司同收货人交接货物、核收运杂费和处理索赔与理赔的依据。国际铁路联运单副本在铁路公司加盖承运日期戳记后发还给发货人，是发货人向银行结算货款的主要单据之一。

国际铁路联运单一式五联，各联的说明如下。

第一联为运单正本，是货物运送契约，随同货物到达终点站时，连同第五联和货物一并交给收货人。

第二联为运行单，随同货物到站，是铁路公司办理货物交接、清算运费、统计运量和收入的原始凭证，由铁路到达站留存。

第三联为运单副本，由铁路始发站盖章后交给发货人，发货人可凭该运单副本向收货人结算货款和索赔。

第四联为货物交付单，随同货物到站，由铁路到达站留存。

第五联为货物到达通知单，随同货物到站，同运单正本和货物一起交给收货人。

国际铁路联运单各联用途与周转程序如表 4-15 所示。

表 4-15　　　　　　　　　国际铁路联运单各联用途与周转程序

名称	主要用途	周转程序
运单正本	运输合同凭证	发货人→始发站→目的站→收货人
运行单	各承运人之间交接、划分责任等的证明	发货人→始发站→目的站→到达站
运单副本	承运人接收货物的证明，发货人凭此结汇	发货人→始发站→发货人
货物交付单	承运人合同履行的证明	发货人→始发站→目的站→到达站
货物到达通知单	收货人存查	发货人→始发站→目的站→收货人

（2）国际铁路联运单填写规范及其样本

国际铁路联运单的第一联至第五联正面的印刷格式相同，主要用于记载收货人、发站、到站、货物有关说明、铁路记载、商务记录、国境站戳记、关于收货人通知货物到达的事项、货物交付收货人及货物领取等方面的内容。

拓展阅读：国际铁路联运单样本

国际铁路联运单由发货人、海关、境内铁路部门、境外铁路部门、收货人等共同填制，填写时应注意以下事项。

① 运单各联、补充运行报单及慢运和快运的票据不得互相替代。

② 运单中记载的事项，应严格按照为其规定的各栏和各行范围填写。

③ 中朝、中越铁路间的货物，可仅用本国文字填写。

五、国际多式联运

国际多式联运是在集装箱运输的基础上产生并发展起来的运输方式，也是近年来国际运输业中发展较快的一种综合连贯运输方式。国际多式联运的运输特点：它将传统的单一运输方式下的港、站之间的运输，发展成为根据货主的需要所进行的"门到门"之间的运输。例如，国际海运"港到港"运输发展成为"门到门"运输。国际多式联运可以根据货主的需要提供定制化服务，真正实现"门到门"运输。

1. 国际多式联运概述

《联合国国际货物多式联运公约》将国际货物多式联运定义为"按照多式联运合同，以至少两种不同的运输方式，由多式联运经营人将货物从一国（地区）境内接管货物的地点运至另一国（地区）境内指定交付货物的地点"。

（1）国际多式联运的特征

① 必须具有一份多式联运合同，该合同确定了多式联运经营人和托运人之间的权利与义务、责任与豁免的合同关系及多式联运的运输性质，也是区别多式联运与其他货物运输方式的主要依据。

② 必须使用一份全程多式联运单证，该单证用于满足不同运输方式的需要，并可作为货物交付凭证、物权凭证、银行议付单证、运费收取凭证。

③ 必须是采取至少两种不同运输方式的连续运输。判断某种联运是否为多式联运，明确其采用了几种运输方式是关键。例如目前许多船公司开展的海海联运，由于只使用一种运输方式，所以并不是多式联运。

④ 必须是国际货物运输，这不仅是为了区别于境内货物运输，还涉及国际运输法规的适用问题。

⑤ 必须由一个多式联运经营人对货物运输的全程负责。

⑥ 实行全程单一运费率。

（2）国际多式联运的优越性

① 责任统一、手续简单。

② 中间环节少，运输时间短、质量高、成本低。

③ 实现"门到门"的运输服务，方便货主。

④ 运输组织水平高，能够实现合理运输。

2. 国际多式联运运费计算

（1）国际多式联运运费的基本结构

目前，跨境物流中使用较多的国际多式联运模式一般为"内陆运输+海运+内陆运输"，国际多式联运运费除包括海运运费外，还包括一端内陆或两端内陆的运费，如图4-2所示。

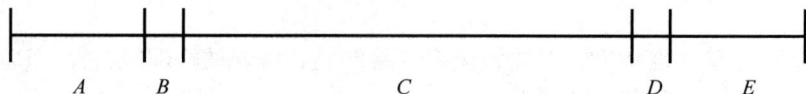

说明：

A：内陆运费。这主要是指公路运费、铁路运费或内河运费，包括拖运费、储仓费、转运费、服务费等。

B：码头装卸包干费。集装箱班轮通常与挂靠港订立集装箱装卸包干费。

C：海运运费。其包括基本运费和附加运费。

D：码头装卸包干费，同B。

E：内陆运费，同A。

图4-2 国际多式联运运费的基本结构示意图

（2）国际多式联运运费计收方式

国际多式联运运费的计收方式如表4-16所示。

表 4-16 国际多式联运运费的计收方式

计收方式	详细内容
单一制	从集装箱接收到交付，所有运输区段按一个运费率计算全程运费
分段制	按照组成多式联运的各运输区段，分别计算海运、陆运、空运及港站等的各项费用，然后合计为多式联运的全程运费。由中标企业向货主一次计收，最后由中标企业向各区段的实际承运人分别结算

（3）国际多式联运运费计算示例

国际多式联运运费计算公式为：

国际多式联运运费=基本运费＋附加运费

基本运费是指两种或两种以上不同运输方式的运费。附加运费是指国际多式联运全程运输中除基本运费外的其他费用，如中转费、过境费、仓储费及有关的单证服务费等。需要注意的是，按《联合国国际货物多式联运公约》，国际多式联运应采用单一运费率，实际运费可以分段累加计收，也可根据分段累加的总费用换算出单一运费率。

例如，佳美有限公司是西安一家跨境电商企业，7月1日该公司接到美国A公司订购一批冬靴的订单，A公司要求该公司尽快报出该批冬靴通过20英尺集装箱运到美国芝加哥的运费。

分析：该批跨境电商货物采用20英尺集装箱整箱从西安运输到芝加哥，起运地为西安货运站，出口海港可以选择天津、青岛、连云港、上海。进口海港可以选择西雅图、奥克兰、洛杉矶、旧金山。通过网络查询，从西安到达芝加哥共有32种运输线路可供选择，如果仅考虑海铁联运，从西安到芝加哥有16条线路。采用分段运输的情况如下。

第一段：从出口地到出口港。该段运费如表4-17所示。

表 4-17 西安—青岛和西安—上海收费项目比较

收费项目	西安—青岛	西安—上海
铁路运费	2016.47 元	2486.55 元
短驳费	0 元	450 元
中转报关费	100 元/票	190 元/箱，优惠价为 50 元/箱
装卸费	322 元	297.85 元
港建费	0 元	80 元
空箱铁路运输费	1067 元	1328.96 元
总费用	3505.47 元	4693.36 元

第二段：从出口港到进口港。为了方便分析，此处均以长滩为目的港，相关海运运费如表4-18所示。

表 4-18 青岛—长滩和上海—长滩海运运费比较 单位：美元

收费项目	青岛—长滩	上海—长滩
班列运费	1200	1000
THC（集装箱码头装卸作业费）	40	35
订舱费、换单费	20	20
燃油附加费	100	80

第三段：从长滩到芝加哥。北美大陆桥为了鼓励海铁联运的发展，给出了 OCP 运输方案。凡是采用 OCP 运输方案的货物，运费享受政府补贴。长滩—芝加哥铁路运费如表 4-19 所示。

表 4-19　　　　　　　　　　长滩—芝加哥铁路运费　　　　　　　　单位：美元

收费项目	长滩—芝加哥
OCP 运费	1500
长滩转运费	200
长滩 THC	40
换单费	50
港口费	30
附加费	100

已知当天国家外汇管理部门公布的人民币外汇年价的买卖中间价为 100 美元（USD）=876.57 人民币（CNY），国际多式联运总运费组成如表 4-20 所示。

表 4-20　　　　　　　　　　西安—芝加哥运费项目比较　　　　　　　　单位：美元

收费项目		西安—青岛—长滩—芝加哥	西安—上海—长滩—芝加哥
出口服务费	短驳费	0	60
	港建费	0	10
	装卸费	40	28
	THC	40	35
	订舱费、换单费	20	20
运费	出口铁路运费	399.91	535.43
	海运运费及附加费	1300	1080
	进口铁路运费	1500	1500
进口服务费	长滩转运费	200	200
	长滩 THC	40	40
	换单费	50	50
	港口费	30	30
	附加费	100	100
合计		3719.91	3688.43

经过分析可知，从多式联运经营人的角度看，集装箱应该途经上海。

3. 多式联运提单

多式联运提单是证明多式联运合同及多式联运经营人接管货物并按合同条款交付货物的单据，在实践中也称多式联运单证，其作用与海运提单类似。

（1）多式联运提单的主要内容

多式联运提单是发货人、多式联运经营人、收货人等当事人进行货物交接的凭证。多式联运提单的内容应准确、完整，主要如下。

① 货物的名称、种类、件数、重量、尺寸、包装等。

② 多式联运经营人的名称和主要经营场所。

③ 发货人、收货人的名称。

④ 多式联运经营人接管货物的地点、日期。

⑤ 多式联运经营人交付货物的地点和约定的时间或期限。

⑥ 表示多式联运提单为可转让或不可转让的声明。

⑦ 多式联运经营人或其授权人的签字。

⑧ 有关运费支付的说明。

⑨ 有关运输方式和运输线路的说明。

⑩ 在不违反多式联运提单签发地相关法律的前提下，发货人与多式联运经营人同意列入的其他内容。

多式联运提单一般都会列入上述内容，如果缺少其中一项或几项，只要所缺少的内容不影响货物运输和当事人的利益，多式联运提单仍具法律效力。

（2）多式联运提单的作用

① 是多式联运合同的证明。根据由合同确定双方在货物运输关系中的权利、义务和责任的准则，发货人提出托运申请，多式联运经营人根据自己的情况表示可以接受后，双方即达成协议，多式联运合同即告成立。签发多式联运提单只是多式联运经营人履行合同的一个环节，多式联运提单不是合同，而是合同的证明。

② 是多式联运经营人接管货物的证明和收据。由于多式联运经营人向发货人签发的提单能够证明提单上记载的货物已从发货人手中被接收，因此多式联运提单具有作为多式联运经营人接收货物的收据和证明多式联运经营人开始对货物负责的作用。

③ 是收货人提取货物和多式联运经营人交付货物的凭证。收货人或受让人在目的地提货时必须凭借多式联运提单才能换取提货单（或收货记录），多式联运经营人或其代表只能将货物交给多式联运提单持有人。如果多式联运提单的正本有多份，多式联运经营人或其代表已按照其中一份正本交货后，其余正本即告作废。

④ 是货物所有权的证明。多式联运提单所有人可以用多式联运提单结汇、抵押等，在法律上拥有多式联运提单上记载的货物。发货人可用它结汇，收货人可在目的港要求多式联运经营人交付货物，或用背书或交付多式联运提单的方式处理货物（转让），或将多式联运提单作为有价证券办理抵押等。一般来讲，多式联运提单的转让具有让货物所有权转移的法律效力。

（3）多式联运提单的效力

多式联运提单一经签发，就具有以下效力。

① 是多式联运经营人收到货物的初步证据。

② 表明多式联运经营人已经开始对货物负责。

③ 可转让的多式联运提单对善意的第三方是最终证据，多式联运经营人提出的相反证据无效。

如果多式联运经营人或其代表在接收货物时，对货物的品种、数量、包装、重量等内容有合理的怀疑，但无合适方法进行核对或检查时，多式联运经营人或其代表可在多式联运单据上做批注，注明不符的地方、怀疑的根据等。反之，如果多式联运经营人或其代表在接收货物时未在多式联运提单上做出任何批注，就应视为多式联运经营人或其代表所接收的货物外表状况良好，并应在同样状态下将货物交付给收货人。

六、中欧班列

中欧班列是指按照固定车次、线路等条件开行，往来于中国与欧洲及周边国家（地区）的集装箱国际铁路联运班列。中欧班列铺划了西部、中部、东部3条通道，西部通道由我国中西部经阿拉山口出境，中部通道由我国华北地区经二连浩特出境，东部通道由我国东南部沿海地区经满洲里出境。2011年3月，首趟中欧班列从重庆发出开往德国杜伊斯堡，之后成都、西安、郑州、武汉、苏州、广州等数十个城市陆续开行了去往欧洲多个城市的集装箱国际铁路联运班列。中欧班列推动了世界各国（地区）跨境电商业务的发展。

1. 中欧班列的优劣势

跨境电商货物通过零散车辆拼车加挂方式，就近搭载同一方向的中欧班列驶出口岸，能缩短货物等待时间，提升跨境电商货物运输速度。海关和铁路部门为中欧班列开通了24小时绿色通道，中欧班列业务随到随办，而且海关和铁路部门通过无纸化系统，破解运输组织中的难点，整合加快票据周转，压缩中欧班列在口岸的停留时间，最快半小时就能办完整个中欧班列的通关手续，跨境电商货物可通过中欧班列当天到达、当天验放、高效通行。同时，铁路舱单、铁路运输工具两个系统的上线运行，全面实现中欧班列与铁路作业数据的互联互通，实现货物"秒级"放行，助力中欧班列发展提质增效，促进开放型经济良性发展，确保货物快速通关。

（1）中欧班列的优势

① 价格低。一般情况下，铁路运价约为空运价格的18%；平时海运价格约为铁路运价的90%，特殊时期（如发生全球性突发事件时）海运价格与铁路运价相当。

② 安全可靠。全程有定位系统跟踪，可实现门到门交接，发运开行很稳定。

③ 时效短。通常情况下，空运可以在1～2天内通达全球，海运到欧洲再快也需要34天左右，中欧班列一般16天左右就可将货物送达客户手中。

（2）中欧班列的劣势

① 舱位和集装箱有限。因为舱位和集装箱都比较紧张，所以货主需要提前7～14天预订。

② 受口岸作业能力影响。因为口岸作业能力有限，所以中国国家铁路集团有限公司批复的中欧班列开行计划有限，导致中欧班列运力不足。

③ 货物种类受限。中欧班列不能承运危险品、超尺寸货物，也不能承运锂电池，化工品、液体、粉末类货物需要通过审核后才能承运。

2. 中欧班列的费用构成

中欧班列一般采用集装箱运输，主要涉及以下费用。

（1）整箱/拼箱费用

① 境内段：费用包括工厂提货费、干线运输费、集装箱租箱费、装箱费、报关费。

② 境外段：费用包括清关费、拆箱费、还箱费、派送费。

（2）异常处理费用

异常处理费用包括整改费、查验费、修箱费、堆存费、集装箱超期使用费等。

3. 中欧班列运输单据的填写

中欧班列的运输单据格式是一致的，由发货人根据进出口合同、商业发票、装箱单等商业单据进行编制并提交给缔约承运人，中欧班列运输单据要做到"单单一致"。

（1）填写要点

① 收货人及发货人的名称、地址、电话、传真。

② 装货地、卸货地名称。

③ 货物品名、件数、重量、尺寸。

④ 货运要求。

（2）填写注意事项

① 确认件数，确认货物尺寸、体积是否超过中欧班列的装载能力。

② 如需要投保、熏蒸、打托、缠膜、拍照、换单、买单，要在货运委托书的显要位置注明。

③ 如果所订中欧班列受外商订购合同、备货时间、商检时间等的制约，应根据时间合理安排货运日期。

④ 确认委托书已盖有委托方印章。

⑤ 整箱出口时需确保载重平衡，以中心为吊点。

4. 中欧班列跨境电商专列

在中欧班列跨境电商专列中，有物流车辆进行全程引导护送，并张贴封条，施行"货车不停留、司机不离舱"的闭环式管理；直抵目的地，规避了部分传统站点拥堵造成的运行不稳定的情况。同时，中欧班列跨境电商专列无须二次换装且全程使用统一运单，一票到底，降低了跨境电商货物运输的潜在风险。

中欧班列跨境电商专列线路环节少，通关关务少，时间可控性强，途经国家（地区）少，运行稳定，较少发生拥堵，最大程度保证了货物及时交付到客户手上。

自学自测 ↓

一、单选题

1. 下列具有速度快、货运质量高、可以简化货物包装等优势的运输方式是（　　　）。
   A. 海洋运输　　　B. 航空运输　　　C. 铁路运输　　　D. 公路运输

2. 下列具有运量较大、准确性强、可以全天候运输等优势的运输方式是（　　　）。
   A. 海洋运输　　　B. 航空运输　　　C. 铁路运输　　　D. 公路运输

3. 班轮运输最基本的特点是（　　　）。
   A. 滞期费　　　B. 四固定、一负责　C. 运价低　　　D. 货运质量高

4. 运价表中"W/M"的含义是（　　　）。
   A. 按毛重计收运费　　　　　　　　B. 按体积计收运费
   C. 按价格计收运费　　　　　　　　D. 毛重或体积择大计收运费

5. 在国际多式联运中，多式联运提单是由（　　　）签发的。
   A. 船主　　　B. 发货人　　　C. 收货人　　　D. 多式联运经营人

6. 在跨境电商物流服务中，一些对时间要求急迫或高价值、小批量的货物多使用（　　　）。
   A. 海洋运输　　　B. 铁路运输　　　C. 航空运输　　　D. 公路运输

7. 跨境电商 B2B 和跨境电商 B2C 卖家在备货时，可采用（　　　）。

    A. 海洋运输   B. 铁路运输   C. 航空运输   D. 公路运输

二、多选题

1. 海洋运输具有（　　　）等优势。

    A. 速度快   B. 运量大   C. 单价低

    D. 安全准时   E. 通关能力强

2. 航空运输一般适用于运送（　　　）。

    A. 超长货物   B. 体积小的货物

    C. 价值高的货物   D. 时限要求较高的货物

3. 铁路运输具有（　　　）等劣势。

    A. 安全性低   B. 建造投资大   C. 灵活性差   D. 安全性高

4. 确定运输方式主要考虑（　　　）等因素。

    A. 运输成本   B. 运输时间

    C. 货物的特点及性质   D. 物流基础设施条件

5. 杂货班轮运输具有（　　　）等优点。

    A. 速度快   B. 适合各种货物   C. 方便货主   D. 适合小批量货物

6. 集装箱班轮具有（　　　）等优点。

    A. 运送速度快   B. 货运质量高   C. 作业效率高   D. 适合各种货物

7. 海运提单按提单收货人栏记载可以分为（　　　）。

    A. 记名提单   B. 不记名提单   C. 空白提单   D. 指示提单

8. 航空运输的特点有（　　　）。

    A. 运送速度快   B. 破损率较高

    C. 空间跨度大，运价比较高   D. 载量有限

9. 铁路运输的类别有（　　　）。

    A. 整车   B. 整列   C. 零担   D. 集装箱

三、名词解释

1. 班轮运输

2. 航空运单

四、简答题

1. 海运提单的作用有哪些？

2. 铁路运输有哪些特点？

3. 中欧班列的优势与劣势有哪些？

项目实训

    本次实训为跨境电商物流运输方式实训，要求学生按照实训要求，完成认识跨境电商物流运输方式的实训内容。学生通过对跨境物流运输方式的基本内容进行认知学习，熟知跨境电商物流运输方式的选择及相关费用的计算。

任务一　海运提单的识读与填制

请根据拓展阅读的海运提单示例完成相应任务。

1. 海运提单的识读

（1）该海运提单应由谁首先背书？是否一定要由 XYZ Co., Ltd.背书？

（2）作为收货人的代理人，应该找谁提货？XYZ Co., Ltd.是否一定是收货人？

（3）收货人提货时应交出几份海运提单？

（4）收货人提货时是否应支付海运运费？

（5）卸货港在哪里？

（6）谁是承运人？该海运提单由谁签署？

（7）该海运提单下有几个集装箱？

（8）该海运提单中的"S.T.C."是何意？"S.O.C"又是何意？

拓展阅读：海运提单示例

2. 海运提单的填制

背景资料：某马来西亚卖家通过跨境电商平台向深圳市昊兴进出口贸易有限公司（信用代码：9144030035998699X9。海关 10 位代码：4403660091）订购了一批"闪速存储器塑胶外壳"，产品为境外贴牌生产，不享受优惠，境内货源地为深圳。运输方式要求为从深圳港海运到马来西亚基本港。随附单据见拓展阅读。

请根据上述资料填写海运提单。

拓展阅读：根据销售合同、商业发票、装箱单填写海运提单

任务二　航空运单的填写

根据国际货物托运书填写航空运单。

拓展阅读：航空运单的填写

任务三　运费计算

1. 海运运费计算

某跨境电商卖家从张家港发一批某品牌货物到费利克斯托海外仓，经上海转船。集装箱使用情况为 5×20'FCL，上海到费利克斯托的费率为 USD 1850/20'，张家港经上海转船，其费率在上海直达费利克斯托的费率基础上加 USD 100/20'，另有旺季附加费 USD 185/20'，燃油附加费 USD 90/20'。

（1）该票跨境电商货物包干费率的报价是多少？

（2）卖家应支付多少运费？

2. 铁路运费计算

美佳有限公司是一家位于成都的物流企业，8 月 18 日该企业跨境电商物流操作员王双收到某跨境电商卖家的货运信息，具体如下。

货物名称：背包 A 型，背包 B 型，背包 C 型。

货物数量：2 托盘。

货物体积：2170mm×1610mm×1560mm，2020mm×1220mm×1780mm。

货物重量：686kg+589kg=1275kg。

运输要求：铁路运输，中国成都到德国汉堡。

该跨境电商卖家可以按要求将货物自行送到物流企业站点，请你帮助王双根据背景资料在相关文件中查询运价率，然后对该票货物进行报价。

3. 航空运费计算

某跨境电商卖家通过跨境电商平台销售了一批玩具，该订单的货运信息如下。

Routing：BEIJING，CHINA（BJS）

to AMSTERDAM，HOLLAND（AMS）

Commodity：TOYS

Gross Weight：35.6kg

Dimensions：101cm×58cm×32cm

通过查询，目前航空公司公布的运价如表 4-21 所示。

表 4-21　　　　　　　　　　　航空公司运价表

BEIJING Y.RENMINBI	CN CNY	BJS KGS
AMSTERDAM NL	M N 45	320.00 50.22 41.53

（1）该票跨境电商货物的航空运费是多少？

（2）根据计算结果，在表 4-22 中填写航空运单运费计算栏。

表 4-22　　　　　　　　　　　航空运单运费计算栏

No. of Pieces Pcp	Gross Weight	Kg Lb	Rate Class	Commodity Item No.	Chargeable Weight	Rate /Charge	Total	Nature and Quantity of Goods (Incl. Dimension or Volume)

项目评价 ↓

项目评价表

序号	项目内容		项目要求	项目评价			
				学生自评		教师评价	
				达标	未达标	达标	未达标
1	技能	填写海运提单	根据客户提供信息，准确填写海运提单				

续表

序号	项目内容		项目要求	项目评价			
				学生自评		教师评价	
				达标	未达标	达标	未达标
2	技能	海运运费计算	能够根据相关信息，正确计算海运运费				
3		填写航空运单	根据客户提供信息，准确填写航空运单				
4		航空运费计算	能够根据相关信息，正确计算航空运费				
5		填写国际铁路联运单	根据客户提供信息，准确填写国际铁路联运单				
6		国际铁路联运费计算	能够根据相关信息，正确计算国际铁路联运运费				
7		国际多式联运运费计算	能够准确计算国际多式联运运费，并说明其基本结构				
8	素质	创新意识	能够根据资料分析问题并提出个人观点				
9		法规意识	能够明确报价后的法律意义及报价后反悔可能造成的后果				
10		求真务实	能够认识自己的优势及劣势				
11		商道意识	能够根据资料分析问题并提出有商道意识的观点				

课后提升

一、大赛园地

目前，涉及本项目内容的大赛主要是全国职业院校技能大赛财经商贸大类中的货运代理赛项。该赛项以世界技能大赛技术文件为参考标准，借鉴世界技能大赛理念，模拟国际货运代理企业真实工作场景，赛项内容贴近货运代理从业人员在工作中需解决的实际问题，考察选手的货运代理实际工作能力。参与该赛项的意义：一是检验教学成果，选拔"德技并修"的高素质技术技能型人才；二是学习世界高水平职业技能人才培养经验，引领和促进职业院校进行"三教"改革，提升职业院校人才培养质量；三是营造崇尚技能的社会氛围，进一步促进产教融合、校企合作，为我国国际货运代理行业的智慧转型发展提供支撑。

根据国际货运代理行业前沿发展要求和职业标准，以及世界技能大赛技术文件要求，该赛项重点考察选手的货运代理核心职业技能以及逻辑思维能力、时间管理能力和基本职业素养。该赛项的竞赛内容包括客户沟通、运输线路设计、合同与业务、操作处理、保险、报关、成本与效益、索赔、投诉处理等，具体如下。

1. 货运代理（海运）

该竞赛内容占比 70%，要求在 540 分钟内完成，具体如表 4-23 所示。

表 4-23 货运代理（海运）竞赛内容一览表

内容	子指标	指标说明
客户获取	客户咨询	关于主要港口、航线、贸易术语、可能的交通方式、优缺点、运输时间、交通条件等的客户咨询
	客户会面	制作英文 PPT，分析客户需求，有针对性地介绍公司的业务与优势，并与客户进行英语口语交流
海运报价	选择集装箱	根据货物特点选择集装箱的类型和数量
	费用计算	计算运费及相关费用，选择合适的船公司
	海运报价	根据客户需求，为客户提供报价方案
海运操作	集港作业	编制集港运输计划
	单证制作	根据业务要求及相关信息，缮制海运提单等海运单据
异常情况处理	海运投诉	处理海运业务中出现的投诉
	海运索赔	处理海运业务中出现的索赔事宜

2. 货运代理（空运）

该竞赛内容占比 30%，要求在 180 分钟内完成，具体如表 4-24 所示。

表 4-24 货运代理（空运）竞赛内容一览表

内容	子指标	指标说明
空运报价	空运报价	根据实际业务计算航空运费，并提供报价方案
空运操作	单证制作	根据业务要求及相关单据缮制航空运单；组织空运文件签发，完成空运操作实务
异常情况处理	空运投诉	处理空运业务中出现的投诉
	空运索赔	处理空运业务中出现的索赔事宜

该赛项为个人赛。赛项试题为全英文，提交成果（含书面和口语表达）也必须使用英文，如提交成果中出现中文，则判定提交成果无效，记零分。

二、素质拓展与业务思考

1. 素质拓展

近年来，跨境电商物流运输发生了许多安全事故，请通过一些媒体调查近 10 年跨境电商物流运输重大安全事故，并把相关情况填入表 4-25。

表 4-25　　　　　　　　　　近 10 年跨境电商物流运输重大安全事故调查表

序号	发生时间	事故原因	事故损失
1			
2			
3			
4			
5			

请根据以上资料，思考以下问题。

（1）对于以上重大安全事故，跨境电商物流从业人员应该如何应对？

（2）以上重大安全事故会对公司业务有哪些方面的影响？

（3）通过对以上重大安全事故的调查分析，跨境电商物流从业人员能得到哪些警示？

2. 业务思考

北极航道是指穿越北极圈，连接北美、东亚和西欧三大经济中心的海运航道。从地理位置看，它是东亚通向大西洋沿岸的西欧或北美的最短航程。北极航道分"西北航道"与"东北航道"。2009 年 7 月，德国布鲁格航运公司的两艘非破冰型货船从韩国蔚山港装货出发，向北经"东北航道"抵达荷兰鹿特丹港。此次航行贯穿了"东北航道"的全部航程，宣告了一条连接西欧和东亚两大经济区的新商业航线的诞生。2010 年 8 月，一艘俄罗斯大型油轮在两艘核动力破冰船的引导下，从摩尔曼斯克港出发，穿越"东北航道"2500 海里适航性最差的海域，成功抵达中国宁波港。

2013 年至 2018 年，中国远洋海运集团共派出 15 艘船舶，在"东北航道"上完成了 22 个航次的航行任务。2013 年，中远海运特运开始探索北极航道，其拥有的永盛轮从太仓港出发，通过"东北航道"到达鹿特丹港，航程为 7931 海里，航行 27 天，比传统的经马六甲海峡、苏伊士运河的航线缩短航程 2800 多海里，航行时间减少 9 天。

"东北航道"是连接中国与欧盟国家的最短航线。90%以上的中国对外贸易依赖海洋运输，作为东亚连接北欧、东欧及西欧的最短航线，"东北航道"相比传统的航线，可缩短大约 1/3 的航程。

请思考：一旦北极航道更容易进入，对全球跨境电商物流运输及其相关行业带来哪些直接的影响？对我国跨境电商物流行业带来哪些机遇与挑战？

项目五

跨境电商关务操作

教学目标 ↓

知识目标

1. 理解跨境电商关务基础知识。
2. 掌握跨境电商进出口的关务操作流程。
3. 了解境外清关的内容。

能力目标

1. 能够根据具体商业情景明确跨境电商关务的业务内容。
2. 能够熟练开展跨境电商进出口关务业务。
3. 能够处理跨境电商境外清关。

素质目标

1. 具备良好的职业素养和身体素质。
2. 能够树立创新意识、创新精神。
3. 能够和团队成员协商，共同完成实训任务。
4. 具备一定的跨境电商关务政策规则应对能力。
5. 具备诚实守信的价值观、求真务实的工作态度及商道意识。
6. 能够认识我国跨境电商关务优势，树立国家、民族自信意识。

思维导图 ↓

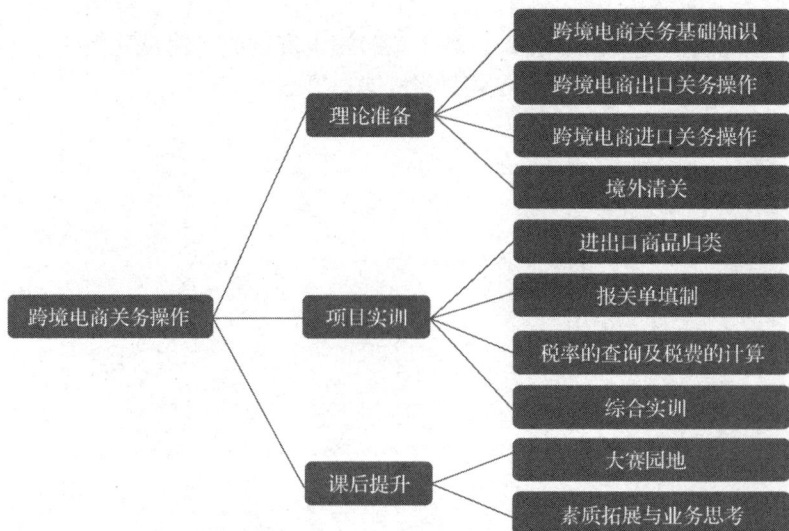

理论准备

一、跨境电商关务基础知识

关务涉及进出口、通关、物流、外汇管理、税收征缴，所有跨境电商货物进出不同关境都必须进行关务操作。

1. 跨境电商关务概述

"单一窗口"标准版专设了"跨境电商"应用窗口，如图 5-1 所示，实现了跨境电商企业进出口通关的统一化和规范化。

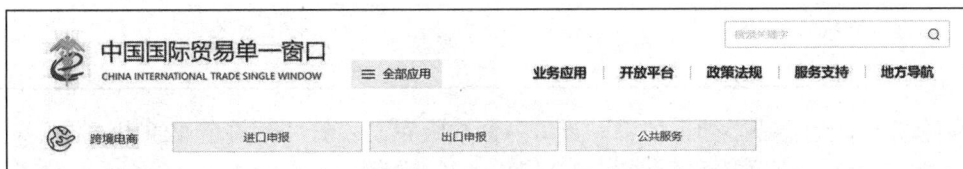

图 5-1　"单一窗口"标准版中的"跨境电商"应用窗口

跨境电商物流企业在"单一窗口"标准版中，可根据各监管部门的要求进行业务数据的一次性录入，并一次性向各监管部门进行申报。此外，交易订单信息、运单信息、支付信息、清单等数据均为电子数据，方便企业实现无纸化通关。

（1）"单一窗口"标准版"跨境电商"目录

目前，"单一窗口"标准版共分为 19 个一级目录、99 个二级目录和 392 个三级目录，业务主管单位涉及海关总署、交通运输部、商务部、国家税务总局等。一级目录"跨境电商"中包含"进口申报""出口申报""公共服务" 3 个二级目录，业务主管单位均为海关总署。"单一窗口"标准版"跨境电商"目录包含的服务名称、服务功能如表 5-1 所示。

表 5-1　　　　　　　　　　"单一窗口"标准版"跨境电商"目录

系统名称	序号	服务名称	服务功能
进口申报	1	交易管理	订单传输、支付单传输、订单查询、支付单查询
	2	物流管理	物流运单传输、物流运单查询、物流运单状态查询
	3	清单管理	清单申报、清单查询
	4	修撤单管理	撤单查询、可修改订单查询等
	5	退货管理	退货单申报、退货单查询
	6	监管场所管理	入库明细单查询
	7	税单管理	缴款书查询、缴款书详情查询、缴款书导出任务查询、电子税单查询、电子税单导出查询
	8	担保管理	担保余额查询
	9	服务管理	服务注册

续表

系统名称	序号	服务名称	服务功能
出口申报	1	交易管理	订单传输、收款单传输、订单查询、收款单查询
	2	物流管理	运单传输、运抵单申报、运单查询、运抵单查询、离境单查询
	3	清单管理	清单申报、清单改单、撤销申请单申报、清单总分单申报、清单总分单改单、清单查询、撤销申请单查询、清单总分单查询
	4	退货管理	退货单查询、理货明细单查询
	5	汇总管理	汇总申请单申报、汇总申请单查询、汇总结果单查询、汇总报关单查询
	6	B2B 管理	B2B 报关单查询、海外仓备案查询
公共服务	1	跨境电商公共服务	个人额度查询、个人税款查询、个人通关数据查询

　　所有跨境电商企业都必须在"单一窗口"标准版完成注册、海关企业通用资质备案及办理电子口岸 IC 卡等准备工作以后，才能开展相关关务操作。

　　为了促进跨境电商的发展，各省、自治区、直辖市都建立了专门的跨境电商公共服务平台，这些平台可直接对接"单一窗口"标准版，方便各类跨境电商企业操作。跨境电商公共服务平台服务功能如图 5-2 所示。

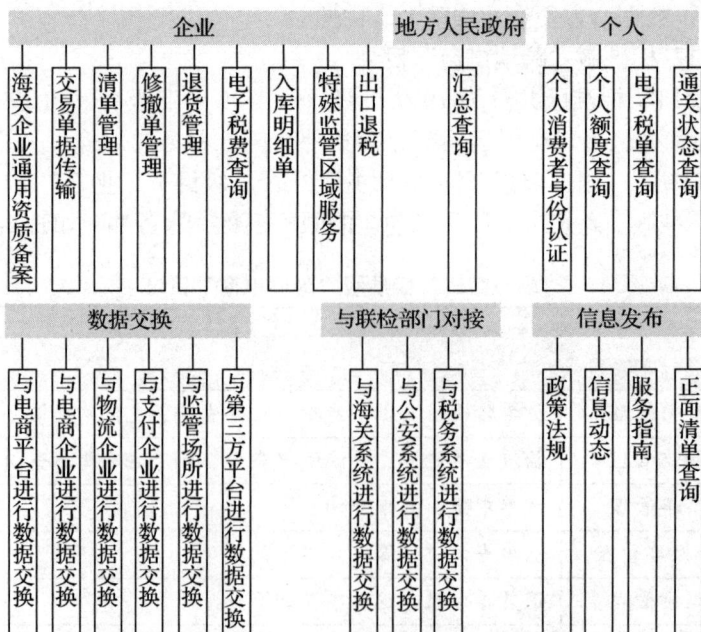

图 5-2　跨境电商公共服务平台服务功能

　　（2）跨境电商物流涉及的术语及单据

　　相关人员在"单一窗口"标准版进行操作时，会遇到专业术语。跨境电商物流涉及的术语及其说明如表 5-2 所示。

表 5-2　跨境电商物流涉及的术语及其说明

序号	术语全称	术语说明
1	申报企业	为电商企业或物流企业提供信息备案或申报等代理活动的企业
2	电子订单	电商企业根据网上实际交易形成的电子数据订单
3	物流运单	物流企业根据订单的物流运输安排形成的电子数据运单
4	收款单	支付企业根据订单的实际交易情况形成的电子数据收款单
5	出境清单	每次实际出口时，电商企业需要向海关申报的单证，经过海关查验放行后货物才可出境
6	离境单	物流企业根据订单的物流运输安排形成的电子数据离境单
7	运抵单	监管场所经营人通过服务系统向通关服务系统申报的单证
8	汇总申报	根据集中申报周期，电商企业将一段时间内的出境清单汇总，形成报关单向海关申报
9	离境信息	货物实际离境后，物流企业发送的货物离境信息

（3）跨境电商监管

进出口货物海关监管方式（以下简称监管方式），是以国际贸易中进出口货物的交易方式为基础，结合海关对进出口货物的征税、统计及监管条件综合设定的海关对进出口货物的管理方式。由于海关对不同监管方式下进出口货物的征税、统计、监管作业的要求不同，因此为满足海关管理的要求，H2000 通关管理系统的监管方式代码采用四位数字结构，其中前二位是按海关监管要求和计算机管理需要划分的分类代码，后二位为海关统计代码。

目前，我国跨境电商涉及的监管方式主要有 9610、9710、9810、1210 及 1239。跨境电商不同的监管方式不仅在跨境电商进出口税费、贸易融资、信用保险等政策方面有所不同，而且在海关、货代、物流、报关、金融服务、口岸管理等方面实行差异化管理。

① 9610。9610 是跨境电商零售进出口业务的监管方式，又称"直购进口"，针对的是小体量业务（如国际快递发货），专为销售对象为单个消费者的中小型跨境电商企业服务，适用于境内个人或电子商务企业通过电子商务交易平台实现交易，并采用"清单核放、汇总申报"模式办理通关手续的电子商务零售进出口商品（通过海关特殊监管区域或保税监管场所一线的电子商务零售进出口商品除外）。出口企业原来的碎片化、订单化的零售出口业务，可以按照 9610 的申报要求通过"单一窗口"标准版或跨境电商公共服务平台向海关申报。9610 主要针对的是跨境电商企业、外贸综合服务企业、品牌制造企业、国际货代企业，运输方式主要是国际邮政小包、国际商业快递。相比于传统跨境电商模式，9610 能更好地满足企业结汇、通关、退税等需求。9610 的优势如下。

第一：快速通关。在 9610 监管方式下，海关通关信息平台系统会自动将企业一个月内的订单、物流单和支付信息单汇总成"数据清单"，全程无纸化操作，由企业将数据推送给税务、外汇管理部门，海关只需对企业事先报送的出口商品清单进行审核，审核通过后企业就可办理实货放行手续，这不仅让企业的通关效率更高，而且降低了通关成本。最快 1 小时通关，11 秒就能放行。也就是说，在这种监管方式下，企业只管发货，不用一次次处理烦琐的报关手续。

第二：结汇退税。企业定期汇总清单形成报关单进行申报，海关为企业出具报关单退税证明，可解决企业退税难题。对于跨境电商零售出口业务，企业可凭借"汇总申报"或"简化申报"形成的报关单及相应单证，根据一般贸易结汇退税流程，办理出口退税。

9610 监管方式下，消费者（订购人）在跨境电商平台上购买商品后，跨境电商企业或平台企业、支付企业、物流企业分别向海关传输"三单信息"，商品运抵海关监管作业场所（场地）后，跨境电商企业或其代理人向海关办理申报和纳税手续。因为在商品种类的多样性上具有优势，所以 9610 监管方式多被经营品类较宽泛的跨境电商平台及境外电商企业所采用。

② 9710 和 9810。自 2020 年 7 月 1 日，9710（跨境电商 B2B 直接出口）和 9810（跨境电商出口海外仓）陆续在部分直属海关试点，根据海关总署公告 2020 年第 75 号，在北京海关、天津海关、南京海关、杭州海关、宁波海关、厦门海关、郑州海关、广州海关、深圳海关、黄埔海关开展跨境电商 B2B 出口监管试点。9710 适用于跨境电商 B2B 直接出口的货物，9810 适用于跨境电商出口海外仓的货物。跨境电商 B2B 直接出口是指境内企业通过跨境电商平台与境外企业达成交易后，通过跨境物流将货物直接出口送达境外企业，并向海关传输相关电子数据的监管方式。跨境电商出口海外仓是指境内企业将出口货物通过跨境物流送达海外仓，通过跨境电商平台实现交易后从海外仓送达购买者，并向海关传输相关电子数据的监管方式。上述两种监管方式下，在出口申报前，跨境电商出口企业或其代理人（含境内跨境电商平台企业）应通过"单一窗口"标准版或"互联网＋海关"向海关传输交易订单或海外仓订仓单等电子信息，物流企业向海关传输物流电子信息，具备条件的可加传收款信息，并对数据真实性负责。

跨境电商 B2B 直接出口适用全国通关一体化，企业可以选择向属地海关进行申报，货物在口岸地海关进行验放，海关可优先对跨境电商 B2B 直接出口货物进行查验，跨境电商 B2B 直接出口货物在物流及海关查验方面也可享受较大便利。

③ 1210。1210 全称"保税跨境贸易电子商务"，简称"保税电商"，也称"网购保税进口"，适用于境内个人或电子商务企业在经海关认可的电子商务平台实现跨境交易，并通过海关特殊监管区域或保税监管场所进出的电子商务零售进出口商品[海关特殊监管区域、保税监管场所与境内区外（场所外）之间通过电子商务平台交易的零售进出口商品不适用该监管方式]。

以 1210 监管方式开展跨境贸易电子商务零售进出口业务的电子商务企业、海关特殊监管区域或保税监管场所内跨境贸易电子商务经营企业、支付企业和物流企业应当按照规定向海关备案，并通过电子商务平台实时传送交易、支付、仓储和物流等数据。

"特殊区域零售出口"是指企业将商品批量出口至海关特殊监管区域或保税物流中心（B型）[以下简称区域（中心）]，海关对其实行账册管理；境外消费者通过跨境电商平台购买商品后，商品通过物流（快递）形式送达境外消费者的监管方式。"特殊区域出口海外仓零售"是指企业将商品批量出口至区域（中心），海关对其实行账册管理；企业在区域（中心）内完成理货、拼箱后，批量出口至海外仓，通过电子商务平台完成零售后再将商品从海外仓送达境外消费者的监管方式。

1210 监管方式的主要优势：便利的"入区即退税"（保税区除外），有效缩短企业资金运转周期、降低退税时间成本；货物批量入区及集货运输出口，有效降低企业物流成本；畅通的跨境电商出口退货渠道，保障跨境商品"出得去，退得回"，解决企业后顾之忧。

1210 监管方式下，商品通过国际物流批量运输至境内，进入区域（中心）专用仓库仓储备货，境内消费者在电商平台上下单后，企业办理出区域（中心）手续，由境内物流将商品送给境内消费者。

④ 1239。1239 即"网购保税进口 A"。跨境电商新政出台后，我国保税进口城市分为两种：一是新政出台前批复的具备保税进口试点的城市，二是新政出台后开放保税进口业务的其他城市。海关在监管时为了将二者区分开来，对于试点城市，继续使用 1210；对于非试点城市，则使用 1239。

1239 适用于境内电子商务企业通过海关特殊监管区域或保税物流中心（B 型）一线进境的跨境电商零售进口商品。天津、上海、杭州、宁波、福州、平潭、郑州、广州、深圳、重庆等 80 多个城市及海南全岛以外的区域开展跨境电商零售进口业务使用 1210，其他城市开展网购保税进口业务使用 1239。随着国家进一步扩大跨境电商零售进口试点，1210 的实施范围几乎涵盖所有区域（中心）所在的城市（地区），1239 监管方式将逐步退出历史舞台。

2. 跨境电商商品申报

按照海关管理条例，任何进出口商品都必须向海关申报。进出口商品的种类和用途必须严格按照海关规定的分类申报。目前，海关按海关商品编码分类管理进出口商品。

（1）海关商品编码

海关商品编码也称海关编码、HS 编码、税号，其依据是《商品名称及编码协调制度的国际公约》，简称《协调制度》（*Harmonized System*，HS），是世界海关组织主持制定的一部供海关、统计、进出口管理及与国际贸易有关的各方共同使用的商品分类编码体系，是各类商品在海关中的"身份证"。我国目前把全部国际贸易商品分为 22 类、98 章，采用 8～10 位编码（注意，在海关进行检验检疫时需要采用 13 位海关编码，即 CIQ 代码），即在《协调制度》的 6 位编码的基础上增加了 2～4 位子目，我国的商品编码由 4 位税目（品目）和 4～6 位子目构成。我国目前使用的 10 位编码中前 8 位等效采用 HS 编码，称为主码；后两位称为附加码，是根据我国进出口商品的实际情况延伸而来的两位编码。

在海关管理过程中，不同类别的进出口商品适用不同的监管条件、按照不同税率征收关税，海关在统计时也将不同商品的类别作为一项重要的统计指标。也就是说，对进出口商品进行归类编码是海关监管、征税和统计的基础。常见进出口商品的海关编码如表 5-3 所示。

表 5-3　　　　　　　　　　　　常见进出口商品的海关编码

海关编码	进出口商品名称	进口税税率		增值税税率	出口税税率	出口退税税率	监管条件
		最惠国	普通				
3304.9900.99	皮肤修复乳	1%	150%	13%	0%	13%	AB
8512.4000.00	小轿车用雨刮器	10%	45%	13%		13%	无
4016.9990.90	供宠物嬉戏用的橡胶制欢乐球	10%	80%	13%	0%	13%	无
7117.9000.00	PVC 手机绳	18%	130%	13%	0%	13%	A
2106.9090.90	婴儿配方奶粉	12%	90%	13%	0%	9%	AB
0202.2000.10	冻藏的带骨野牛肉	12%	70%	9%	0%	9%	47ABEFX

进出口商品的海关编码可参考《中华人民共和国海关进出口商品规范申报目录及释义》（简称《目录及释义》），或通过"海关 HS 编码查询系统"进行查询。2023 年 1 月 1 日，《目录及释义》2023 版启用，如图 5-3 所示。

企业通过 HS 编码移动终端查询系统也可以在线查询商品编码，如图 5-4 所示。

图 5-3 《目录及释义》2023 版

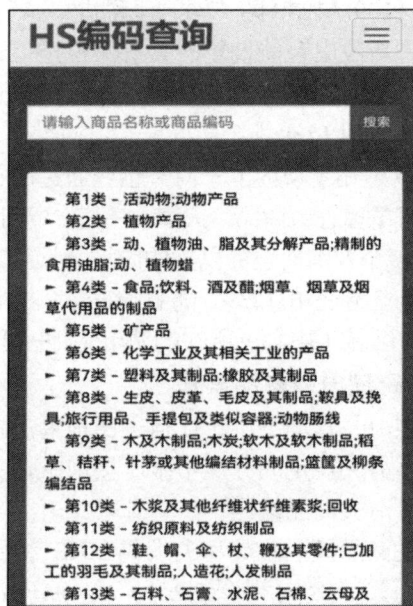

图 5-4 HS 编码移动终端查询系统

《目录及释义》和海关编码会随着国家政策而变化，几乎每年都有调整。2022 年 3 月 1 日，《跨境电子商务零售进口商品清单（2019 年版）》进行优化调整，增加了滑雪用具、家用型洗碗机、番茄汁等 29 项近年来消费需求旺盛的商品；同时调整了部分商品的海关编码，根据监管要求新增、删除、调整优化了部分商品的备注，部分调整表如表 5-4 所示。

表 5-4　　　　　跨境电子商务零售进口商品清单调整表（部分）

序号	海关编码	商品描述	备注
1	03061630	冻冷水小虾及对虾（长额虾属、褐虾）虾仁	仅限网购保税商品
2	03061690	其他冻的冷水小虾及对虾（长额虾属、褐虾）	仅限网购保税商品
3	03061730	其他冻的小虾及对虾、虾仁	仅限网购保税商品
4	03072199	其他活、鲜、冷的扇贝科软体动物	仅限网购保税商品
5	03072210	冻扇贝	仅限网购保税商品
6	03072290	其他冻的扇贝科的软体动物	仅限网购保税商品
7	03072990	其他扇贝科的软体动物	仅限网购保税商品
8	04032010	仅含糖、水果或坚果等的酸乳	仅限网购保税商品
9	04032090	其他酸乳	仅限网购保税商品
10	04109010	燕窝	仅限网购保税商品
11	04109021	鲜蜂王浆	仅限网购保税商品
12	04109022	鲜蜂王浆粉	仅限网购保税商品
13	04109023	蜂花粉	仅限网购保税商品

目前，跨境电商常采用 8 位编码。

例如，冰墩墩毛绒玩具（面部材质为 95%聚酯纤维和 5%氨纶，衣服材质为 100%聚酯纤维，填充物为 100%聚酯纤维 PP 棉）和冰墩墩手办（树脂和亚克力材质），冰墩墩的原型为熊猫，符合《目录及释义》95.03 品目中“玩具”的定义，应归入的海关编码为 9503.0021。

而冰墩墩钥匙扣（钥匙扣用的曲状扣环为贱金属，尺寸为 60mm × 100mm，与厚度为 35mm 的冰墩墩或雪容融的卡通形象悬挂物相连，悬挂物材质为透明亚克力 PVC）应归入的海关编码为 7326.9090。

（2）商品规范申报要素

申报要素是指进出口商品收发货人及其代理人在填报进出口商品报关单的“商品名称”“规格型号”等栏目时，应按照《目录及释义》中所列商品相应的申报要素的内容填报，申报要素可根据海关编码查询得到，报关过程中的申报要素单如图 5-5 所示。

(1) 商品编码: 8536690000
商品描述：转接头

申报要素
1．品名：转接头
2．用途：电源连接
3．品牌：khons/无中文名品牌
4．类型：境内自主品牌
5．电压：380V
6．型号：3030-2070-32-0.3C
7．不确认是否在目的国（地区）享受优惠关税

(2)商品编码: 8536690000
商品描述:充电插头

申报要素
1．品名：充电插头
2．用途：电源连接
3．品牌：khons/无中文名品牌
4．类型：境内自主品牌
5．电压：380V
6．型号：WB-IP3-AC1.0-32AT
7．不确认是否在目的国（地区）享受优惠关税

该货物为非敏感物项，以上情况完全属实，如有不符，我司愿承担所有责任。

××××有限公司

图 5–5　申报要素单

跨境电商关务系统中的申报要素如表 5-5 所示。

表 5-5　　跨境电商关务系统中的申报要素

序列	海关编码	品名	单位	申报要素
1	4202220000	包	个	1. 种类：手提包。 2. 表面材质：PU。 3. 品牌及款号：无
2	6106100090	衬衫	件	1. 品名：衬衫。 2. 织造方法（针织或钩编）：针织。 3. 种类（衬衫）：衬衫。 4. 类别（女式）：女式。 5. 成分含量：100%棉。 6. 品牌：无。 7. 货号：无

序列	编码	品名	单位	申报要素
3	8716800000	宠物推车	辆	1. 品牌：无。 2. 型号：无
4	920710000	电子琴	台	1. 种类：电子琴。 2. 品牌：无。 3. 规格型号：无
5	9503001000	滑板车	辆	1. 用途：骑乘代步用。 2. 轮径：16cm。 3. 品牌：无。 4. 型号：21寸
6	6103320000	男士夹克	件	1. 织造方法：针织。 2. 种类：短大衣。 3. 类别：男式。 4. 成分含量：100%棉。 5. 品牌：无。 6. 货号：无

① 商品申报要素分为 3 类：归类要素、价格要素、审单及其他要素，具体如表 5-6 所示。

表 5-6　　　　　　　　　　　商品申报要素

项目	归类要素	价格要素	审单及其他要素
含义	归类要素又叫归类依据，即在海关编码归类过程中所必需的信息要素。如果归类要素不全，就无法确定海关编码归类是否准确	用于确定所申报的商品价格是否合理所必需的信息要素。如果价格要素不全，海关就无法确定所申报的价格是否合理	除了归类要素和价格要素之外的，海关认为需要的其他信息要素
作用	海关计算机系统自动审单或人工审单时，主要根据企业所填报的归类要素信息判断并确定海关编码是否正确	在进口报关中，海关特别重视价格要素，以防止进口人员低报进口价格，少付进口关税和增值税等税金；在出口申报中，海关也会监控是否存在不合理的高报出口价格，以防止高报出口价格，骗取更多的出口退税	

② 商品规范申报要素的意义如表 5-7 所示。

表 5-7　　　　　　　　　　　商品规范申报要素的意义

对海关的意义	对企业的意义
是确保税收征管质量的基础； 是对进出口商品实施查验监管的基础； 是开展事后监控、复核、核查、稽查的基础； 是内部执法监督和廉政检查的基础	不符合商品规范申报要求会被记录为报关差错，而报关差错率过高就会影响企业进行 AEO 认证； 是企业信用认证的基础（分类管理→信用管理）； 是汇总征税业务资信评估的基础

③ 商品归类要素及归类条件如表 5-8 所示。

表 5-8 常见商品归类要素及归类条件

序号	归类要素	归类条件
1	来源	野生、养殖、天然、合成回收
2	状态	外观、新鲜、冷藏、冷冻、干的及其他制作或保存方法（限定在第一至第四类商品）
3	包装	包装规格及状态，是否为零售包装、成套货品
4	材质/成分	材料属性、成分及含量、分子式、化学结构式
5	加工	加工程度、加工工艺、加工方法或方式
6	规格	商品自身属性，如品牌、式样、种类、型号、尺寸、重量、体积、功率、电压
7	功能	原理、作用
8	用途	适用对象
9	齐全	不缺少影响归类的相关要素

④ 规范申报案例：海关编码 6204530090（描述为合成纤维制其他女式裙子及裙裤）必须提供的申报要素具体如表 5-9 所示。

表 5-9 海关编码 6204530090 必须提供的申报要素

申报要素		具体申报要素
归类要素	品名	可以报成女式裙子、裙子、女式裙裤、合成纤维制女式裙子等，不能报成裤子、女式服装等与海关编码描述（合成纤维制其他女式裙子及裙裤）不相符或过于笼统的品名
	织造方法	必须报成机织或梭织，因为这个海关编码在第 62 章，第 62 章都是机织或梭织的；不能报成针织或钩编，因为针织或钩编的海关编码在第 61 章
	种类	必须报成裙子、裙裤，不能报成西服、便服套装、上衣、长裤等，这是因为西服、便服套装、上衣、长裤等有另外的海关编码。只有种类为机织或梭织的裙子、裙裤时（与海关编码描述——合成纤维制其他女式裙子及裙裤保持一致）才能用这个海关编码
	类别	必须报女式，不能报男式（必须和海关编码描述一致，如果实际情况和描述不一致，就要考虑找用的海关编码，而不是这个海关编码）
	成分含量	其主要含量必须为合纤［化纤主要分为两大类：人造纤维（人纤）和合成纤维（合纤），根据规范申报的要求，其主要含量应该是合纤，报成化纤是比较笼统的不规范的做法］，如合纤 82%、棉 18%
价格要素	品牌	按照实际品牌如实申报，如果没有品牌，就报"无品牌"。品牌不一样，价格也会不一样，品牌影响价格
审单及其他要素		无

对于申报要素不规范的报关单，海关不仅会要求申报企业改单，而且这会影响申报企业的查验率、企业信用等级甚至 AEO 认证。申报要素的详细注解可以参考本年度的《目录及释义》。

3. 跨境电商的税费

跨境电商进口税主要分为两种：跨境电商综合税和行邮税，跨境电商综合税主要包括进口环节增值税、消费税、关税；行邮税包括消费税和增值税。跨境电商出口时，企业在境内一般不交税，在境外需要缴纳关税、消费税、进口增值税 3 种税费，在某些国家（地区）或针对特殊货物可能还需要缴纳其他税费。

（1）跨境电商综合税的计算

根据海关要求，对于跨境电商进口商品，企业必须缴纳税费。按照目前的规定，对于跨境电商进口商品，企业需要缴纳跨境电商综合税，其计算公式为：

$$跨境电商综合税=关税+进口环节增值税+消费税$$

其中，关税、进口环节增值税及消费税的计算公式为：

$$关税=申报价值×关税税率$$

$$进口环节增值税=（完税价格+消费税税额）×增值税税率$$

$$消费税=［完税价格÷（1-消费税税率）］×消费税税率$$

完税价格是海关征收关税的依据，一般为实际交易价格，包括商品零售价格、运费和保险费。如果所购商品不能提供有效地价格凭证，就需要海关进行审定后进行估算。

目前跨境电商综合税有限额优惠，在优惠限额内或超过优惠限额，税额的计算会有所不同，具体计算如下。

① 优惠限额内。通过跨境电商购买的商品的交易价值单次不超过 5000 元或全年累计不超过 26000 元的，目前关税税率暂时设定为 0%，进口环节增值税及消费税按法定应缴税额的 70%征收，此时的计算公式为：

$$跨境电商综合税=（进口环节增值税税额+消费税税额）×70\%$$

在优惠限额内，大部分跨境进口商品的综合税税率为 11.9%，低于行邮税税率和一般贸易进口货物的综合税税率。

② 超过优惠限额。当商品交易价值超过优惠限额，即单次交易价值超过 5000 元，或者全年累计交易价值超过 26000 元，再或者完税价格超过 5000 元的为单个不可分割商品，就要按一般贸易进行全额征税，此时适用的计算公式为：

$$跨境电商综合税=关税+进口环节增值税+消费税$$

第一种情况：单次交易价值超过 5000 元。按一般贸易全额征税，而不允许拆分成数个低于 5000 元价值的包装分别优惠计税，也不能只对超出部分额度按全额征税。

第二种情况：全年累计交易价值超过 26000 元。表示一年内的交易总额超过 26000 元，例如，前面几次已经消费了 25000 元，此次消费 1100 元，加起来是 26100 元，超过 26000 元。此次 1100 元就需要按一般贸易全额征收关税、进口环节增值税和消费税。

第三种情况：完税价格超过 5000 元的单个不可分割商品。例如，所购跨境进口商品的完税价格是 6000 元，且不可分割，如计算机，就要按一般贸易进行全额征税。

（2）跨境电商税费的征收

征收跨境电商税费的步骤如下。

① 查询税率。根据我国产业发展状况及相关规定，每年进出口税则税目会随《协调制度》同步调整，并根据需要对部分税则税目、注释进行调整。国务院关税税则委员会办公室（简称关税司）也会对部分进出口商品的关税税率进行相应的调整。进出口商品及跨境电商商品的关税税率可以通过相关方式进行查询，具体有以下几种。

方式一：进出口商品收发货人或其代理人可根据《进出口税则对照使用手册》(简称《进出口税则》)查询税率，如图 5-6 所示。

方式二：通过"互联网+海关"网站查询。

进入"互联网+海关"首页，如图 5-7 所示。

图 5-6　《进出口税则对照使用手册》

图 5-7　"互联网+海关"首页

找到"我要查"栏目，如图 5-8 所示。

图 5-8　"我要查"栏目

单击"税率查询"选项，进入"进出口商品税率查询"界面，如图 5-9 所示。

图 5-9　"进出口商品税率查询"界面

方式三：通过"单一窗口"标准版或"掌上单一窗口"App 查询。此处以"掌上单一窗口"App 为例进行介绍。

打开"服务"界面，选择"参数查询"栏中的"进出口商品税率"选项，如图 5-10 所示。

在弹出的"进出口商品税率"界面中输入"税号"和"商品名称"，点击"查询"按钮，如图 5-11 所示。

图 5-10 选择"进出口商品税率"选项

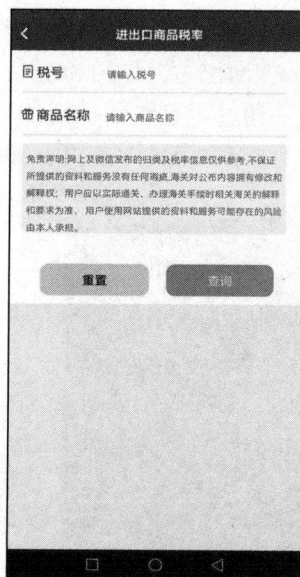

图 5-11 "进出口商品税率"界面

进口关税税率根据中国对原产国（地区）的相关贸易政策而定，以新版《进出口税则》或海关总署公告的税率为准。中国常见跨境电商进口商品税率如表 5-10 所示。

表 5-10　　　　　　　　　　　中国常见跨境电商进口商品税率

类目	商品名称	最惠国关税税率	增值税税率	消费税税率	跨境电商综合税税率
婴儿奶粉	婴儿奶粉	15%	13%	0%	9.1%
保健品	保健品	12%	13%	0%	9.1%
食品	巧克力	10%	13%	0%	9.1%
	坚果类	25%	13%	0%	9.1%
	橄榄油	10%	9%	0%	6.3%
	葡萄酒	14%	13%	10%	17.9%
化妆品	面膜（片装）<15 元/片	1%	13%	0%	9.1%
	面膜（片装）≥15 元/片	1%	13%	15%	23.1%
	化妆品/彩妆（片装）<15 元/片	1%	13%	0%	9.1%
	化妆品/彩妆（片装）≥15 元/片	1%	13%	15%	23.1%
3C 产品	美容仪	0%	13%	0%	9.1%
	电动剃须刀	8%	13%	0%	9.1%
服装、箱包	女装、男装、内衣	10%	13%	0%	9.1%
	包、钱夹、箱包	6%	13%	0%	9.1%

② 确定税费计征汇率。进出口商品的价格及有关费用以外币计价的，海关按照该商品适用税率之日所适用的计征汇率折合为人民币计算完税价格。海关每月使用的计征汇率为上一个月第三个星期三（第三个星期三为法定节假日的，顺延采用第四个星期三）中国人民银行公布的外币兑人民币的基准汇率；以基准汇率币种以外的外币计价的，采用同一时间中国人民银行公布的现汇买入价和现汇卖出价的中间值（采用四舍五入法保留 4 位小数）。如果上述汇率发生重大波动，海关总署认为必要时，可另行规定计征汇率，并对外公布。完税价格计算到元为止，元以下四舍五入；完税税额计算到分为止，分以下四舍五入。

③ 跨境电商进口应纳税额计算及代征。目前，进口环节海关代征税主要有增值税、消费税两种，鉴于目前跨境电商进口商品的法定增值税税率平均为 13%，按 70%缴纳即为 9.1%，且无进口关税，所以在计算时，只要确定其消费税税率，便可使用计税常数计算税额（即消费税税额和增值税税额之和），计算公式为：

$$应纳税总额=跨境电商进口商品的完税价格 \times 计税常数$$

其中，计税常数计算公式为：

$$计税常数=（消费税税率+增值税税率）\div（1-消费税税率）$$

跨境电商进口关税与进口环节代征税计税常数可参考《中国海关报关实用手册》中的计税常数表，如表 5-11 所示。

表 5-11　跨境电商进口关税与进口环节代征税（消费税及增值税）计税常数表

关税税率/%	消费税税率/%											
	1	3	4	5	9	10	12	15	25	30	36	40
0	10.2020	12.4742	13.6458	14.8421	19.8901	21.2222	23.9773	28.3529	45.4667	55.8571	70.4688	81.8333

（3）跨境电商出口的增值税、消费税退（免）税政策

目前，跨境电商企业出口时，可以申请增值税、消费税退（免）税优惠，其享受退（免）税的 4 个条件如下。

① 跨境电商出口企业属于增值税一般纳税人并已向主管税务机关办理出口退（免）税资格认定。

② 出口货物取得海关签发的出口货物报关单（出口退税专用），且与出口货物报关单电子信息一致。

③ 出口货物在退（免）税申报截止日期前收汇。

④ 跨境电商出口企业属于外贸企业的，购进出口货物取得相应的增值税专用发票、消费税专用缴款书（分割单）或海关进口增值税、消费税专用缴款书，且上述凭证有关内容与出口货物报关单（出口退税专用）有关内容相匹配。

如果跨境电商出口企业出口货物时不符合上述退（免）税条件，但是同时符合下列 3 个条件，也适用增值税、消费税退（免）税政策。

① 跨境电商出口企业已办理税务登记。

② 出口货物取得海关签发的出口货物报关单。

③ 购进出口货物取得合法有效的进货凭证。

适用退（免）税、免税政策的跨境电商出口企业，是指自建跨境电商销售平台的企业和利用第三方跨境电商平台开展跨境电商出口业务的企业。

二、跨境电商出口关务操作

跨境电商商品出口主要有一般贸易出口和跨境电商特殊区域出口两种方式，不同的出口方式对应的关务操作流程也不相同。

1. 跨境电商出口概述

按照海关规定，跨境电商出口目前使用较多的有4种监管方式，即1210、9610、9710、9810。其中，1210包括"跨境电商特殊区域包裹零售出口"（简称"1210特殊区域零售出口"）和"跨境电商特殊区域出口海外仓零售"（简称"1210特殊区域出口海外仓零售"）两种模式。跨境电商出口监管方式对比如表5-12所示。

表5-12　　　　　　　　　　　跨境电商出口监管方式对比

项目	1210		9610	9710	9810
	跨境电商特殊区域包裹零售出口	跨境电商特殊区域出口海外仓零售	跨境电商一般出口	跨境电商B2B直接出口	跨境电商出口海外仓
交易性质	B2C			B2B	
适用范围	区域（中心）	国内所有综合保税区和跨境电商综合试验区的区域（中心）	没有实施城市的限制，需要在符合海关规范要求的监管作业场所（场地）进行	目前可以在22个直属海关开展	
申报模式	跨境电商零售出口商品申报清单	出口货物报关单或者出境货物备案清单	跨境电商零售出口商品申报清单	出口货物报关单或出境货物备案清单（单票低于5000元且不涉证、不涉检、不涉税的货物，可通过H2018通关系统报送跨境电商零售出口商品申报清单）	
优势	适用入区即退税政策		跨境电商综合试验区出口可采取4位海关编码简化申报，可实现"清单核放、汇总申报"	优先安排查验，系统实时验放；积极响应跨境电商企业批量出口需求，降低出口成本；跨境电商综合试验区不涉及出口退税的，可按照6位海关编码简化申报	

（1）跨境电商一般出口

跨境电商一般出口是指取得进出口经营权的生产企业、商家通过国际快递直接面对终端消费者进行出口销售的一种国际销售模式，中间不经过任何第三方中转，为消费者提供安全可靠的购物体验。其区别于单边输入关境或单边输出关境的传统贸易方式，也改变了传统的跨境消费过程中的层层传递现象，在消费者和生产企业之间建立起点对点的简单销售关系。从交易方式来看，跨境电商一般出口主要分为B2C、C2C两种。这种模式主要表现为"清单核放、汇总申报"，跨境电商企业出售的货物以邮寄、快件等方式运输，分批核放出境，然后跨境电商企业定期将已核放的清单归并形成报关单，通过协作合同的方式将数据传至电子口岸，把报关单电子数据提供给税务、外汇管理部门，以此办理退税、结汇手续。

（2）跨境电商特殊区域出口

跨境电商特殊区域出口是指符合条件的跨境电商企业或跨境电商平台与海关联网，将整批商品按一般贸易报关，使其进入海关特殊监管区域，以实现快速退税。对于已入区的商品，境外消费者下单购买后，海关凭清单核放；商品出区离境后，海关定期将已放行清单归并形成出口报关单，企业凭此办理结汇手续。

"提前备货"是这种模式的一大亮点，境内供货商备货在海关特殊监管区域，整进散出，出口业务因此"快上加快"。该模式还适应跨境电商出口订单碎片化、多元化的特点，企业可选择合适的通关模式，根据实际出口商品名称和类目进行结汇退税，实现出口退税的"阳光化"。

2. 跨境电商一般出口通关流程

2010 年以来，跨境电商 B2C 模式逐渐壮大起来，在跨境电商 B2B 模式无法触及的领域，跨境电商 B2C 模式开辟了一片新天地。从跨境电商进出口结构来看，中国跨境电商以出口为主，监管方式以 9610 为主。跨境电商一般出口通关流程如下。

（1）系统登录

打开"单一窗口"标准版门户网站，单击"登录"按钮，进入"单一窗口"标准版登录界面，如图 5-12 所示。

图 5-12　"单一窗口"标准版登录界面

企业也可打开"互联网+海关"门户网站，单击"登录"按钮，进入"互联网+海关"登录界面，如图 5-13 所示。

图 5-13　"互联网+海关"登录界面

此处以"单一窗口"标准版门户网站为例。将已申领的中国电子口岸 IC 卡、IKey 或"共享盾"等卡介质插入读卡器中（卡介质的申领详见项目一），单击"卡介质"选项并输入用户密码进行快速登录，图 5-14 所示为卡介质登录身份验核界面。

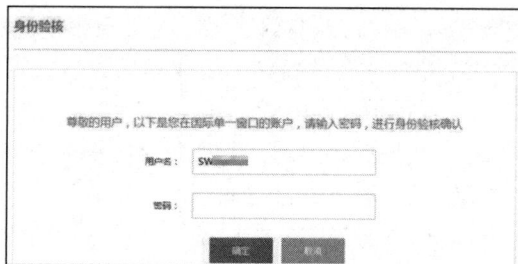

图 5-14　卡介质登录身份验核

系统对中国电子口岸 IC 卡、IKey 或"共享盾"等卡介质和登录密码进行验核，验核通过后进入跨境电商出口主界面，如图 5-15 所示。

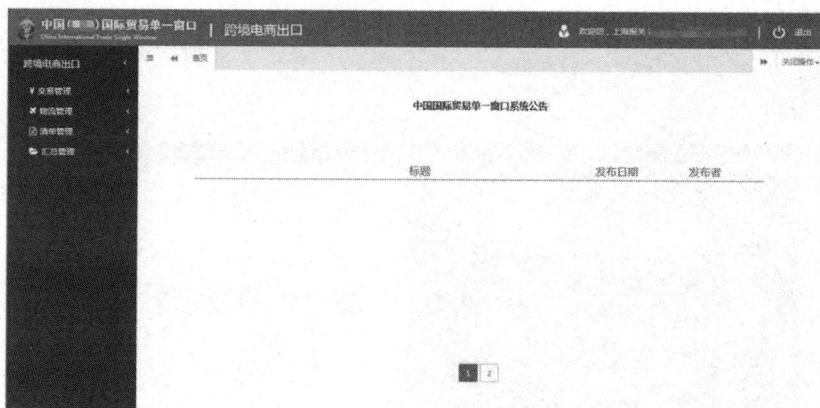

图 5-15　跨境电商出口主界面

系统会根据跨境电商企业注册备案时的类型进行相关业务的操作。

（2）交易管理

跨境电商出口企业或者跨境电商平台首先进行订单管理和收款单管理。跨境电商企业通过跨境电商平台发送电子订单数据，系统接收到电子订单数据后会进行数据校验。数据校验通过后，系统会将其入库，同时向企业发送入库成功或失败的回执，企业即可查询。其具体操作为：单击跨境电商出口主界面左侧菜单栏中的"交易管理"，展开业务菜单进行查询，如图 5-16 所示。

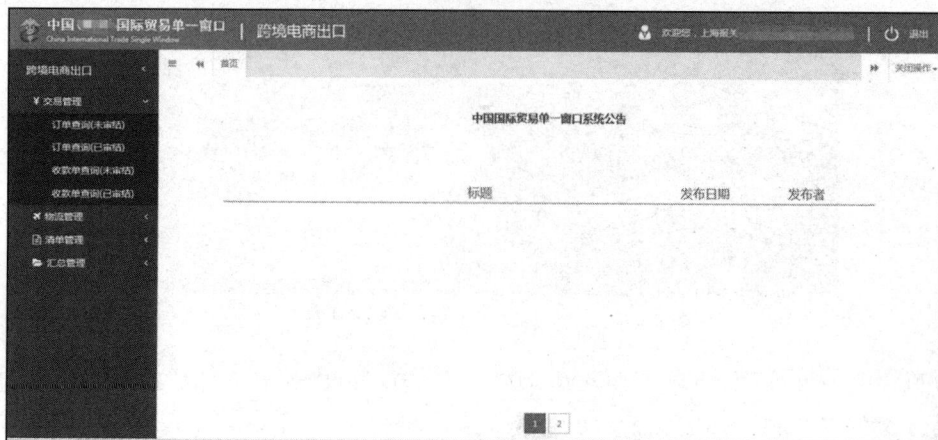

图 5-16　单击"交易管理"菜单

① 订单查询。单击"订单查询（已审结）"选项，输入相应的查询条件并单击"查询"按钮，系统会显示符合查询条件的数据，如图 5-17 所示。

图 5-17 "订单查询（已审结）"界面

在显示的查询结果中单击订单编号，系统将会跳转到"订单详情"界面，如图 5-18 所示，企业可对订单详情进行查看，但无法进行修改等操作。

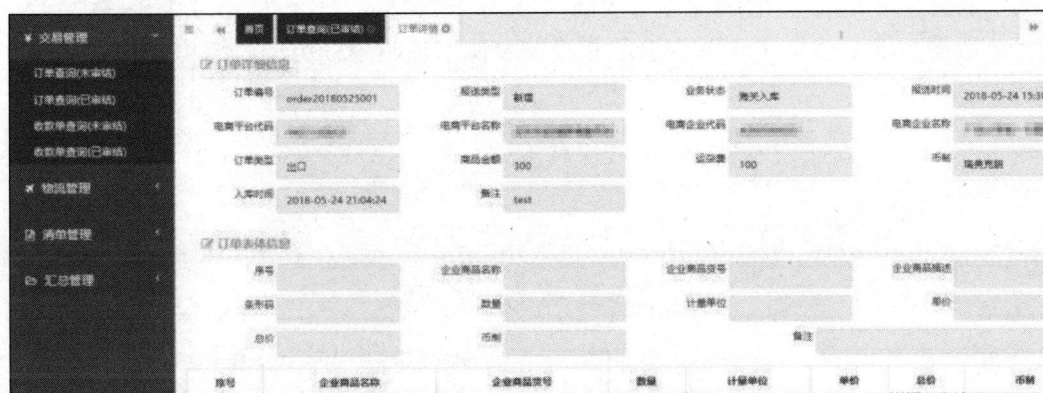

图 5-18 "订单详情"界面

② 收款单查询。单击"收款单查询（已审结）"选项，输入相应的查询条件并单击"查询"按钮，系统会显示符合查询条件的数据，如图 5-19 所示。

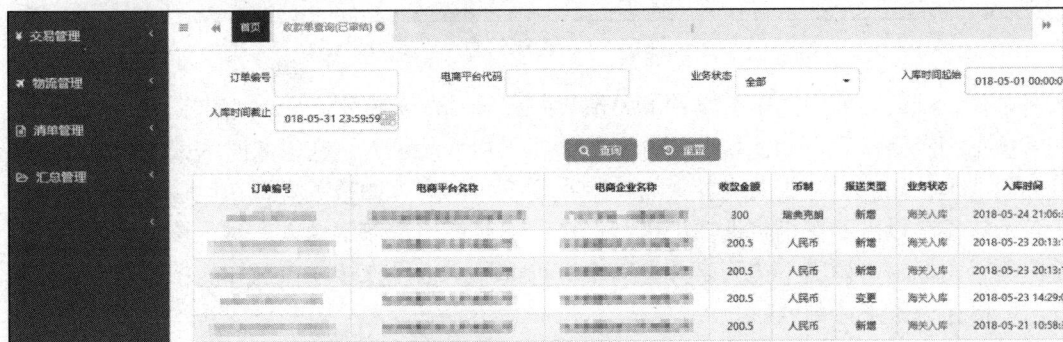

图 5-19 "收款单查询（已审结）"界面

在显示的查询结果中单击订单编号，系统将会跳转到"收款单详情"界面，如图 5-20 所示。

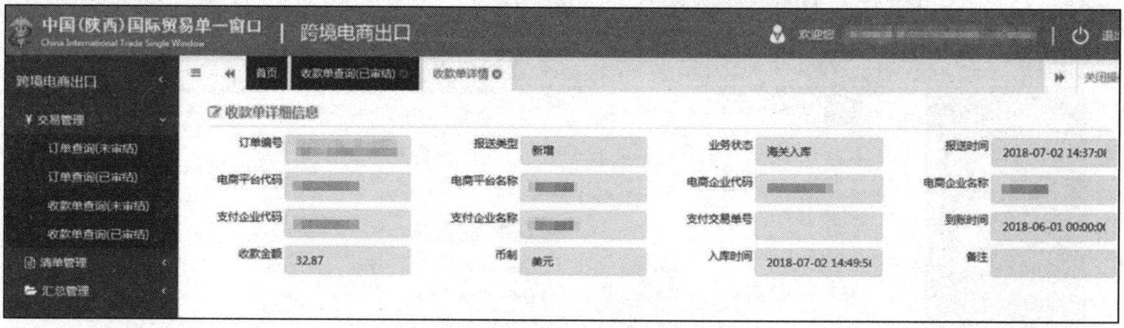

图 5-20 "收款单详情"界面

（3）清单录入

按照《海关法》规定，所有进出境货物、物品都需要办理报关手续。跨境电商零售出口采用"清单核放、汇总申报"方式办理报关手续，企业在出口申报时需要提交跨境电商零售出口商品申报清单，其与出口货物报关单具有同等法律效力。跨境电商企业或代理申报企业通过通关服务系统录入清单信息后，通关服务系统会校验录入的清单信息的格式是否正确，在校验通过后允许企业暂存、申报清单信息。用户在主菜单栏中单击"清单管理"下的"清单录入"选项，即可进入"清单录入"界面。

清单数据由清单信息（表头信息）和清单表体信息两部分组成，清单信息如图 5-21 所示。

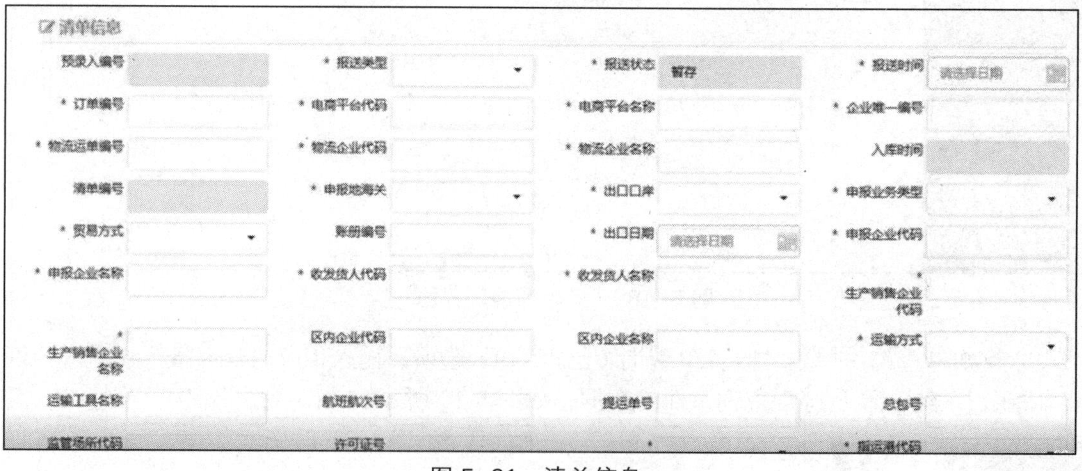

图 5-21 清单信息

清单信息录入界面中的部分字段（如预录入编号、清单编号、入库时间等）不允许录入，系统将根据相应操作后自动返填。部分字段需要用户手动录入，在录入时需根据企业的业务主管部门要求，如实填写相关内容。右侧带有倒三角标志（如报关类型、运输方式等）的字段，表示该类字段需要在指定选项中进行选择，不允许用户随意录入。对于该类字段，可直接单击倒三角标志，调出下拉列表并在其中进行选择；也可直接输入已知的相应数字、字母或汉字，迅速调出下拉列表。

清单表体信息如图 5-22 所示。

图 5-22 清单表体信息

不同企业、不同地区所需填写的跨境电商零售出口商品申报清单填制项目及要求有所不同，用户需根据具体情况填写。

用户若要对清单进行新增、暂存、申报和删除等操作，可单击图 5-23 所示界面上方的按钮。

图 5-23 清单操作按钮

用户录入清单信息时可随时单击"暂存"按钮，将当前已录入的信息进行保存，以防信息丢失。用户在申报清单之前必须进行暂存操作。

如果需在原清单上新增信息，用户可单击"新增"按钮，界面更新后，用户即可直接录入新的清单信息。

（4）清单申报

用户在主菜单栏中单击"清单管理"下的"清单申报"选项，即可进入"清单申报"界面。输入查询条件，单击"查询"按钮，系统会将符合查询条件的数据显示在列表中，如图 5-24 所示。

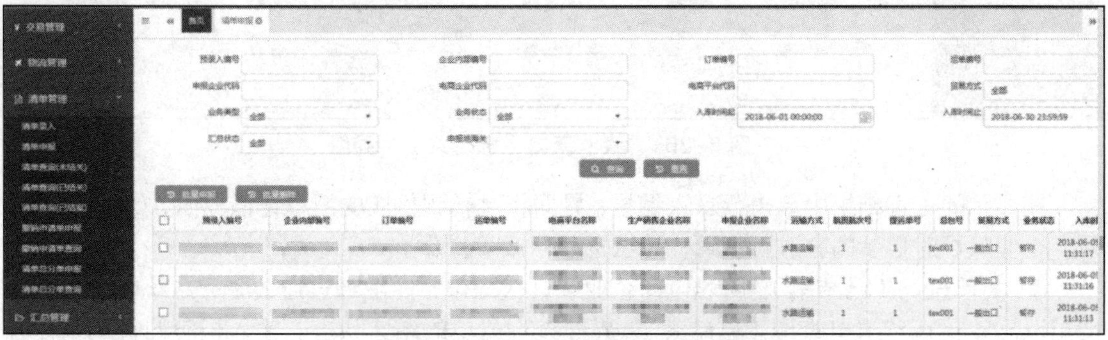

图 5-24 "清单申报"界面

单击列表中的预录入编号，系统将跳转到相应的清单详情界面，如图 5-25 所示。

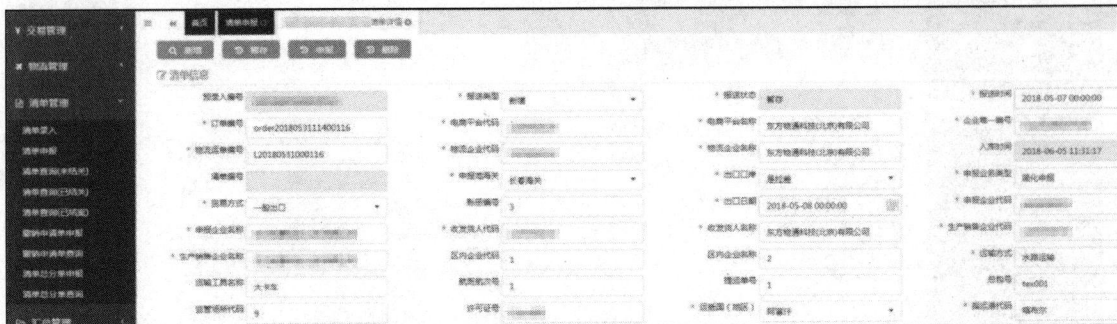

图 5-25 清单详情界面

填写完相关信息后，单击"申报"按钮，系统提示"申报成功"，并将清单数据发送给海关。

跨境电商企业或其代理申报企业通过通关服务系统向海关申报清单，同时向海关发送订单、运单和付款单（共四单），海关接收后会进行四单比对审核。

（5）清单查询

清单查询包括"已结关"查询和"已结案"查询。跨境电商企业或其代理申报企业通过通关服务系统向海关申报清单以后，想查询海关是否结关、结案，可以单击"清单查询（已结关）"和"清单查询（已结案）"选项。

① 清单查询（已结关）。跨境电商企业或其代理申报企业通过通关服务系统向海关申报清单以后，可在"清单查询（已结关）"界面查询清单的结关状态。输入相应的查询条件并单击"查询"按钮，系统会显示符合查询条件的数据，如图 5-26 所示。

图 5-26 "清单查询（已结关）"界面

在显示的查询结果中单击预录入编号，界面将跳转到相应的清单详情界面，如图 5-27 所示，企业只可对显示内容进行查看，无法进行修改等操作。

② 清单查询（已结案）。跨境电商企业或其代理申报企业通过通关服务系统向海关申报清单以后，可在"清单查询（已结案）"界面查询清单的结案状态。输入相应的查询条件并单击"查询"按钮，系统会显示符合查询条件的数据，如图 5-28 所示。

图 5-27　清单详情界面

图 5-28　"清单查询（已结案）"界面

在显示的查询结果中单击预录入编号，界面将会跳转到相应的清单详情界面，如图 5-29 所示，企业只可对显示内容进行查看，无法进行修改等操作。

图 5-29　清单详情界面

（6）清单总分单申报

申报企业通过"单一窗口"标准版向海关申报清单总分单数据，用于对清单进行补充申报；还可以通过"单一窗口"标准版查询清单总分单数据，只有申报企业有权限对查询数据进行操作。单击"清单管理"菜单下的"清单总分单申报"选项，即可进入"清单总分单申报"界面，输入相应的查询条件并单击"查询"按钮，系统会显示符合条件的数据，如图 5-30 所示。

图 5-30 "清单总分单申报"界面

根据查询结果，选择需要申报的清单总分单的"预录入编号"，界面跳转到"总分单详情"界面即可申报，如图 5-31 所示。

图 5-31 "总分单详情"界面

（7）运单查询

跨境电商物流企业登录"单一窗口"标准版，上传电子运单数据，海关接收到运单数据后进行校验，数据校验通过后入库，同时向物流企业发送入库成功或失败的回执。物流企业想要查询是否成功，可单击"运单查询（已审结）"选项，即可进入"运单查询（已审结）"界面，输入相应的查询条件并单击"查询"按钮，系统会显示符合查询条件的数据，如图 5-32 所示。

图 5-32 "运单查询（已审结）"界面

在显示的查询结果中单击运单编号，界面将跳转到"物流运单详情"界面，如图 5-33 所示。

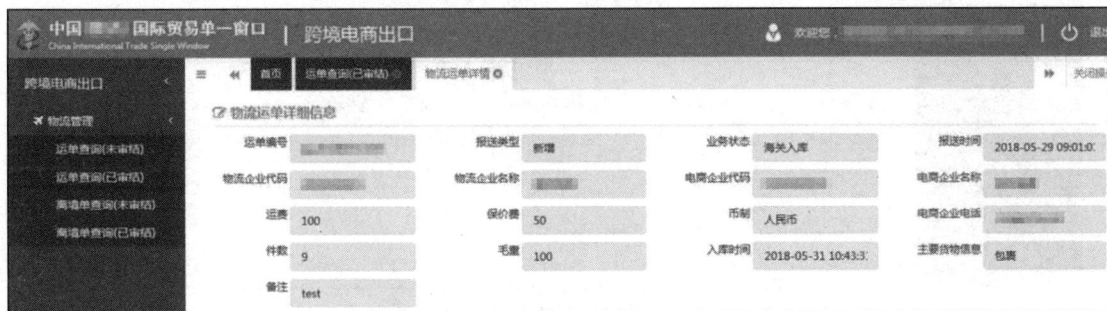

图 5-33　"物流运单详情"界面

（8）运抵单申报

监管场所的企业通过通关服务系统向海关申报运抵单。单击"运抵单申报"选项，进入"运抵单申报"界面，输入相应的查询条件并单击"查询"按钮，系统会显示符合查询条件的数据。单击需要申报的运抵单，界面将跳转到相应的运抵单申报详情界面，如图 5-34 所示。

图 5-34　运抵单申报详情界面

在运抵单申报详情界面中，业务状态为海关暂存或海关退单的企业可以单独对该运抵单进行申报。置灰字段无法修改（已填信息自动录入），未置灰字段可以进行修改，修改后需进行相关操作。单击"申报"按钮，完成运抵单申报。按要求选择多个查询出的数据，单击"批量申报"按钮可以进行批量申报。

监管场所查询已入库物流运抵单数据。运抵单是否审结可以通过"运抵单查询（已审结）"界面进行查询。单击"运抵单查询（已审结）"选项，进入"运抵单查询（已审结）"界面，输入相应的查询条件并单击"查询"按钮，系统会显示符合查询条件的数据，如图 5-35 所示。

在显示的查询结果中单击预录入编号，界面将跳转到相应的运抵单已审结详情界面，如图 5-36 所示，企业只可对显示内容进行查看，无法进行修改等操作。

图 5-35　"运抵单查询（已审结）"界面

图 5-36　运抵单已审结详情界面

（9）离境单查询

单击"离境单查询（已审结）"选项，进入"离境单查询（已审结）"界面，输入相应的查询条件并单击"查询"按钮，系统会显示符合查询条件的数据，如图 5-37 所示。

图 5-37　"离境单查询（已审结）"界面

在显示的查询结果中单击预录入编号，界面将跳转到"离境单详情"界面，如图 5-38 所示，企业只可对显示内容进行查看，无法进行修改等操作。

图 5-38 "离境单详情"界面

（10）汇总申请单申报

清单数据结关，且申报企业向通关服务系统导入汇总申请单数据后，海关根据汇总申请单数据生成汇总结果单和汇总报关单。单击"汇总申请单申报"选项，进入"汇总申请单申报"界面，输入相应的查询条件并单击"查询"按钮，系统会显示符合查询条件的数据，如图 5-39 所示。

图 5-39 "汇总申请单申报"界面

在显示的查询结果中单击电子口岸预录入编号，界面将跳转到"汇总申请单详情"界面，如图 5-40 所示，企业只可对显示内容进行查看，无法进行修改等操作。

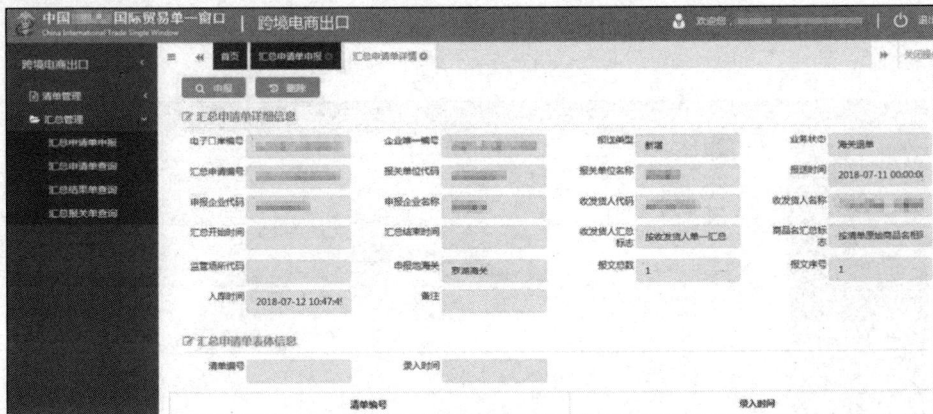

图 5-40 "汇总申请单详情"界面

（11）汇总结果单查询

跨境电商企业或申报企业可以通过通关服务系统查询汇总结果单信息及汇总状态。单击"汇总结果单查询"选项，进入"汇总结果单查询"界面，输入相应的查询条件并单击"查询"按钮，系统会显示符合查询条件的数据，如图5-41所示。

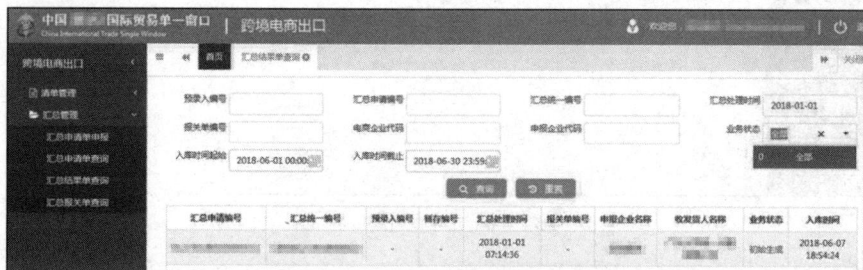

图5-41 "汇总结果单查询"界面

在显示的查询结果中单击汇总申请编号，界面将跳转到相应的汇总结果单详情界面，如图5-42所示，企业只可对显示内容进行查看，无法进行修改等操作。

图5-42 "汇总结果单详情"界面

（12）汇总报关单查询

跨境电商零售商品出口后，跨境电商企业或其代理人应进行归并，汇总形成出口货物报关单向海关申报。在申报前，跨境电商企业或其代理人可查询汇总报关单信息，单击"汇总报关单查询"选项，进入"汇总报关单查询"界面，输入相应的查询条件并单击"查询"按钮，系统会显示符合查询条件的数据，如图5-43所示。

图5-43 "汇总报关单查询"界面

海关审核通过后便可进行汇总报关单申报，出口货物报关单如图 5-44 所示。

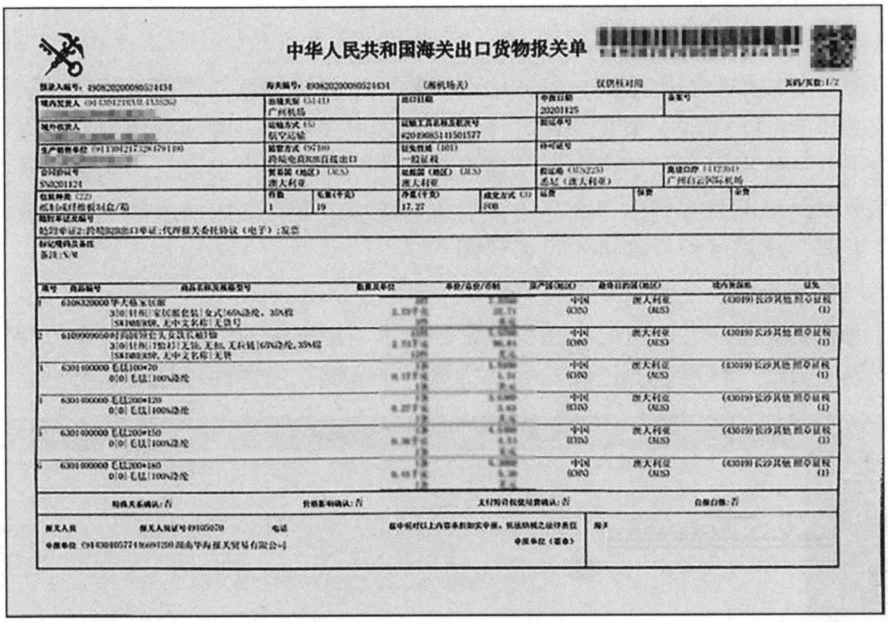

图 5-44　出口货物报关单

（13）结汇及出口退税

跨境电商企业把出口货物报关单电子数据提供给税务、外汇管理部门，以此办理结汇及申请增值税、消费税退（免）税、结汇手续。

3. 跨境电商特殊区域出口通关流程

跨境电商特殊区域即海关特殊监管区域，是指经国务院批准，设立在中华人民共和国关境内，被赋予承接国际产业转移、连接境内境外两个市场的特殊功能和政策，以海关为主实施封闭监管的特定经济功能区域。自 1990 年我国第一个特殊区域——上海外高桥保税区设立后，国务院先后批准设立了保税区、出口加工区、保税物流园区、跨境工业园区、保税港区、综合保税区 6 类海关特殊监管区域。进口保税仓库、出口监管仓库、保税物流中心（分为 A 型和 B 型）属于保税监管场所，跨境工业园区包括珠澳跨境工业区（珠海园区）、中哈霍尔果斯国际边境合作中心（中方配套区）。目前，我国已批准在 31 个省（区、市）设立 168 个跨境电商特殊区域。

跨境电商企业在跨境电商平台上和境外经销商、分销商进行交易磋商，达成交易并确认订单后便开始备货，备货完成后将货物运入跨境电商特殊区域暂存，但在此之前企业需要完成入区报关手续，跨境电商特殊区域中的货物出区、出境也需要报关。跨境电商特殊区域出口通关流程如下。

（1）入区前产品发布

跨境电商企业登录跨境电商平台后，在后台选择销售中的产品，进入产品信息界面；选择符合自己产品的类目，设置好产品的标题及图片等信息，最后发布产品。

（2）入区前合同订立与履约

跨境电商买家通过跨境电商平台与跨境电商企业、商家进行交易磋商，经过询盘、发盘、还盘和接受环节，达成协议，双方建立合同关系。合同订立后，双方进入合同履约阶段，买卖双方秉持各自的权利和义务。跨境电商买家有按时支付货款的义务，跨境电商卖家有按时交货的义务。

（3）入区报关单据填写

跨境电商企业按照合同的规定，备齐出口货物后，将货物运入跨境电商特殊区域暂存，并向海关或委托专业（代理）报关公司办理货物入区报关手续。跨境电商企业在办理出口货物入区流程中，一般需提交以下单据：跨境电商零售出口商品申报清单、销售确认书、商业发票、装箱单。跨境电商零售出口商品申报清单与跨境电商一般出口清单操作一致，销售确认书、商业发票、装箱单的详细操作见项目四。

（4）跨境电商货物运至跨境电商特殊区域

用已注册成功的用户名、密码与系统验证码登录"单一窗口"标准版，也可利用卡介质快速登录"单一窗口"标准版。进入"海关特殊监管区域"主界面，如图5-45所示。

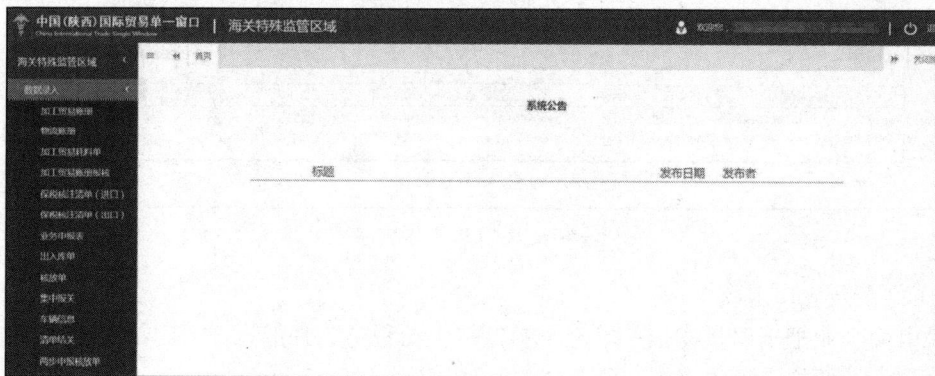

图5-45 "海关特殊监管区域"主界面

单击左侧菜单栏中的"数据录入"，企业可自行或者委托预录入机构进行各种数据的录入，完成录入并申报后，系统会向海关发送申报信息。海关收到申报信息后会进行审核，审核通过后会将审核结果发送到电子口岸，企业可通过"电子口岸"查询审核结果。

（5）出区出境报关单据填写

跨境电商企业在跨境电商特殊区域内的货物需出区运至境外前，需要如实向海关或委托专业（代理）报关公司办理报关手续。跨境电商企业完成出境报关手续，并完成清关后，方可将货物运至境外。跨境电商企业或其委托的专业（代理）报关公司应采用无纸化通关方式对跨境电商特殊区域内货物的出区出境进行申报。

办理货物出区出境报关时，跨境电商企业一般需要提交以下资料：进出口货物代理报关委托书（自行报关时不需要）、销售确认书、商业发票、装箱单、出境货物备案清单。跨境电商企业、商家或者第三方服务企业的工作人员在收到企业委托并确认资料齐全后，即可登录通关服务系统填写出境货物备案清单，办理出境查验、放行等手续。在这个过程中，出境货物备案清单相当于国际贸易中的出口货物报关单。

向海关申报货物进出境、进出区的企业，以及在同一跨境电商特殊区域内或者不同跨境电商特殊区域之间流转货物的双方企业，应填制进（出）货物备案清单。在特殊区域与境内（区外）之间进出货物的企业，应填制进（出）口货物报关单，应先办理进口报关手续，后办理出口报关手续。进（出）境货物备案清单原则上应按《中华人民共和国海关进出口货物报关单填制规范》（简称《填制规范》）的要求填制。出境货物备案清单如图5-46所示。

中华人民共和国海关出境货物备案清单

预录入编号：310520180000000001　　海关编号：310520180000000001　（清远海关）　　　　　　　　　　页码/页数：1/2

境内发货人　(1101919107AAAAAAA) 北京新时代大恒科技股份有限公司天津分公司	出境关别　(5103) 清远海关	出境日期 20180503	申报日期 20180503	备案号 C04025004321
境外收货人　AEO SG123456789012 Singapore American Eagle Outfitters Ltd .company	运输方式　(0) 非保税区	运输工具名称及航次号 SUNNY DAISYDSKKYITS/1701W	提运单号 NASLGKMCCA000100_DSAD	
生产销售单位　(1101919107AAAAAAA) 北京新时代大恒科技股份有限公司天津分公司	监管方式　(1234) 保税区仓储转口		许可证号 11-11-1111111111111111	

合同协议号 LSC20170627SH79036	贸易国(地区)　(702) 联合国及机构和国际组织	运抵国(地区)　(702) 联合国及机构和国际组织	指运港　(109)	
包装种类　(6PA1) 玻璃、陶瓷、粗陶器在钢桶内复合包	件数 10000	毛重(千克) 529788520788.76877	净重(千克) 529788520788.76877	成交方式(5) 市场价	运费 502/219802.9091/3	保费 502/219802.9091/3	杂费 502/219802.9091/3

随附单证1:出口许可证11-1111111111
随附单证2:合同;发票;装箱单
标记唛码及备注
备注:表头基本信息录入:3-3.2-2,4-4
1　关联报关单号:01002018100052 3324

项号 商品编号	商品名称及规格型号	数量及单位	单价/总价/币制	原产国(地区) 最终目的国(地区)	境内货源地
1 (2)　6006210000 999	棉制其他漂或未漂针织或钩编织物 1:3|针织方法:|针织|染整方法:|色织|面料成份:|67%棉、33%涤纶|幅宽: 57/58英寸	960米 960米 960.00000千克	100000.0000 96000000.00 美元	中国 (142) 工缴费:40	美国 (502)	(11093)中关村国家自主创 新示范区(门头沟园)
2 (5)　6006210000 999	棉制其他漂或未漂针织或钩编织物 1:3|针织方法:|针织|染整方法:|色织|面料成份:|67%棉、33%涤纶|幅宽: 57/58英寸	960米 960米 960.00000千克	100000.0000 96000000.00 美元	中国 (142) 工缴费:40	美国 (502)	(11093)中关村国家自主创 新示范区(门头沟园)
3 (12)　6006210000 999	棉制其他漂或未漂针织或钩编织物 1:3|针织方法:|针织|染整方法:|色织|面料成份:|67%棉、33%涤纶|幅宽: 57/58英寸	960米 960米 960.00000千克	100000.0000 96000000.00 美元	中国 (142) 工缴费:40	美国 (502)	(11093)中关村国家自主创 新示范区(门头沟园)
4 (13)　6006210000 999	棉制其他漂或未漂针织或钩编织物 1:3|针织方法:|针织|染整方法:|色织|面料成份:|67%棉、33%涤纶|幅宽: 57/58英寸	960米 960米 960.00000千克	100000.0000 96000000.00 美元	中国 (142) 工缴费:40	美国 (502)	(11093)中关村国家自主创 新示范区(门头沟园)
5 (17)　6006210000 999	棉制其他漂或未漂针织或钩编织物 1:3|针织方法:|针织|染整方法:|色织|面料成份:|67%棉、33%涤纶|幅宽: 57/58英寸	960米 960米 960.00000千克	100000.0000 96000000.00 美元	中国 (142) 工缴费:40	美国 (502)	(11093)中关村国家自主创 新示范区(门头沟园)
6 (19)　6006210000 999	棉制其他漂或未漂针织或钩编织物 1:3|针织方法:|针织|染整方法:|色织|面料成份:|67%棉、33%涤纶|幅宽: 57/58英寸	960米 960米 960.00000千克	100000.0000 96000000.00 美元	中国 (142) 工缴费:40	美国 (502)	(11093)中关村国家自主创 新示范区(门头沟园)

特殊关系确认:是	价格影响确认:是	支付特许权使用费确认:是	自报自缴:是

图 5-46　出境货物备案清单

（6）放行

海关接单后，经审核符合申报条件、手续齐全有效的，予以放行，并在有关单证上加盖放行章或验讫章。目前，海关可发送通关无纸化出口放行通知书实现无纸化放行，如图 5-47 所示。

通关无纸化出口放行通知书

深圳市　　　　　　有限公司

你公司以通关无纸化方式向海关发送下列电子报关单数据业经海关审核放行，请携带本通知书及相关单证至港区办理装货/提货手续。

深关邮局海关审单中心
2020年　7月　1日

★5314202001　　　452★

预录入编号：5314202001452	海关编号：531420200452		
出口关别((5304) 蛇口海关	备案号	出口日期 20200701	申报日期 20200701
收发货人 深圳　　　物流有限公司	运输方式(2) 水路运输	运输工具名称 N9352406/0QA69S1NC	提运单号 EE32006301004
生产销售单位(9144　　MA5FYIUH5B) 深圳市　　　有限公司	监管方式(9810) 跨境电商出口海外仓	征免性质(101) 一般征税	结汇方式
许可证号	运抵国(地区)(IDN) 印度尼西亚	指运港(地区)(IDN305) 雅加达海港(印度尼西亚)	境内货源地(44036) 深圳前海湾保税港区
批准文号	成交方式(3)(IDN305) FOB	运费(IDN305)	保费(IDN305)	杂费(44036)
合同协议号 BM-KT20	件数 480	包装种类 纸制或纤维板制品(8)S520	毛重(千克) 8520	净重(千克) 7920
集装箱号 SEGU6360699*1(2)	随附单证 箱		生产厂家
序号　商品名称、规格型号	数量及单位	原产国(地区)	单价	币值
1　　　4|0|发制ICEPOL|IC-690				印度尼西亚(IDN) 原产国:中国

图 5-47　通关无纸化出口放行通知书

（7）买家收到货物后，汇总申报

跨境电商零售商品出口后，跨境电商企业或其代理人应当于每月 15 日前，将上月结关的跨境电商零售出口商品申报清单依据清单表头同一收发货人、同一运输方式、同一生产销售单位、同一运抵国（地区）、同一出境关别，以及清单表体同一最终目的地、同一 10 位海关商品编码、同一币制的规则，统计出每项项号下的合计净重、数量、金额等信息并进行归并，汇总形成出口货物报关单向海关申报。跨境电商企业或其代理人在办理出口退税、向海关现场递单的时候，要附上全部的出境货物备案清单。

三、跨境电商进口关务操作

目前，国际贸易进口采用的是"单一窗口、两步申报"。在"两步申报"通关模式下，企业不需要一次性填报所有申报项目，而是将 105 个申报项目分为"概要申报"和"完整申报"两步。第一步为"概要申报"，对于不涉及进口禁限管制、检验检疫的货物，企业只需申报 9 个项目，确认 2 个物流项目；对于涉及进口禁限管制、检验检疫的货物，企业分别增加申报 2 个或 5 个项目；应缴纳税的须选择符合要求的担保备案编号。如果货物不需查验，即可提离；涉税货物已经提交税款担保的，或需查验货物已由海关完成查验的，也可以提离。第二步为"完整申报"，企业在规定时间内补充申报其他项目，办理缴纳税款等通关手续，具体如图 5-48 所示。

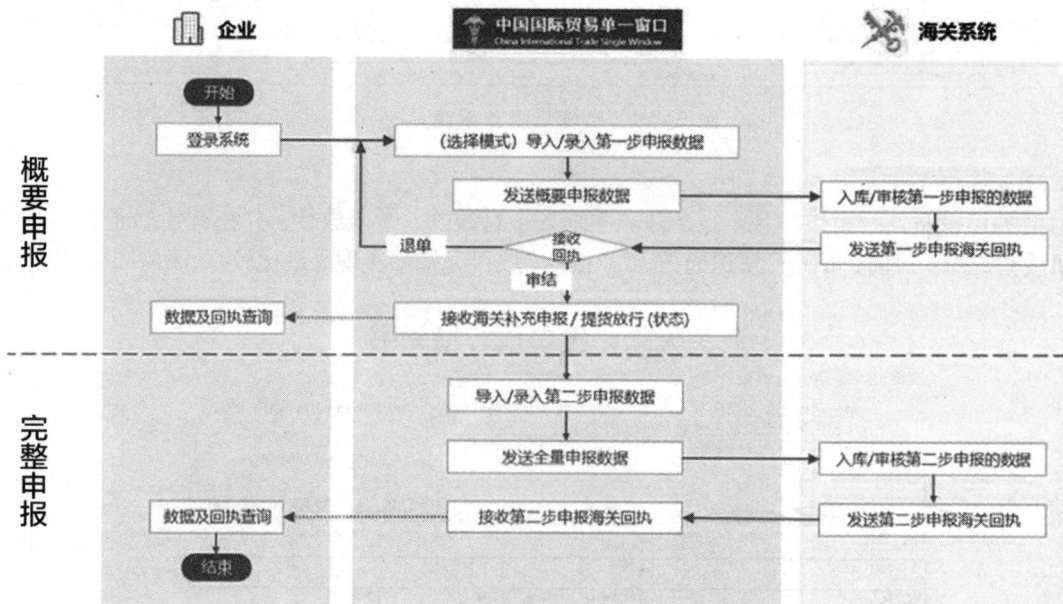

图 5-48 "两步申报"通关模式

"两步申报"对进口货物、企业资质等有一定要求，具体如表 5-13 所示。

表 5-13　　　　　　　　　　　　　"两步申报"的要求

序号	要求	主要内容
1	时限要求	"概要申报"与"完整申报"均需在自运输工具申报进境之日起 14 日内完成。"概要申报"可以提前实施
2	企业资质要求	境内收发货人信用等级为失信企业的，不可采用"两步申报"
3	进口货物要求	目前，"两步申报"只限进口货物，出口货物不适用；软件进口等无实际货物进境的不适用
4	进出境要求	不经过试点海关关区实际进境货物的不适用，转关业务不适用

续表

序号	要求	主要内容
5	监管证件要求	所涉及的监管证件已实现联网核查的货物才能使用"两步申报"，所涉监管证件未联网的不适用
6	税费要求	对于应税货物，企业提前向直属海关关税职能部门提交税收担保备案申请后方可采用"两步申报"
7	报关单要求	"概要申报"与"完整申报"用的是同一份报关单，只有一个报关单号

为了进一步降低跨境电商进口通关成本，提高货物通关效率，海关在"单一窗口"标准版专设了"跨境电商进口申报"业务应用。

1. 跨境电商进口概述

跨境电商进口一般是指中国境内消费者通过跨境电商平台自境外购买商品，并通过"网购保税进口"（海关监管方式代码为 1210）或"直购进口"（海关监管方式代码为 9610）运递进境的消费行为，对于《关于完善跨境电子商务零售进口监管有关工作的通知》适用范围以外的城市（地区），可通过"网购保税进口 A"（海关监管方式代码为 1239），按规定开展跨境保税电商零售进口业务。跨境电商进口主要有两大模式：直购进口和网购保税进口。这两种模式的跨境电商进口，在跨境电商税款征收、清单申报、年度（单次）消费限额及入境检疫方面的政策要求是一致的，但具体业务流程有明显区别。跨境电商进口模式对比如表 5-14 所示。

表 5-14　　　　　　　　　跨境电商进口模式对比

项目	1210 网购保税进口	1239 网购保税进口 A	9610 直购进口
实施范围	所有自贸试验区、跨境电商综合试验区、综合保税区、进口贸易促进创新示范区、保税物流中心（B 型）所在城市（地区）及海南全岛的区域（中心）	1210 适用范围之外的区域（中心）	没有实施城市（地区）的限制，需要在符合海关规范要求的监管作业场所（场地）进行
商品进口要求	按个人自用进境物品监管，不执行有关商品首次进口许可批件、注册或备案要求	按跨境电商零售进口商品申报清单尾注中的有关要求执行	按个人自用进境物品监管，不执行有关商品首次进口许可批件、注册或备案要求
管理方式	按照正面清单管理		按照正面清单及备注列明的适用范围管理
物流方式	以国际物流方式批量运至区域（中心），待境内消费者下单后再派送		商品在境外打包，通过国际物流方式运输至境内海关监管作业场所，按照小包逐个向海关申报，海关放行后派送给境内消费者
适用电商主体	适用于品类相对专注、备货量大的跨境电商企业		适用于销售品类宽泛琐碎、不易批量备货的跨境电商企业
优点	成本低、收货时间短、品质有保障、售后方便		有更多的商品选择，免于验核
缺点	商品种类受限，购买金额和数量受限，对跨境电商进口企业有一定要求		物流时间长、成本高

（1）跨境电商直购进口

跨境电商直购进口是指境内消费者从与海关联网的电商平台购买境外商品，电商平台将订单、支付、物流数据实时传送给海关，境外商品通过邮件、快件等物流运输方式进口至跨境电商专门的监管场所，跨境电商企业或其代理人向海关申报入境，逐个核发配送的跨境电商进口模式。首先，跨境电商直购进口是一种直接进口模式。进口商品从运输工具上卸下后即可报关入境，不需要在报关前进行保税仓储，这是跨境电商直购进口与跨境电商网购保税进口的根本区别。其次，跨境电商直购进口是一种订单发起模式。由于不需要进行保税仓储，跨境电商直购进口模式下的进口商品一般不能在海关监管区域内长期储存，因此不能像跨境电商网购保税进口模式那样进行事先备货，而只能在境内消费者订单形成后启动进口运输。最后，跨境电商直购进口是一种非批量进口模式。由于只能在订单形成后进行运输，跨境电商直购进口一般不能实现单一商品的批量集中进口。由于跨境电商直购进口的海关监管方式代码为9610，因此跨境电商直购进口也称"9610直购进口"模式。

（2）跨境电商网购保税进口

近年来，跨境电商网购保税进口业务蓬勃发展，在全国范围内的区域（中心）开展，业务量占跨境电商进口的80%以上。目前全国共有86个城市（地区）和海南全岛内的区域（中心）在开展跨境电商网购保税进口时适用1210，其他范围外的区域（中心）适用1239。

跨境电商网购保税进口是指跨境电商企业根据大数据分析，提前将进口商品批量运入保税区，再根据订单情况将相应商品交由境内物流企业直接配送给消费者的跨境电商进口模式。

① 跨境电商网购保税进口的优势。利用网购保税进口模式，跨境电商企业可以先在保税仓准备充足的货物，这些货物是事先从境外运来的，临时放置在保税仓，该阶段不需要进行通关交税。跨境电商企业接到消费者的订单后，再直接从保税仓打包、清关发货。由此可以看出，网购保税进口模式由于提前批量备货，少了境外段的路程，所以到货快，货物损坏的概率也降低了很多。但是为了减少资金占压和防范市场风险，商品种类一般不会太多，在这种模式下，跨境电商企业大多选择销量比较大的商品进行备货。

以这种模式进口的商品按个人物品清关，不需要像传统进口商品那样经过烦琐的检验检疫程序，大大缩短了消费者下单后的等待时间，与境内网购流程相似。网购保税进口是在各海关特殊监管区域实行保税制度的基础上开展的。进口商品进入这些海关特殊监管区域后，跨境电商企业可以暂缓缴纳进口税、免领进口许可证或其他进口批件，并在规定期限内复运出口、办理正式进口手续或提取用于保税加工。网购保税进口实质上是对海关特殊监管区域的"保税仓储"政策及"物流分拨"功能的运用。

② 跨境电商网购保税进口的关键环节。首先是跨境电商企业对过往交易数据进行预测分析，在此基础上选择境外供应商，因此企业需要有强大的数据分析能力和技术支撑，才能提高海外选品的精确度，从而保证满足消费者的需要；其次是企业要选择可靠的物流合作伙伴，以便能将商品安全及时地运至境内保税区；最后是企业在收到消费者的订单后需要办理海关手续，以便及时安排境内物流企业进行运输。

2. 跨境电商直购进口通关流程

跨境电商进口商品的整体通关流程较为便捷快速。跨境电商直购进口商品的订购人下单后，商品在境外打包并通过国际物流运输到境内关口，完成通关后再使用境内物流配送给订购人。

跨境电商直购进口采用"三单"合一的监管政策，"三单"是指电子订单、电子物流运单（简称电子运单）及电子支付信息，如图5-49所示。

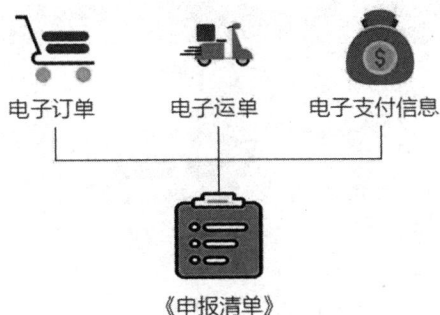

图 5-49 "三单" 合一

跨境电商企业的境内代理人或其委托的报关企业根据"三单"信息，在"单一窗口"标准版或海关的跨境电商通关服务系统向海关申报跨境电商零售进口商品申报清单，并办理查验、放行手续。海关通关大致分为 4 个基本环节：申报、查验、征税、放行。

（1）申报

消费者在跨境电商平台购买进口商品后，跨境电商平台、跨境电商企业及其境内代理人、支付企业、物流企业分别通过"单一窗口"标准版或跨境电商通关服务系统向海关传输相关的电子订单、电子运单及电子支付信息，进行如实申报。

登录"单一窗口"标准版中的"跨境电商"系统，单击"进口申报"按钮。订购人在跨境电商平台选购商品并进行支付后，与海关通关系统相连接的跨境电商平台将自动生成电子订单、电子运单和电子支付信息，这些数据会自动传至相关企业，跨境电商企业、跨境电商平台及物流企业可对相关数据进行查询或申报。

① 跨境电商进口商品申报。进入"跨境电商进口"界面后，单击左侧菜单栏中的"跨境电商进口"下的"交易管理"选项，可展开业务菜单，如图 5-50 所示。

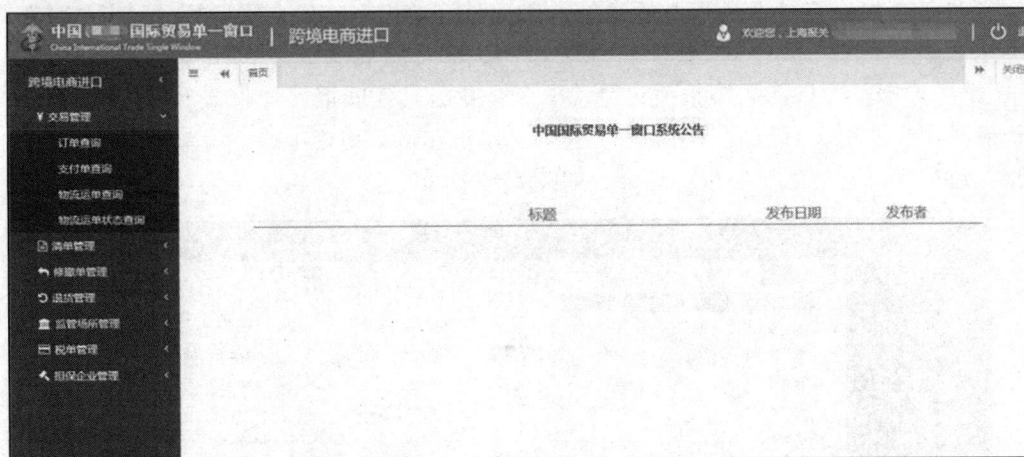

图 5-50 展开"交易管理"的业务菜单

② 电子订单申报。跨境电商企业、跨境电商平台及其境内代理人若要对已经支付的订单进行审核，可单击"订单查询"选项，查询订单数据，如图 5-51 所示。

在显示的查询结果中，单击订单编号，界面将会跳转到"订单详情"界面，用户只可对显示内容进行查看，无法进行修改等操作，如图 5-52 所示。

图 5-51　订单查询结果

图 5-52　"订单详情"界面

在显示的查询结果中，单击"业务状态"选项，界面中将出现历史状态信息弹出框。用户可通过该功能查询该业务状态的详细信息。若订单没有问题，可回到"订单查询"界面，单击"业务状态"列中对应的"申报"按钮，即可完成电子订单申报。

③ 清单申报。在向海关申报前，跨境电商企业或其代理报关企业需要填写跨境电商零售进口商品申报清单，且该清单需要人工填写。单击左侧菜单栏中的"清单管理"下的"清单申报"选项，打开"清单申报"界面，如图 5-53 所示。

图 5-53　"清单申报"界面

清单数据由清单表头信息和清单表体信息两部分组成。在"清单申报"界面中，清单详细信息为清单表头信息。某些字段（如预录入编号、海关清单编号、申报类型等）不允许录入，系统将根据相应操作自动返填。部分字段（如企业内部编号、申报口岸、进口口岸等）需要用户手动录入，部分字段中包含录入提示，用户应根据业务主管部门要求如实填写相关内容。

在清单详细信息填写过程中，用户可随时单击界面上方的"暂存"按钮，将当前录入的信息进行保存，以防丢失，如图 5-54 所示。

在填写清单详细信息时，右侧带有倒三角标志的字段（如运输方式、币制等），表示需要在指定选项中进行选择，不允许用户随意录入。

图 5-54　清单申报操作按钮

用户应直接单击倒三角标志，调出下拉列表并在其中进行选择。用户也可直接输入已知的相应数字、字母或汉字，迅速调出下拉列表，使用上下箭头选择后，按回车键确认录入。清单表体信息如图 5-55 所示。

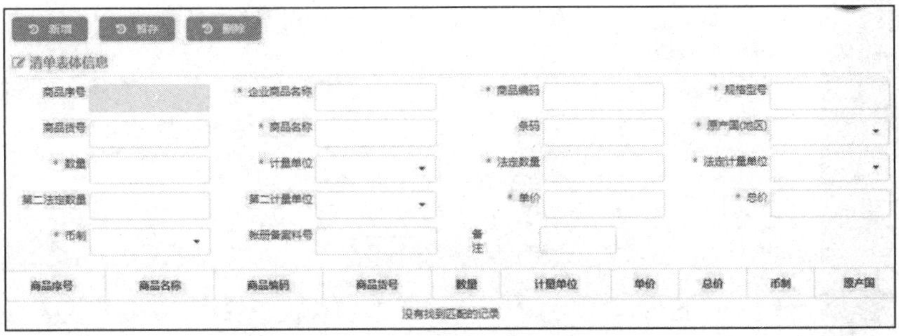

图 5-55　清单表体信息

填完所有信息后，单击界面上方的"暂存"按钮，清单变为待申报状态。暂存以后，用户可以对该清单进行修改、删除操作。单击"待申报清单查询"按钮，输入相应的查询条件并单击"查询"按钮，系统会显示符合查询条件的数据。

在显示的查询结果中，单击预录入编号，界面将会跳转到"清单详情"界面，如图 5-56 所示，用户可对该清单进行修改、删除、申报操作。

图 5-56　"清单详情"界面

单击"申报"按钮，即可进行单笔申报。用户也可以选择多个数据，单击"批量申报"按钮，如图 5-57 所示，进行批量申报操作。

图 5-57　单击"批量申报"按钮

申报以后，用户可以对已申报的清单是否通过进行查询。单击"已申报清单查询"按钮，输入相应的查询条件并单击"查询"按钮，系统会显示符合查询条件的数据。

在显示的查询结果中单击预录入编号，界面将会跳转到"清单详情"界面，如图 5-58 所示。

图 5-58　"清单详情"界面

要对已申报成功的清单进行修改或撤销时，用户可以单击左侧菜单栏中的"修撤单管理"下的"可修改清单查询"选项，输入相应的查询条件并单击"查询"按钮，系统会显示符合查询条件的数据，单击"清单修改"按钮，如图 5-59 所示，进入改单界面。

图 5-59　单击"清单修改"按钮

用户在改单界面中可以对清单做修改。修改完成后，用户可以向海关再次申报清单。如果要撤销清单，用户要选择多个数据，单击"生成撤单清单"按钮，如图 5-60 所示，在弹出的对话框中输入撤单原因，如图 5-61 所示，单击"确定"按钮，审核通过后可生成撤单清单。

图 5-60　单击"生成撤单清单"按钮

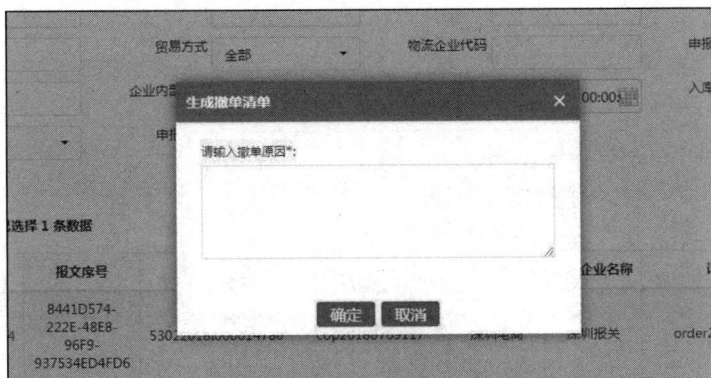

图 5-61　输入撤单原因

（2）查验

查验是指海关为确定货物的品名、规格、成分、原产地、数量和价格是否与申报内容相符而对货物进行实际检查。

在跨境电商直购进口中，所有包裹都需要在快件监管中心过 X 光机，海关通过同屏比对（对比 X 光图片和申报信息）进行查验，如有异常，则拆箱检查。

（3）征税及放行

货物放行后，海关会同时生成电子税单，并进行税款核扣。同时，跨境电商企业向海关如实申报跨境电商零售进口商品申报清单，并办理查验、放行手续。海关根据支付企业、物流企业、跨境电商企业境内代理人或其委托的报关企业通过跨境电商通关服务系统传输的交易、支付、物流等电子信息进行校验，确定是否放行。海关校验的规则如下。

① 电子订单、电子运单、电子支付信息匹配一致。

② 跨境电商企业或其代理备案信息真实有效。

③ 订购人姓名、身份证号匹配一致。

④ 订购人年度购买额度≤26000 元。

⑤ 单笔订单实际支付金额≤5000 元。

⑥ 订单商品价格、代扣金、实际支付金额等计算正确（允许有 5%的误差）。

⑦ 订单实际支付金额与支付单支付金额、支付人信息等匹配一致。

海关校验通过后即可放行，境内快递公司把包裹配送给各个订购人（跨境电商买家）。海关校验不通过，按规定可采取退单、退运、扣留等措施。

3. 跨境电商网购保税进口通关流程

在跨境电商网购保税进口模式下，商品先以保税方式存放在海关特殊监管区域或保税物流中心（B 型）的相关仓库内，场所企业无须向海关发送入库明细单数据，其余流程与直购进口模式一致。跨境电商网购保税进口业务只能在海关特殊监管区域或保税物流中心（B 型）内开展。

（1）备货

跨境电商平台根据过往交易数据进行预测分析并选订货物，货物到港前，跨境电商网购保税进口货主准备报关单据，包括：加盖境外公司章正本的保税仓储合同、仓储委托书；加盖境外公司章正本的货物商业发票（一式两份）、装箱明细单（一式两份），并标明货物的品名、商品编码、规格、产地、数量、毛重、净重、包装等。

（2）进境货物备案清单申报

货物到港后，跨境电商企业境内代理人或其委托的代理报关企业采用“清单核放”方式办结一线（入区）进境通关手续，然后由海关监管车辆将货物从码头（机场等）运至保税区域（中心）专用仓库，进行仓储备货。

① 预录入进境货物备案清单。跨境电商企业境内代理人或委托的代理报关企业根据货主提供的报关文件到预录入点，预录入进境货物备案清单。

跨境电商企业境内代理人或其委托的代理报关企业登录“单一窗口”标准版中的“跨境电商”系统，单击“进口申报”按钮，进行进境货物备案清单的预录入。进境货物备案清单应严格按照《填制规范》填写，进境货物备案清单如图 5-62 所示。

中华人民共和国海关进境货物备案清单

预录入编号：310520181000000001　　海关编号：310520181000000001　（清远海关）　　页码/页数：1/2

境内收货人　（1101919107AAAAAAAA）	进境关别　（0103） 京关展览	进境日期 20180503	申报日期 20180503	备案号 C04025004321
境外发货人　AEO SG123456789012	运输方式　（0） 非保税区	运输工具名称及航次号 SUNNY DAISYDSKITS/1701W	提运单号 NASLGKMCCA000100_DSAD1	货物存放地点 北京市顺义区国际机场B2航站楼
消费使用单位　（1101919107AAAAAAAA）	监管方式　（0110） 一般贸易		许可证号 11-11-11111111111111	启运港　（804003） 别尔哥罗德德涅斯罗夫（乌克兰）
合同协议号 LSC20170627SH79036	贸易国（地区）　（702） 联合国及机构和国际组织	启运国（地区）　（702） 联合国及机构和国际组织	经停港　（109）	入境口岸　（120011） 中国（天津）自由贸易试验区
包装种类　（6PA1/1C/6PA1） 玻璃、陶瓷、粗陶器在钢桶内复合包/木圆桶/玻璃、陶瓷	件数 10000；毛重（千克）529788520788.76877	净重（千克）529788520788.76877；成交方式（5）市场价	运费 502/219802.9091/3；保费 502/219802.9091/3	杂费 502/219802.9091/3

随附单证

随附单证1:进口许可证11-11111111111　　随附单证2:合同;发票;装箱单

标记唛码及备注

备注:表头基本信息录入:3-3,2-2,4-4　　集装箱标箱数及号码:

1　　关联报关单号:010020181000523324

项号	商品编号	商品名称及规格型号	数量及单位	单价/总价/币制	原产国（地区）	最终目的国（地区）	境内目的地
1 (2)	6006210000 999	棉制其他漂或未漂针织或钩编织物 1|3|针织方法：针织|染整方法：色织|面料成份：67%棉，33%涤纶|幅宽：57/58英寸	960米 960米 960.00000千克	100000.0000 96000000.00 美元	美国 （502）	中国 （142）	（11093/110109）中关村国家自主创新示范区（门头沟园）/北京市门头沟区
2 (5)	6006210000 999	棉制其他漂或未漂针织或钩编织物 1|3|针织方法：针织|染整方法：色织|面料成份：67%棉，33%涤纶|幅宽：57/58英寸	960米 960米 960.00000千克	100000.0000 96000000.00 美元	美国 （502）	中国 （142）	（11093/110109）中关村国家自主创新示范区（门头沟园）/北京市门头沟区
3 (12)	6006210000 999	棉制其他漂或未漂针织或钩编织物 1|3|针织方法：针织|染整方法：色织|面料成份：67%棉，33%涤纶|幅宽：57/58英寸	960米 960米 960.00000千克	100000.0000 96000000.00 美元	美国 （502）	中国 （142）	（11093/110109）中关村国家自主创新示范区（门头沟园）/北京市门头沟区
4 (13)	6006210000 999	棉制其他漂或未漂针织或钩编织物 1|3|针织方法：针织|染整方法：色织|面料成份：67%棉，33%涤纶|幅宽：57/58英寸	960米 960米 960.00000千克	100000.0000 96000000.00 美元	美国 （502）	中国 （142）	（11093/110109）中关村国家自主创新示范区（门头沟园）/北京市门头沟区
5 (17)	6006210000 999	棉制其他漂或未漂针织或钩编织物 1|3|针织方法：针织|染整方法：色织|面料成份：67%棉，33%涤纶|幅宽：57/58英寸	960米 960米 960.00000千克	100000.0000 96000000.00 美元	美国 （502）	中国 （142）	（11093/110109）中关村国家自主创新示范区（门头沟园）/北京市门头沟区
6 (19)	6006210000 999	棉制其他漂或未漂针织或钩编织物 1|3|针织方法：针织|染整方法：色织|面料成份：67%棉，33%涤纶|幅宽：57/58英寸	960米 960米 960.00000千克	100000.0000 96000000.00 美元	美国 （502）	中国 （142）	（11093/110109）中关村国家自主创新示范区（门头沟园）/北京市门头沟区

特殊关系确认：是　　价格影响确认：是　　支付特许权使用费确认：是　　自报自缴：是

图 5-62　进境货物备案清单

② 进境货物备案清单的申报。跨境电商企业境内代理人或其委托的代理报关企业将预录入数据发送给海关进行申报，接到海关接受申报的回执后，打印进境货物备案清单；报关员在进境货物备案清单上签署名字，并加盖报关章，随附报关员证、提单（包括小提单）、相关商业单证、运输单证、原产地证书、进口信用证、托收承兑/付汇情况表、审批单证及其他海关认为有必要交验的单证和资料到海关。该环节与跨境电商直购进口清单申报相似。

（3）货运保税区

海关接单后，经审核对符合申报条件、手续齐全且有效的，予以放行，并在有关单证上加盖放行章或验讫章，将盖章单证返还给报关员办理提货手续。而后货物由海关监管车辆从码头（机场等）承运至综合保税区内，批量存入海关特殊监管区域或保税物流中心（B 型），由综合保税仓库对货物进行监管。

（4）申报表备案

企业可自行或者委托预录入机构进行转出、转入申报表数据的录入，录入完成后向海关发送申报信息。海关收到转出、转入申报表数据后会进行审核，审核结束后，企业可查询审核结果。

（5）清单申报

跨境电商企业将网购保税进口商品放在跨境电商平台上销售，境内消费者通过跨境电商平台下单购买区域（中心）内的商品，填写姓名、证件号码、收件人信息并完成支付。

境内消费者在跨境电商平台上下单购买区域（中心）内的商品后，跨境电商平台或跨境电商企业境内代理人、物流企业、支付企业分别向海关传输电子订单、电子运单、电子支付信息，通关服务系统接收清单及"三单"数据，根据一定的风险模型进行审核、放行、退单等操作，并将审核结果回传至通关服务系统，通关服务系统将审核结果发送至相关企业。对于被海关退单的单证，企业可在修改单证信息后重新申报。"三单"对比通过后，跨境电商企业境内代理人或其委托的报关企业向海关提交跨境电商零售进口商品申报清单，此环节的海关校验规则与直购进口模式下的海关校验规则一致。

（6）放行

跨境电商企业凭保税仓库签发的提货单及区外经营单位的报关资料办理进口清关。保税区海关根据贸易方式的不同，按免税、征税等方式办理清关。保税区海关放行后，保税仓库在收到海关确认信息后打印出区凭单，作为货物出区凭证。

（7）出区配送及账册管理

跨境电商企业将放行后的跨境电商零售进口商品申报清单汇总生成核注清单及核放单，办理出区手续后，保税仓库里的仓储企业就会根据订单对跨境电商商品进行分拣、打包、贴快递面单等一系列操作（通常每个包裹对应一票跨境电商零售进口商品申报清单）。

放行出区的包裹，会在"跨境进口"专用账册——"网购保税进口电子账册"上核减相应数量，并由境内物流企业正式派送给消费者。

海关对于网购保税进口商品依托金关二期系统实施账册管理模式，设有"跨境进口"专用账册，网购保税进口商品可以在不同区域（中心）之间、同一区域（中心）内不同企业间流转，也可以在网购保税进口商品与保税货物的状态之间进行互转。

（8）税单管理

海关对符合监管规定的跨境电商零售进口商品按时段汇总计征税款，代收代缴义务人（一般是跨境电商企业）应当依法向海关提交足额有效的税款担保。海关放行后 30 日内未发生退货或修撤单的，代收代缴义务人在放行后第 31～45 日向海关办理纳税手续。对于需要缴纳税费的，跨境电商通关服务系统将生成电子缴款书，跨境电商企业可以查询，具体操作为：打开"跨境电商进口"界面，在左侧菜单栏中单击"税单管理"下的"缴款书查询"选项，进入"缴款书查询"界面，输入相应的查询条件并单击"查询"按钮即可，如图 5-63 所示。

图 5-63　"缴款书查询"界面

在显示的查询结果中单击缴款书编号，界面将会跳转到"缴款书详情"界面，企业只可对显示内容进行查看，无法进行修改等操作。

单击"缴款书查询"界面中的"导出"按钮，如图 5-64 所示，可将缴款书导出。

图 5-64　单击"导出"按钮

代收代缴义务人可以通过"互联网+海关"一体化网上办事平台或"单一窗口"标准版以电子纳税方式缴纳税款。

跨境电商企业通过"单一窗口"标准版查询电子税单时，单击左侧菜单栏中的"税单管理"下的"电子税单查询"选项，进入"电子税单查询"界面，输入相应的查询条件并单击"查询"按钮，如图 5-65 所示。

图 5-65　"电子税单查询"界面

在显示的查询结果中单击电子税单编号，界面将会跳转到"税单详情"界面，企业可以查看电子税单，如图 5-66 所示。

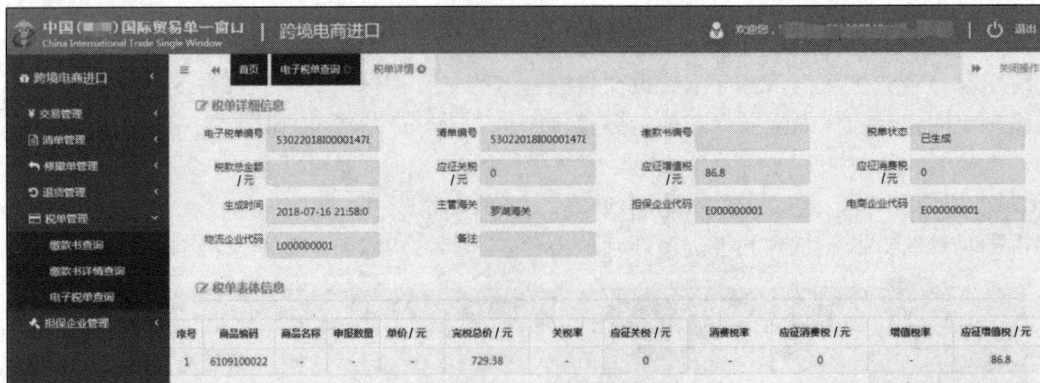

图 5-66　"税单详情"界面

单击"电子税单查询"界面中的"导出"按钮，即可将电子税单导出。

四、境外清关

境外清关是指跨境货物进入进口地关境时，跨境电商企业依照当地各项法律及相关规定办理货物销售所需的手续的过程。在跨境电商贸易中，与境外清关相关的常见问题主要有以下几个。

1. 清关不利

在境外清关过程中，由于货物本身、收发货人及其代理人的问题，以及各国（地区）环境、海关政策等因素，都可能会对清关产生不利影响，跨境电商企业需要及时跟进处理。

（1）清关不利原因分析

某些国家（地区）的清关速度很慢，货物放在海关一至两周很正常。在一些国家（地区），超过 10kg 的单票货物发生清关延误的可能性很大。

（2）如何顺利清关

① 确认商品在相应国家（地区）的海关编码。世界海关组织协调各国（地区）的海关编码，要求各国（地区）的海关编码前 6 位是全球统一的，跨境电商企业可以访问入境国家（地区）的关税查询网站，输入前 6 位海关编码，根据商品的描述和材质查找相应的海关编码。例如，某商品的中国海关编码是 4202920000，跨境电商企业需要查询美国对应的海关编码，可以访问美国的关税查询网站，输入前 6 位海关编码（420292），根据商品的描述和材质查找相应的海关编码。

② 了解各国（地区）海关政策。跨境电商企业对于目的国（地区）的海关政策的了解程度直接决定了货物的成本和竞争力，在确保货物安全的前提下合理避税，是每个跨境电商企业的必修课。

③ 尽量选择安全的递送方式。推荐使用 EMS，如果使用商业快递，跨境电商企业则需要提供收货人在海关的注册码或者货物在海关的代码，如果没有，清关会很慢，而且货物很可能被退回。如果货值不高，可以选择中国邮政小包。另外，DHL 等商业快递在一些城市没有妥投信息，这是因为邮包交由第三方投递。对此敏感或者所售货物单价高的跨境电商企业最好选 EMS，以避免发生这样的问题。

④ 尽量发小于 10kg 的单票货，如果必须发大于 10kg 的，要提前向买家说明。

在一些国家（地区），货物在清关过程中经常会出现不同程度的延误，导致清关不利。为了避免纠纷，在买家下单之后，跨境电商企业要向对方做出说明，与对方达成一致后再发货。

2. 扣关

（1）扣关原因分析

扣关一般是指交易订单的货物由于某种原因而被进口国（地区）海关扣留。一般贸易与跨境电商的扣关原因如表 5-15 所示。

表 5-15　　　　　　　　　　一般贸易与跨境电商的扣关原因

一般贸易的扣关原因	跨境电商的扣关原因
1. 申报价值和估价不一致； 2. 品名和货物不符； 3. 装箱清单不详； 4. 收货人条件不允许（没有进出口权等）； 5. 私人货物价值超过 5000 元； 6. 不符合国家（地区）的相关政策	1. 申报价值和估价不一致； 2. 私人货物价值超过 5000 元； 3. 不符合国家（地区）的相关政策

（2）如何避免扣关

如果货物具有资料不详、申报品名与产品不符、货物在监管范围内、货物是仿牌、货物是液体或粉末等情况，那么海关将扣留货物，并根据情况对跨境电商企业进行处罚、对货物没收甚至销毁等处理。

① 不同货物被扣关的概率不同。例如，私人货物被扣关的概率很低，电子产品被扣关的概率比服装产品高。

② 注重申报价值。贵重货物的扣关率是很高的，而且扣关后或者需要客户寄回货物时，清关费是根据申报价值计算的，申报价值越高，清关费越高。目前，英美海关对申报价值的管控不那么严格，但德国海关对申报价值的管控就比较严格。

③ 了解各国（地区）海关政策。寄往不同的国家（地区）时，跨境电商企业采用的申报策略应有所不同。例如，德国、巴西的海关十分严格，跨境电商企业填写申报材料时一定要仔细、准确；发往澳大利亚的货物虽然通关容易，但是电池类产品是不允许通关的，因此尽量不要将电池或者带电池的产品发往澳大利亚。对于销往澳大利亚的带电池的产品，跨境电商企业可以向客户说明只发产品，不发电池。

④ 尽量选择安全的递送方式。DHL 的扣关率是很高的，其次是 FedEx 和 UPS；相对安全的递送方式是航空挂号小包和 EMS。发 EMS 时，即使被海关扣关，货物也能够免费退回发货地点。

⑤ 避免灰色清关等违法行为。由于历史原因，某些国家（地区）存在灰色清关行为，但这些国家（地区）加入世界贸易组织以后，便加大了打击灰色清关行为的力度，灰色清关者面临的风险越来越大，轻则补交税费、被没收货物，重则将承担刑事责任。

⑥ 重量越大的货物被扣关的可能性越大。

（3）跨境电商货物扣关的处理

跨境电商货物被扣关以后，海关会根据实际情况决定是否放行。大多情况下，货物是可以被放行的。如果海关放行，货物将被顺利运往进口商所在的地点；如果海关决定销毁货物，那货物将被直接销毁；如果海关决定将货物退回，那么跨境电商企业需要缴纳运费及自己所在地海关的进口费。后面两种情况的损失都比较大。为了避免扣货后的被动局面和货物损失，跨境电商企业要做到以下 4 点。

① 及时联系客户，商讨解决方案。如果货物被目的港海关扣下来，跨境电商企业要第一时间联系客户，最好让客户协助清关，以避免扩大商业纠纷，影响自身信誉及双方的后续合作。如果清关费用低，跨境电商企业可以和客户商谈清关费用由双方平摊。出现扣关问题时，跨境电商企业一定不要拖，否则客户发起争议甚至信用卡撤单，这种情况对跨境电商企业是非常不利的。如果客户不愿意协助清关，跨境电商企业应看货物能否被退回，如果递送方式是 EMS 之类的，货物可以被免费退回，跨境电商企业可以与客户沟通等货物被退回后再重新发货。如果货物不能被退回，清关费用又很高，跨境电商企业只能放弃货物。

② 及时联系报关行，了解扣关原因。货物被扣关后，海关通常会发出通知。跨境电商企业收到海关通知后要仔细查看通知内容，注意问题出在哪里，然后及时通知报关行，进行相关手续的办理。

③ 准确回复海关，并提供充足证据。海关在下达通知后会给跨境电商企业一定时间来准备要提供的文件材料等，跨境电商企业则要在规定的时间内回复。跨境电商企业应在报关行的配合下，把相关文件材料通过报关行发给海关。

④ 执行海关的处理决定。因申报货值太低被扣关，跨境电商企业补交关税后可从海关处将货物拿出来；手续不全的货物被扣关，如对于个人进口货物，海关要求有进口权，跨境电商企业就要找有进口权的公司代理清关；如果是需要相关认证手续的，跨境电商企业尽早补办，尽早提供，提供不了的话就无法清关。跨境电商企业也可以向海关申请货物退运，按国际惯例，无法清关的货物可以申请被退运至发货地或第三方贸易港口。

因此，跨境电商企业发货前一定要了解好目的港的海关要求，做好充分的检查和准备工作，确保货物符合进口的要求，尽可能降低货物被扣关的概率，最大限度地避免损失。

3. 客户拒付关税

货物到达目的港后，客户因拒付关税而拒收货物，目的港货代会选择将货物存入码头仓库或堆场，这就会产生高额滞港费。以美国为例，清关费用为200美元左右，如果产生滞港费、柜租费等，会给发货人造成每天高达400美元的损失。

（1）分析拒付原因

客户拒付关税一般是因为目的国（地区）海关政策变化等不确定因素，货物到港后可能需要多缴纳关税才能顺利清关，客户不愿意支付额外关税导致其选择拒付货款、弃货乃至退运。跨境电商企业尽量在发货前与客户协商一致，如产生额外关税将由何方负担，避免因货物清关问题产生纠纷。

（2）解决方案

货物一旦被客户因拒付关税而拒收，跨境电商企业需要及时进行清关处理，绝不能置之不理。跨境电商企业可选择将货物暂退至国内保税仓或直接退回国内发货地，返回工厂；也可以选择转口，即更换目的港为第三方国家（地区），这需要跨境电商企业去除货物或包装上带有某些信息的标签，重新进行包装，在第三方国家（地区）进行换集装箱、换单操作，再报关出口至目的国（地区）；如果最终只能选择弃货，则按照当地弃货操作流程，走海关拍卖或销毁渠道并支付由此产生的费用。

自学自测 ↓

一、单选题

1. 我国规定，消费者购买在5000元限值以内的跨境电商零售进口商品，关税税率为0；消费者单次购买商品的完税价格超过5000元限值或年度累计购买额（含本次交易）在（　　　）以内，且订单下仅一件商品时，可以从跨境电商零售进口渠道进口，但要按照货物税率全额征收关税和进口环节增值税、消费税。

    A. 2万元　　　　　B. 2.5万元　　　　　C. 2.6万元　　　　　D. 5万元

2. 直购进口的海关监管方式代码是（　　　）。

    A. 1210　　　　　B. 9610　　　　　C. 9710　　　　　D. 9810

3. 保税跨境贸易电子商务的海关监管方式代码是（　　　）。

    A. 1210　　　　　B. 9610　　　　　C. 9710　　　　　D. 9810

4. 符合条件的跨境电商企业或跨境电商平台与海关联网，将整批商品按一般贸易报关，使其进入海关特殊监管区域，以实现快速退税；对于已入区的商品，境外消费者下单购买后，海关凭清单核放，商品出区离境后，海关定期将已放行清单归并形成出口报关单，企业凭此办理结汇手续的跨境电商出口形式是（　　　）。

  A. 跨境电商一般出口   B. 跨境电商网购保税出口

  C. 跨境电商保税出口   D. 跨境电商特殊区域出口

5. 在海关管理过程中，不同类别的进出口商品适用不同的监管条件、按照不同税率征收关税，海关在统计时也将不同商品的类别作为一项重要的统计指标。也就是说，对进出口商品进行（　　　）是海关进行监管、征税和统计的基础。

  A. 归类编码   B. 报关单   C. 清单   D. 报关单据

6. 跨境电商企业根据大数据分析，提前将进口商品批量运入保税区，再根据订单情况将相应商品交由境内物流企业直接配送至消费者的跨境电商进口模式是（　　　）。

  A. 跨境电商直购进口   B. 跨境电商一般进口

  C. 跨境电商保税进口   D. 跨境电商网购保税进口

7. 取得自主经营进出口经营权的生产企业、商家通过国际快递直接面对终端消费者进行出口销售，中间不经过任何第三方中转，为消费者提供安全可靠的购物体验的跨境电商出口模式是（　　　）。

  A. 跨境电商一般出口   B. 跨境电商网购保税出口

  C. 跨境电商保税出口   D. 跨境电商特殊区域出口

8. 境内消费者从与海关联网的电商平台购买境外商品，电商平台将订单、支付、物流数据实时传送给海关，境外商品通过邮件、快件等物流运输方式进口至跨境电商专门的监管场所，跨境电商企业或其代理人向海关申报入境，逐个核发配送的跨境电商进口模式是（　　　）。

  A. 跨境电商直购进口   B. 跨境电商一般进口

  C. 跨境电商保税进口   D. 跨境电商网购保税进口

二、多选题

1. 清单信息由（　　　）组成的。

  A. 清单表头信息   B. 清单表尾信息   C. 清单表单信息   D. 清单表体信息

2. "单一窗口"标准版"跨境电商"目录包括（　　　）。

  A. 进口申报   B. 出口申报   C. 企业资质   D. 公共服务

3. 跨境电商进出口中的"三单"是指（　　　）。

  A. 申报清单   B. 电子运单   C. 电子支付信息   D. 电子订单

4. 下列可以进行跨境电商进出口申报的窗口有（　　　）。

  A. "单一窗口"   B. "互联网+海关"

  C. 中国电子口岸   D. "掌上单一窗口"APP

5. 跨境电商扣关的主要原因有（　　　）。

  A. 申报价值和估价不一致   B. 私人货物价值超过 5000 元

  C. 不符合国家（地区）的相关政策   D. 收货人条件不允许（没进出口权等）

6. 跨境电商零售进口的主要模式有（　　　）。

  A. 跨境电商直购进口   B. 跨境电商一般进口

  C. 跨境电商保税进口   D. 跨境电商网购保税进口

7. 商品的申报要素分为（　　　）。

  A. 归类要素   B. 价格要素

  C. 监管要素   D. 审单及其他要素

8. 1210 包括（　　　）。

 A. "跨境电商特殊区域零售出口海外仓"（简称"1210 特殊区域零售出口海外仓"）

 B. "跨境电商特殊区域出口海外仓零售"（简称"1210 特殊区域出口海外仓零售"）

 C. "跨境电商特殊区域包裹零售出口"（简称"1210 特殊区域零售出口"）

 D. "跨境电商特殊区域包裹出口零售"（简称"1210 特殊区域出口零售"）

三、判断题

1. AEO 企业对所有进口货物都可以采用"两步申报"。（　　　）

2. 网购保税进口模式适合所有商品的进口。（　　　）

3. 跨境电商网购保税进口业务只能在海关特殊监管区域或保税物流中心（B 型）内开展。（　　　）

4. 跨境电商货物进入海关特殊监管区前需要完成报关手续，特殊区域货物出区、出境就不需要报关。（　　　）

5. 跨境电商出口申报时需要提交的跨境电商零售出口商品申报清单与出口货物报关单具有同等法律效力，原则上应按《中华人民共和国海关进出口货物报关单填制规范》的要求填制。（　　　）

6. 9610 也称"直购进口"，针对的是小体量业务（如国际快递发货），专为销售对象为单个消费者的中小型跨境电商企业服务。（　　　）

四、名称解释

1. 报关

2. 清单

3. 申报要素

五、简答题

1. 跨境电商进口有哪些监管方式？

2. 跨境电商出口有哪些监管方式？

3. 跨境电商一般出口与跨境电商特殊区域出口有哪些区别？

4. 跨境电商直购进口与跨境电商网购保税进口有哪些区别？

项目实训

本次实训要求学生对跨境电商常见的关务操作有较深的认识，能根据实际情况对进出口货物进行单据的填写、申报、查询并进行税费计算、清关等工作。

任务一　进出口商品归类 ↓

学生应能准确地查询出进出口商品的海关编码，快速掌握进出口商品申报要素。

1. 商品编码查询

根据以下已知条件，完成商品海关编码查询并填入表 5-16。

表 5-16   商品海关编码表

序号	具体货品	海关编码（10 位）
1	食用调和油，含橄榄油（20%）和葵花籽油（80%）	
2	摩托车用的钢铁材质的链条	
3	儿童安全座椅。该商品主要用于在机动车上确保孩童的乘车安全，通过安全带进行固定，可拆卸；塑料骨架，针织布面	
4	冰爽薄荷牙膏，105g/支	
5	含棉（40%）、粘胶纤维长丝（25%）、涤纶短纤（35%）的平纹机织物。该机织物以单一的纱线织成，每平方米重180g，幅宽1.5m	
6	女式保暖羊皮手套，里料为人造毛皮	
7	猪肉白菜馅速冻馄饨，含猪肉（30%）、面粉（40%）、白菜（25%），其余为调味料及食品添加剂，300g/袋	
8	激光翻页笔。由遥控激光翻页笔和带 U 盘的接收器组成，集激光笔、U 盘、PowerPoint 上下翻页遥控工具于一体。使用者可无线遥控 PowerPoint 页面，用激光指示演讲内容	
9	电动剃须刀	
10	水果口味的棒棒糖，含糖胶、果汁、食品添加剂等成分	

2．申报要素分析

根据海关编码为 9102210090（其他自动上旋机械手表）的商品名称及相关描述，分析该商品在进行申报时，必须提供的申报要素有哪些，填入表 5-17。

表 5-17   海关编码为 9102210090 的商品必须提供的申报要素

申报要素		具体说明
归类要素		
价格要素		
审单及其他要素		

3．归类要素分析

根据下列商品名称及相关描述，完成归类要素分析：归类要素齐全，请勾选"齐全"项；如不齐全，请在表 5-17 中勾选缺少的归类要素，具体填入表 5-18。

（1）发动机外壳。塑料制发动机外壳，适用发动机类型为点燃式发动机。

（2）卫生纸。成卷的卫生纸。

（3）羊奶粉。全脂山羊奶粉，未加糖或任何甜物质，450g/罐。

（4）连衣裙。用于身高80～85cm婴幼儿穿的纯棉连衣裙。

（5）塑料粒子。由96%的丙烯单体单元和4%的乙烯单体单元组成的塑料粒子。

（6）车轮。用于机动车的车轮，由钢制轮毂和橡胶轮胎组成。

（7）假发。供女士佩戴的整头假发，用于个人日常梳妆打扮。

（8）猪蹄。供食用的生猪蹄。

（9）苹果泥。经精细均化制成的供婴儿食用的苹果泥。

（10）菜刀。家用切菜刀。

表 5-18 归类要素分析

序号	商品名称	商品描述	齐全	来源	状态	包装	材质/成分	加工	规格	功能	用途
1	发动机外壳										
2	卫生纸										
3	羊奶粉										
4	连衣裙										
5	塑料粒子										
6	车轮										
7	假发										
8	猪蹄										
9	苹果泥										
10	菜刀										

任务二 报关单填制 ↓

学生应熟悉各种单据，根据相关资料进行报关单填制。根据项目四"任务一 海运提单的识读与填制"中的背景资料，完成报关单的制作。

拓展阅读：中华人民共和国海关出口货物报关单

任务三 税率的查询及税费的计算 ↓

学生应理解跨境电商商品进出口税率等相关知识，快速掌握跨境电商商品进出口税率的查询及税费的计算。

1. 税率的查询

2022年，北京举办了第24届冬奥会和冬残奥会，借助北京冬奥会的重大机遇和跨境电商行业的发展，国产冰雪运动品牌进一步开拓市场、快速走上国际舞台，与国际知名品牌同台竞争。你作为一家跨境电商物流企业的投关人员，需要进行代理通关，请查询以下冰雪运动装备的税则号列及进口最惠国税率，填入表5-19。

表 5-19　　　　　　　　　　　　冰雪运动装备归类表

序号	设备名称		作用	分类及说明	税则号列	进口最惠国税率
1	头部装备	头盔	根据速滑、滑雪、雪橇等各项冰雪运动的特性，对头部有不同的保护作用，是冰雪运动的安全核心	对头部有不同的保护要求，分别对应半盔、3/4盔、全盔等。材质为高强度塑料、碳纤维及多种材料的复合材质		
2		护目镜	可以减少运动员的"雪盲症"，还可以保护眼睛免受雪花、寒风等的侵袭，是不可或缺的冰雪运动防护装备	按照项目类型，护目镜分为高山镜、跳台镜、越野镜、自由镜等。按照镜片类型，护目镜又分为柱面镜、球面镜、复曲面镜		
3	比赛服装	服装	兼顾安全、轻便、保暖、速度等多重需求，是冰雪项目的运动员不可或缺的运动装备。短道速滑运动员一般身着特制的连体服	一般分针织或钩编的冰雪项目服装和非针织或钩编的冰雪项目服装，必要时配备护膝、护肘等护具		
4		手套	保护冰雪项目的运动员在各种运动中不被冻伤手	按构成材料可分为皮革运动手套、高强度化纤机织手套		
5		冰球裤	冰球运动专用	内置护具及护垫		
6	足部装备	溜冰鞋	通过对冰刀的长度、角度、厚度进行调整，适应速度滑冰、花样滑冰以及冰球运动的不同需要	在速度滑冰、花样滑冰、冰球运动中使用，固定在鞋底的冰刀由刀刃、刀管、刀桥等部分组成，刀刃一般采用硬度较高的优质高碳钢		
7		滑雪屐	在越野滑雪和跳台滑雪项目中使用	属于其他运动及户外运动用具		
8		滑雪板	在越野滑雪和跳台滑雪项目中使用	不包括滑雪杖		
9		滑雪靴	滑雪项目运动员在装备滑雪屐或者滑雪板之前所穿着的装备	按其外底及鞋面的材质（如橡胶、塑料、皮革）等进行分类		
10	比赛器具		冰雪运动比赛时用的器具	雪橇、冰壶、冰球等器具，都属于体育活动和竞技用品		
11	纪念品		吉祥物"冰墩墩""雪容融"	源自熊猫形象的"冰墩墩"和源自灯笼形象的"雪容融"		

2. 税费的计算

以下消费者（含本次交易，小张、小王、小李、小赵的年度累计购买额在 2.6 万元以内）在跨境电商平台购买了以下商品，请你根据情况，分别计算每一位消费者需要缴纳的税费并填入表 5-20。

表 5-20　　　　　　　　　　税费计算表

序号	消费者	商品情况	计算过程	税费
1	小张	一罐奶粉，购买价格为 280 元		
2	小王	一个 5000 元的手提包		
3	小李	一块 4800 元的手表		
4	小赵	一块 5200 元的手表		
5	小孙	一块手表，手表的购买价格（不含增值税）为 50000 元，没有运费和保费		

任务四　综合实训

学生根据系统给定的产品信息、业务背景及订单信息，利用计算机网络及跨境电商实训系统完成跨境电商进出口业务开展前的系列任务，以及业务开展过程中跨境电商一般出口、跨境电商特殊监管区域出口、跨境电商直购进口、跨境电商网购保税进口 4 种业务模式的通关、结汇、退税、物流等环节的操作和单据填写，并完成扣关的处理。

1. 跨境电商一般出口

本次实训的目的是让学生在了解并掌握跨境电商一般出口模式的意义、相关政策和业务流程的基础上，按照实训步骤，以小组合作的形式完成出口通关、物流等各业务环节的流程和单据填写，并完成实训报告，如表 5-21 所示。

表 5-21　　　　　　　　　　实训报告

实训名称	跨境电商一般出口模式操作		
实训时间		实训地点	
班级		学号	
姓名		成绩	
实训目的和任务	熟悉、掌握跨境电商一般出口模式下物流等业务环节的流程和操作方法，并完成相关单据的填写		
实训过程（文字描述步骤）			
实训分析总结（收获、问题和建议）			

2. 跨境电商特殊监管区域出口

本次实训的目的是让学生在掌握跨境电商特殊监管区域出口模式的意义、相关政策和业务流程的基础上，按照实训步骤，以小组合作的形式完成出口通关、物流、银行结汇等各业务环节的流程和单据填写，并完成实训报告，如表 5-22 所示。

表 5-22 　　　　　　　　　　　　　**实训报告**

实训名称	跨境电商特殊监管区域出口模式操作		
实训时间		实训地点	
班级		学号	
姓名		成绩	
实训目的和任务	熟悉、掌握跨境电商特殊监管区域出口模式下物流等业务环节的流程和操作方法，并完成相关单据的填写		
实训过程（文字描述步骤）			
实训分析总结（收获、问题和建议）			

3. 跨境电商直购进口

　　本次实训的目的是让学生在掌握跨境电商直购进口模式的相关政策和业务流程的基础上，按照实训步骤，以小组合作的形式完成进口通关、物流等各业务环节的流程和单据填写，并完成实训报告，如表 5-23 所示。

表 5-23 　　　　　　　　　　　　　**实训报告**

实训名称	跨境电商直购进口模式操作		
实训时间		实训地点	
班级		学号	
姓名		成绩	
实训目的和任务	熟悉、掌握跨境电商直购进口模式下物流等业务环节的流程和操作方法，并完成相关单据的填写		
实训过程（文字描述步骤）			
实训分析总结（收获、问题和建议）			

4. 跨境电商网购保税进口

本次实训的目的是让学生在了解并掌握跨境电商网购保税进口模式的意义、相关政策和业务流程的基础上，按照实训步骤，以小组合作的形式完成进口通关、付汇、纳税等业务环节的流程和单据填写，并完成实训报告，如表5-24所示。

表5-24 实训报告

实训名称	跨境电商网购保税进口模式操作		
实训时间		实训地点	
班级		学号	
姓名		成绩	
实训目的和任务	熟悉、掌握跨境电商网购保税进口模式下物流等业务环节的流程和操作方法，并完成相关单据的填写		
实训过程（文字描述步骤）			
实训分析总结（收获、问题和建议）			

5. 扣关的处理

2018年7月1日，从中国通过快递公司发往俄罗斯的上千件跨境电商包裹被俄罗斯联邦海关总署扣押。据悉，俄罗斯联邦海关总署要求，所有包裹需要具有收货人（俄罗斯公民）的个人纳税号及网购地址链接，如果没有以上信息，包裹将会被退回给发货人。这给跨境电商企业及跨境电商物流企业造成了巨大的损失，这数千件没有个人纳税号的包裹积压在海关部门及航空公司仓库里。

俄罗斯联邦海关总署解释，个人纳税号及网购地址链接将用于确认购买商品的申报价值及重量，以检查免税进口商品是否超额。据悉，俄罗斯公民每人每月购买免税境外商品的额度为1000欧元、重量在31kg以内，俄罗斯联邦海关总署正在测试统一自动化信息系统，该系统将保存收件人护照信息、个人纳税号、货物价值的信息（欧元和卢布）、货物重量和其他数据。此后，俄罗斯海关部门将根据这些信息决定收/发货人是否需要缴纳关税。

请思考以下问题。

（1）对于以上情况，作为一名跨境电商物流操作人员，应如何降低公司的损失？

（2）本次事件对跨境电商物流操作人员有什么启示？

项目评价 ↓

项目评价表

序号	项目内容	项目要求	项目评价			
			学生自评		教师评价	
			达标	未达标	达标	未达标
1	海关及报关概述	能够复述海关任务、报关单位及分类				
2	跨境电商商品申报	能够根据具体商品进行海关编码查询及申报要素分析				
3	跨境电商的税费	能够计算跨境电商涉及的税费				
4	跨境电商监管	能够区分不同的跨境电商监管方式				
5	跨境电商一般出口通关流程	掌握跨境电商一般出口通关流程及涉及的单证				
6	跨境电商特殊区域出口通关流程	掌握跨境电商特殊区域出口通关流程及涉及的单证				
7	跨境电商直购进口通关流程	掌握跨境电商直购进口通关流程及涉及的单证				
8	跨境电商网购保税进口通关流程	掌握跨境电商网购保税进口通关流程及涉及的单证				
9	扣关情况分析	能够分析出扣关的原因并找出解决方法				
10	诚信意识	能够根据资料分析问题并提出诚信解决问题的观点				
11	合作意识	能够和团队成员协商，共同完成实训任务				
12	国家、民族意识	能够认识我国跨境电商物流的优势				
13	商道意识	能够根据资料分析问题并提出有商道意识的观点				

（序号5—9 项目内容归类为"技能"；序号10—13 项目内容归类为"素质"）

课后提升

一、大赛园地

目前，涉及跨境电商关务操作的大赛主要是全国职业院校技能大赛（关务技能赛项）。

在全国职业院校技能大赛（关务技能赛项）中，归属为财经商贸大类，以培养服务"一带一路"倡议的关务人才为目标，积极探索世界进出口信用体系与贸易安全、关检融合、全国通关一体化等新业态下的职业标准、国际标准、专业教学标准的融合，积极推进职业素养培育与职业技能培养的融合，为职业院校培养技能型、创新创业型关务人才起到引领作用。

根据国家发展战略和报关行业前沿、职业标准和国际标准要求，该赛项旨在考察参赛选手爱党、爱国等政治素养，关务方案设计、报关单证处理与质量监控、进出口商品归类等职业核心技能，还考察参赛选手的逻辑思维能力、时间管理能力、团队合作能力和创新创业能力等。关务技能赛项的竞赛内容如表 5-25 所示。

表 5-25　　　　全国职业院校技能大赛（关务技能赛项）的竞赛内容

序号	技能	占比	考核内容
1	通关前知识准备	10%	在规定时间内，考核参赛选手对中国海关作为国门的重要性的认识，考核参赛选手对贸易安全、国际贸易基础知识、海关监管方式、海关政策法规，自贸区、综合保税区、海外仓、AEO 认证等贸易便利化措施，以及稽查、缉私等维护海关权威的通关前知识的掌握程度，考核参赛选手的政治素质和职业素质
2	进出口商品归类	25%	第一部分：在规定时间内，确定商品的 8 位编码。第二部分：在规定时间内，对影响进出口商品归类的要素进行分析
3	报关单填制	25%	在规定时间内，根据委托企业提供的业务单证，进行报关单填制
4	报关单质量监控	20%	在规定时间内，根据委托企业提供的业务单证及相关信息，对已经填制完毕的报关单进行复核，找出存在的或可能存在的错误点并进行修正
5	关务操作	20%	在规定时间内，根据委托企业业务需求或实际业务情况，完成关务操作方案设计。这旨在考核参赛选手办理通关业务的思路，对业务程序的熟悉程度，对需求或问题的分析能力，对业务所需单证及相关材料的熟悉程度

二、素质拓展与业务思考

1. 素质拓展

请通过中国电子口岸、"单一窗口"、海关总署等官方渠道，阅读最近几年跨境电商关务的相关文章，并与同学们一起分享跨境电商关务操作在近几年有哪些创新。

2. 业务思考

跨境电商零售进口是当前比较热门的贸易模式，很多企业正打算或者已经进入这个贸易领域。企业通过跨境电商零售进口能够享受较一般贸易更为优惠的进口税率和更为便利的贸易管制措施。但是需要指出的是，企业开展跨境电商零售进口业务时，应当符合海关等政府部门现行的监管要求，跨境电商零售进口并不等同于"海淘代购"。企业违反监管要求，就会触犯法律，构成违规甚至走私行为，这方面的合规风险是旨在开展跨境电商零售进口业务的企业需要高度重视的。请结合一些的跨境电商走私违规案例，分析在跨境电商零售进口环节需要关注的问题。

（一）申报不实

跨境电商零售进口归属于进口贸易的一种形式，因此一般贸易申报中的违规行为，亦普遍存在于跨境电商零售进口申报环节，如向海关申报的品名、数量与实际进口情况有差异，海关监管商品的遗失等。

案例 1： 2017 年 11 月 16 日，某跨境电商有限公司以保税电商 A 的方式向海关申报进口洗手液，申报税号为 34022090，申报数量为 46656 瓶，申报总价为人民币 699840 元。经查，当事人实际进口货物为化妆品，应归入税号 3304990011，数量为 46656 瓶，实际成交价格为人民币 1400955 元。海关根据《海关行政处罚实施条例》第十五条第（二）项的规定，决定对当事人处以罚款。

案例 2： 某跨境电商有限公司于 2017 年 12 月 13 日、2018 年 5 月 23 日以保税电商的方式向海关申报进口乳胶护颈枕、乳胶床垫等两批次乳胶用品。上述两批货物纳入跨境贸易电商专用仓库 A 的跨境电商保税备货管理。当事人作为保税仓经营管理方，因保税专用仓库 A 库存饱和，货物无法正常入仓，遂将上述货物存放于跨境电商保税专用仓库 B，对应货物仍使用保税专用仓库 A 的保税账册。当事人未向海关报告上述调仓行为，其调仓过程也未接受海关监管，造成了保税账册账货不符以及海关监管活动中断，已构成违反海关监管规定的行为。海关决定对当事人做出行政处罚。

（二）进口商品不适用跨境电商模式

跨境电商监管方式下的进口商品可以享受更为优惠的税率和贸易管制要求，但海关也为其规定了非常严格的适用前提。《跨境电子商务零售进口商品清单》明确列出了允许以跨境电商模式进口的商品，未在《跨境电子商务零售进口商品清单》中的商品不适用于跨境电商监管方式。

案例 3： 某海关于 2017 年 11 月 26 日对当事人进口商品进行查验时，发现采取跨境电商直购进口的商品包含创口喷雾以及治疗脚气、静脉曲张等的药品。该批药品不属于《跨境电子商务零售进口商品清单》的范畴，属于国家限制进出口物品，且当事人未提供进口药品和销售药品的许可证件。当事人进口国家限制进口的商品且未提交许可证件，根据有关法律规定，海关决定对涉案进口商品不予放行，并对当事人处以罚款；另根据《海关行政处罚实施条例》第五条规定，海关责令当事人提交涉案商品的进口许可证件。

案例 4： 2016 年 4 月至 6 月，当事人以保税电商监管方式向海关申报进口 3 票电扇，申报商品编码均为 8414599091，申报数量合计 1650 台，其中 1608 台通过海关跨境电商平台进行了销售。经查，上述电扇不属于《跨境电子商务零售进口商品清单》内的商品，应归入商品编码 8414519200。当事人对进口货物的商品编码申报不实，影响国家税款征收。经计核，上述 1608 台电扇的价值共计人民币 131.85 万元，漏缴应纳税款共计人民币 102447.9 元。

（三）通过跨境电商零售进口方式进行二次销售

跨境电商监管方式要求在进口环节，向海关申报的收货人应为个人消费者，如果收货人为中间商、批发商、零售商等，则不能按照跨境电商监管方式进口，应以一般贸易方式进口，全额缴纳进口税款，并按照贸易管制规定提交许可证件。跨境电商监管方式下，收货人可以享受税收及贸易管制的优惠，如果收货人将应该按照一般贸易方式进口的货物假借跨境电商监管方式进口，则可能涉及偷逃进口税款和逃避贸易管制等走私违规行为。

案例 5：某公司于 2016 年 1 月至 4 月，在开展跨境电商业务的过程中，法定代表人 A 为谋取非法利益，决定利用事先获取的公民个人信息，采取指使公司员工虚构交易订单的方式，以跨境电商的名义申报进口纸尿裤等货物，再批量销售给他人。经海关核定，被告单位采取上述方式走私进口货物 9 票，偷逃税款共计 1280675.19 元。法院一审判决认定 A 的行为构成走私普通货物罪，依法应予以惩处。

（四）伪报贸易方式

案例 6：广州志都供应链管理有限公司（以下简称志都公司）成立于 2013 年 7 月 23 日，其经营范围包括供应链管理，贸易咨询服务，货物报关代理服务，货物进出口（专营专控商品除外）、技术进出口和货物检验代理服务等。2015 年 5 月，志都公司申报了跨境电商企业资格。2015 年 11 月，海关稽查部门对志都公司开展稽查，发现志都公司于 2015 年 9 月 22 日为电商企业广州普云软件科技有限公司（以下简称普云公司）以网购保税进口方式向机场海关申报进口德国碧然德滤水器及滤芯 53520 件，价值 148.08 万元，经查存在伪报贸易方式的嫌疑。此外，上述两家企业于 2015 年 11 月 20 日以直购进口方式进口 873 票成人奶粉、493 票纸尿片，同样存在伪报贸易方式的嫌疑。稽查部门遂将线索移送缉私部门。广州白云机场海关缉私分局（侦查机关）于 2015 年 12 月 23 日对志都公司走私普通货物行为进行立案侦查。

广东省广州市人民检察院以穗检公二刑诉[2016]149 号起诉书指控志都公司及冯某某、江某某、梁某某、刘某某、李某、王某、程某某犯走私普通货物罪，于 2016 年 8 月 12 日向广州市中级人民法院提起公诉。

广州市中级人民法院经审理查明，李某为被告单位志都公司实际控制人（另案处理），2015 年年初，李某指使志都公司经理冯某某、业务主管江某某、兼职人员刘某某利用志都公司从事跨境电商业务，对外承揽一般贸易的进口货物，再以跨境电商形式伪报为个人境外购进口商品，以逃避缴纳或少缴税款；同时，李某指使被告人程某某为普云公司申请跨境电商业务海关备案、开发正路货网，用于协助志都公司制作跨境电商业务虚假订单等资料。2015 年 6 月，冯某某、江某某与梁某某经密谋，由梁某某负责揽货，志都公司负责在境内接货，并以上述伪报贸易方式报关进口货物，再在境内交付货物。其后，梁某某安排被告人李某负责与货主、志都公司联系，负责境内外交接货物、收支相关费用等具体事务。2015 年 8 月，被告人王某委托梁某某以上述伪报贸易方式报关进口货物并在境内交付，梁某某遂将相关业务交由志都公司操作。之后，李某将王某提供的装箱单、发票等资料转交志都公司江某某，志都公司安排人员接收货物并运至广州白云机场，江某某利用正路货网制作虚假个人订单信息，并通过冯某某非法获取的快递单与个人订单结合生成虚假的物流信息，再由刘某某利用某科技（北京）有限公司结合上述虚假信息制作虚假支付信息，最后由刘某某将虚假"三单"

推送给海关部门，将一般贸易进口货物伪报为个人境外购进口商品，以逃避缴纳税款。同期，李某还指使程某某设计相应程序批量将非法获取的个人信息导入上述的虚假个人订单中，并设计相应程序规避海关部门的监管。2015 年 9 月至 11 月，志都公司及冯某某、江某某、梁某某、刘某某、李某、王某、程某某利用上述方式走私进口货物共 19085 票，偷逃税款共计人民币 2070384.36 元。

2018 年 4 月 13 日，广州市中级人民法院判决认定被告人冯某某和江某某、刘某某为志都公司的直接责任人员，伙同被告人梁某某、李某、王某、程某某逃避海关监管，以伪报贸易方式报关进口货物，偷逃应缴税额，其行为均已构成走私普通货物罪。

作为一名专业的跨境电商物流人员，请你从专业的角度分析以上跨境电商走私违规案例，并对从事跨境电商物流工作提出一些好的建议。

参考文献

［1］纪淑军，赵明. 跨境电子商务进出口实务［M］. 北京：高等教育出版社，2020.

［2］左峰. 跨境电商物流业务操作［M］. 北京：中国人民大学出版社，2018.

［3］速卖通大学. 跨境电商物流：阿里巴巴速卖通宝典［M］. 北京：电子工业出版社，2016.

［4］张函. 跨境电子商务基础［M］. 北京：人民邮电出版社，2019.

［5］张为群. 国际货运代理实务操作［M］. 4版. 成都：西南财经大学出版社，2019.

［6］崔艳萍，魏玉光. 中欧班列实务［M］. 北京：中国铁道出版社，2019.

［7］孙韬. 跨境电商与国际物流——机遇、模式及运作［M］. 北京：电子工业出版社，2017.

［8］曹磊，张周平. 跨境电商全产业链时代：政策红利下迎机遇期［M］. 北京：中国海关出版社，2019.

［9］陆端. 跨境电子商务物流［M］. 北京：人民邮电出版社，2019.

［10］祁飞. 跨境电商国际物流模式的整合性问题探讨[J]. 商业经济研究，2020（18）.

［11］王慧. 中小型跨境电商利用第三方海外仓服务扩大出口的研究[J]. 商场现代化，2018（21）.

［12］孙博，王超. 我国跨境物流模式分析及优化[J]. 商业经济研究，2019（10）.